O BOM LUCRO

Título original: *Good Profit*

O bom lucro
1ª edição: Agosto 2024

Autor:
Charles G. Koch

Tradução:
Adriana Krainski

Preparação de texto:
3GB Consulting

Revisão:
Iracy Borges
Gabrielle Carvalho

Projeto gráfico e capa:
Jéssica Wendy

DADOS INTERNACIONAIS DE CATALOGAÇÃO NA PUBLICAÇÃO (CIP)

Koch, Charles G.
O bom lucro : Conheça o método de gestão baseado em compartilhamento pessoal responsável por gerar mais de 100 bilhões de dólares anuais / Charles G. Koch ; tradução de Adriana Krainski. — Porto Alegre : Citadel, 2024.
336 p.

ISBN 978-65-5047-511-6
Título original: Good Profit

1. Empreendedorismo 2. Negócios 3. Desenvolvimento profissional I. Título II. Krainski, Adriana

24-3598 CDD 658.4012

Angélica Ilacqua - Bibliotecária - CRB-8/7057

Produção editorial e distribuição:

CITADEL Grupo Editorial

contato@citadel.com.br
www.citadel.com.br

Charles G. Koch

O BOM LUCRO

CONHEÇA O MÉTODO DE GESTÃO BASEADO EM COMPARTILHAMENTO PESSOAL RESPONSÁVEL POR GERAR MAIS DE 100 BILHÕES DE DÓLARES ANUAIS

Tradução:
Adriana Krainski

CITADEL
Grupo Editorial
2024

Dedico este livro a Liz, minha esposa há 43 anos. Se eu tivesse procurado em todo o mundo, não teria conseguido encontrar parceira melhor – amorosa, compreensiva, inteligente, perspicaz, corajosa e uma constante fonte de alegria.

SUMÁRIO

PARTE 1

INTRODUÇÃO: UMA FILOSOFIA DE GANHA-GANHA.......................... 9

CAPÍTULO 1: O GLORIOSO SENTIMENTO DA REALIZAÇÃO............ 31

Lições que aprendi com meu pai

CAPÍTULO 2: A KOCH DEPOIS DE FRED.. 53

Construindo com pedras que se encaixam

CAPÍTULO 3: RAINHAS, OPERÁRIAS E SCHUMPETER 73

Os incríveis (e às vezes assustadores) benefícios da destruição criativa

CAPÍTULO 4: SUPERANDO A BUROCRACIA E A ESTAGNAÇÃO...... 95

Conceitos econômicos libertadores

CAPÍTULO 5: APRENDENDO COM A ADVERSIDADE 111

Os maiores fracassos da Koch ao aplicar o GBM

PARTE 2

CAPÍTULO 6: VISÃO 127
Um guia para um futuro incerto

CAPÍTULO 7: VIRTUDE E TALENTOS 155
Valores em primeiro lugar

CAPÍTULO 8: PROCESSOS DE CONHECIMENTO 189
Usando informações para produzir resultados

CAPÍTULO 9: DIREITOS DE DECISÃO 225
Direitos de propriedade dentro da organização

CAPÍTULO 10: INCENTIVOS 253
Motivando o comportamento correto

PARTE 3

CAPÍTULO 11: A ORDEM ESPONTÂNEA EM AÇÃO 283
Quatro estudos de caso do Gerenciamento Baseado no Mercado

CAPÍTULO 12: CONCLUSÃO 313
A verdadeira moral da história

Apêndice A: Principais grupos empresariais da Koch 325

Apêndice B: Negócios que a Koch abandonou 326

Apêndice C: Produtos que a Koch comercializa 327

Notas...329

Agradecimentos 335

1

INTRODUÇÃO

UMA FILOSOFIA DE GANHA-GANHA

> A possibilidade de homens viverem juntos em paz e em benefício mútuo, sem ter de concordar quanto a objetivos concretos comuns, e limitados unicamente por normas abstratas de conduta, foi talvez a maior descoberta já feita pela humanidade.
>
> **– F. A. HAYEK[1]**

"Paz" e "benefício mútuo": são esses os requisitos básicos para a vida em sociedade e, em nível individual, para o sucesso – tanto o seu quanto o meu. Combinados com aquelas "regras abstratas de conduta" tão admiradas por Friedrich Hayek, economista ganhador do Prêmio Nobel, eles refletem o objetivo geral do meu sistema de gerenciamento de negócios: que todos saibam fazer o que é certo e se sintam motivados a agir assim – sem instruções explícitas ou regras detalhadas demais.

Como presidente executivo da Koch Industries, Inc., tenho orgulho de trabalhar com pessoas éticas que se ajudam ao ajudar a melhorar a vida das pessoas. Dedico-me a buscar apenas um certo tipo de lucro: aquilo que chamamos de "bom lucro".

Quando me refiro a "bom lucro", não quero dizer altas margens ou alta rentabilidade do capital. O que considero como bom lucro vem do Empreendedorismo com Princípios (Principled Entrepreneurship™): criar mais valor para nossos clientes, consumindo menos recursos e sempre agindo dentro da lei e com integridade. O bom lucro acontece quando contribuímos com a sociedade, e não quando há assistência corporativa ou outras formas de tirar vantagem das pessoas.

Cria-se mais valor para os clientes dentro do cenário descrito por Hayek no início do capítulo. Um valor que maximize a liberdade dos funcionários, obrigados a seguir apenas "normas abstratas de conduta". É assim que procuramos administrar a Koch Industries.

No início dos anos 1990, quando a Koch Industries apresentou seu sistema de gestão, o Gerenciamento Baseado no Mercado – GBM

(Market-Based Management®) –, para a nossa fábrica de metal perto de Bergamo, na Itália, os líderes sindicais reagiram com preocupação: "Talvez isso funcione nos Estados Unidos, mas não vai funcionar aqui na Itália. Aqui, os gestores pensam. Os trabalhadores trabalham. Vocês estão nos pedindo para fazer o trabalho dos gestores". É essa mentalidade que compromete o sucesso, o bem-estar geral e o desenvolvimento e a realização dos indivíduos.

Preferimos olhar para os negócios com uma mentalidade de ganha-ganha, que foi a filosofia orientadora subjacente ao sistema GBM, o qual começamos a desenvolver em meados dos anos 1960. Esse sistema permitiu que a Koch crescesse extraordinariamente; na verdade, ele foi um elemento essencial para transformar uma empresa avaliada em US$ 21 milhões em 1961 em uma avaliada em US$ 100 bilhões em 2014. (Essa cifra de US$ 100 bilhões é proveniente das estimativas da *Forbes* a respeito do meu patrimônio e do patrimônio do meu irmão David.)

Como mostrado a seguir, um investimento de US$ 1.000 na nossa empresa em 1960 teria um valor contábil de US$ 5 milhões hoje (presumindo que os lucros distribuídos tivessem sido reinvestidos) – um retorno 27 vezes maior do que um investimento equivalente teria obtido no S&P 500.

Vale notar que o crescimento rápido do valor da nossa empresa persistiu mesmo após termos nos tornado uma empresa de grande porte com mais de 100 mil funcionários. Tais resultados são incomuns entre as grandes empresas. Em 1917, por exemplo, a *Forbes* elaborou sua primeira lista das maiores empresas dos Estados Unidos, e 96 anos depois, somente treze delas ainda existiam independentes, e apenas sete permaneciam entre as cem maiores do país. Apesar de todos os seus ativos e recursos, grande parte das maiores empresas do país não conseguiu manter o ritmo.

CRESCIMENTO DA KOCH COMPARADO AO S&P 500

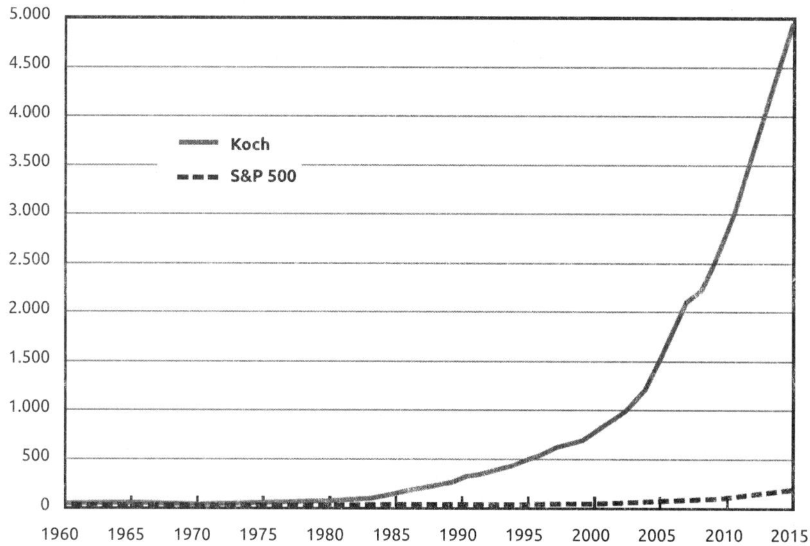

Qual é o segredo da Koch? Acredito que seja o Gerenciamento Baseado no Mercado, nosso sistema exclusivo de gestão que nos permitiu manter o ritmo ao longo de meio século de mudanças drásticas.

Nas décadas em que começamos a desenvolver esse sistema, os preços da energia elétrica subiram e baixaram em ciclos recorrentes, a concorrência global se intensificou, o mapa geopolítico do mundo foi redesenhado, o volume de regulações e litígios disparou, novas tecnologias transformaram as empresas e os negócios, e o ritmo da inovação acelerou-se, mas o GBM nos ajudou a lidar com tudo isso ao mesmo tempo que mantínhamos o "bom lucro" – bom porque era impulsionado por uma relação voluntária e mutuamente benéfica com nossos clientes. Não atuamos com o governo, pedindo que influencie ou subsidie o que vendemos. Isso seria um lucro ruim. Em vez disso, lucramos ao criar valor – para os clientes, para a sociedade, para nossos parceiros e para todos os funcionários que contribuem conosco. Esse é o bom lucro.

Seguindo adiante, a visão da Koch é dobrar os lucros em média a cada seis anos por meio da aplicação do Gerenciamento Baseado no Mercado, que é descrito em detalhes nos capítulos deste livro.

Como a maioria das pessoas, interesso-me pelo bem-estar não apenas meu e da minha família, mas também dos outros. Obviamente eu e minha família nos beneficiamos do sucesso da Koch Industries, assim como as mais de 100 mil pessoas que a Koch emprega ao redor do mundo em mais de sessenta países, incluindo China, México, Índia, Japão, Canadá, Reino Unido, Alemanha, Cingapura, Brasil e Malásia – bem como todas as pessoas que têm fácil acesso a inúmeros produtos e serviços de valor por causa das iniciativas e das descobertas da Koch.

Dentre essas pessoas, incluem-se aquelas que se beneficiam da disponibilidade imediata de combustíveis de qualidade (inclusive biocombustíveis) com os quais alimentam suas empresas, aquecem e resfriam suas casas e abastecem seus veículos. Incluem-se aquelas que tiveram a vida facilitada por conta de inovações que tornaram as lavouras mais produtivas, as calças jeans mais confortáveis, os tapetes mais duráveis e as fraldas mais absorventes e elásticas. Incluem-se as pessoas que apreciam os benefícios higiênicos dos dispensadores automáticos de papel-toalha e sabonete nos banheiros públicos, e de telefones celulares menores e mais leves em virtude de conectores melhores. Atendemos aos desejos dos consumidores sempre que temos competência para tanto, e o consumidor confirma esse valor quando nos permite lucrar. E há muito mais valor a ser criado pela Koch no futuro.

Em 2007, expliquei o nosso sistema de gestão em um livro chamado *A ciência do sucesso*. Quando o escrevi, o valor contábil da Koch Industries (ajustado para distribuição de lucros) era cerca de duas mil vezes maior do que em 1961, quando voltei para a minha casa em Wichita, no Kansas, a fim de trabalhar para o meu pai. Como mencionei anteriormente, o valor contábil ajustado é atualmente cinco mil vezes maior. Mesmo durante a Grande Recessão de 2008 e suas consequências (um dos piores períodos econômicos desde a Grande Depressão), a Koch Industries mais do que duplicou seu patrimônio líquido e aumentou sua força de trabalho em mais de 40%.

As empresas estão sempre pleiteando tratamento especial, mas, durante aquela recessão, muitas delas aumentaram ainda mais a pressão por favores do governo. Fizeram isso de maneira muito eficaz – mas à custa dos contribuintes e consumidores, e prejudicando fraudulentamente seus concorrentes. Com frequência, os governantes em Washington escolhem quem sai ganhando e quem sai perdendo na economia. Isso se chama assistência corporativa, e é o oposto da liberdade e do bom lucro. Já gastei muita energia e recursos falando sobre os perigos dos lucros obtidos por meio da coerção, sendo essa a antítese da filosofia do nosso Gerenciamento Baseado no Mercado.

O Gerenciamento Baseado no Mercado privilegia o Empreendedorismo com Princípios no lugar da assistência corporativa, a virtude no lugar do talento, o desafio no lugar da hierarquia, a vantagem competitiva no lugar de cargos e as recompensas por criação de valor de longo prazo no lugar de gestão focada em orçamentos. O GBM permitiu que a Koch difundisse o bem-estar entre seus funcionários, entre todos aqueles que se beneficiam de nossos produtos e serviços e entre todos que se beneficiam dos recursos preservados pela nossa maior eficiência e criatividade.

Ninguém melhor para decidir quais produtos e serviços são valorizados pelos clientes do que eles próprios. Ao dedicar-nos a satisfazer o que desejam, demonstramos respeito por eles. É isso que gera bom lucro. O lucro ruim provém do desrespeito ao cliente ao fazê-los subsidiar nossa empresa com impostos e preços elevados, mandando pelo ralo todo o bom lucro que outras empresas poderiam obter.

É por isso que nossa empresa se opõe a subsídios do governo, tais como isenções fiscais, tarifas de importação, restrição de exportações, exigências, regulações anticoncorrenciais e auxílios financeiros – inclusive aqueles que, à primeira vista, poderiam parecer benéficos para nós. A assistência corporativa alivia a pressão construtiva sofrida pelos seus beneficiários para que inovem e criem valor para a sociedade, prejudica os concorrentes não subsidiados por coerção e limita as escolhas disponíveis aos consumidores.

Claro, quando os mercados *são* distorcidos pela assistência corporativa, a Koch se obriga a lidar com essas distorções para se manter competitiva. Por exemplo, como quase todo mundo, beneficiamo-nos de isenções fiscais legítimas. A maioria dos subsídios, no entanto – como tarifas de importação, restrições de exportação e regulações anticoncorrenciais e exigências –, é consagrada em lei e não é opcional.

Defendemos que sejam eliminadas todas essas distorções, mesmo aquelas das quais nos beneficiamos atualmente – como exigências legais para o etanol, restrições à exportação de petróleo bruto e gás natural e tarifas de importação. Como produtor de etanol e grande consumidor de petróleo bruto e gás natural dos EUA, obtemos lucros *de curto prazo* a partir dessas distorções do mercado. Mas regras assim – que não geram bom lucro – deixam todos em situação pior no *longo prazo*, inclusive nós mesmos.

Sociedades livres, baseadas no respeito pelo que as pessoas valorizam, são as mais prósperas. Países prósperos como a Nova Zelândia e a Suíça, embora não sejam perfeitos, garantem os direitos individuais de todos, inclusive os direitos de propriedade. Eles permitem que todos expressem suas ideias e que os mercados funcionem livremente – melhor do que a grande maioria dos países do mundo.[2]

Sociedades que não abraçam a liberdade acabam sendo menos prósperas. A Venezuela é um país rico em recursos naturais, mas apenas catorze anos de um governo socialista foram suficientes para que hoje ela enfrente racionamento de alimentos, eletricidade e outros itens básicos.

Desde a Antiguidade até os dias de hoje, as melhores sociedades, bem como as melhores empresas, sempre foram aquelas que se basearam na liberdade, em que os indivíduos podiam melhorar suas vidas ao melhorar a vida dos outros.

Essa liberdade permite que os empreendedores descubram as melhores formas de usar os recursos para encontrar o que as pessoas valorizam através de meios econômicos. Por exemplo, quando a tecnologia de transmissão de dados por fibra óptica foi desenvolvida, as empresas de transmissão começaram a substituir seus antigos cabos elétricos por cabos de fibra óptica, aumentando a capacidade e a velocidade, e liberando mais cobre para ser usado para outros fins. Isso melhorou muito os custos, a velocidade e a qualidade da transmissão de imagens, voz e dados – gerando, assim, um bom lucro.

Quando se permite que os sinais econômicos direcionem as ações, as pessoas passam a entender o que tem valor para os outros e a magnitude desse valor. Elas então se motivam a substituir sistemas antigos por outros novos que melhorem a vida das pessoas. É por isso que o mundo abandonou os computadores *mainframe* para adotar laptops e tablets: não por causa de algum subsídio ou exigência do governo, mas porque os consumidores mostraram que valorizavam mais esses do que aqueles.

Se o mercado sinalizasse que os consumidores valorizam mais a energia proveniente de painéis solares do que a energia gerada a partir do petróleo e do gás natural, o setor de energia solar não precisaria obter lucros por vias políticas, como fez a Solyndra, ao buscar subsídios de consumidores de energia e contribuintes. O setor de energia solar, como qualquer empresa, deveria se esforçar para obter lucros por vias econômicas, em vez de fazê-lo de maneira forçada.

Na Koch, frisamos a importância de buscar incessantemente a inovação e substituir produtos, serviços e métodos antigos por outros novos e melhores, como os dispensadores automáticos de papel-toalha e sabonete da Georgia-Pacific. A GP está atualmente trabalhando em sistemas que previnem infecções enviando alertas a profissionais da saúde caso se esqueçam de higienizar as mãos antes de atender um paciente.

Esse é outro exemplo de nossa destruição criativa dinâmica (ver Capítulo 3) e de como obtemos lucros a partir dela, pois, ao reduzir a transmissão de infecção hospitalar, é possível reduzir a necessidade de leitos e medicamentos. (Toda melhoria é ruim para o negócio de alguém, mas não se pode contestar que menos infecções são benéficas para a sociedade como um todo.)

Os processos petroquímicos superiores desenvolvidos pela INVISTA na fabricação de nylon são outro exemplo. A INVISTA, comprada pela Koch em 2004, é uma das maiores produtoras de fibras, polímeros e intermediários químicos. Estamos trabalhando para substituir alguns de seus processos por outros, biológicos e mais eficientes, liberando mais recursos para serem usados em outras atividades. Os novos processos vão poluir menos, demandar menos energia e gerar menos subprodutos.

Esses processos biológicos podem causar perturbação, tornando algumas de nossas atuais fábricas obsoletas, acarretando perdas e demandando mudanças organizacionais. Mas em longo prazo, as fábricas antigas serão substituídas por outras ainda melhores, e são os consumidores e a sociedade como um todo que se beneficiarão de produtos de nylon mais baratos e mais ecologicamente corretos em suas roupas, carros e eletrodomésticos. Isso gera lucro para o empresário que agrega valor para o consumidor.

O GBM nos leva a buscar entender as necessidades não atendidas dos clientes e a encontrar maneiras de satisfazê-las. Esforçamo-nos para sermos mais rápidos e melhores do que nossos concorrentes atuais e potenciais, o que exige que melhoremos constantemente nossas atuais competências, como vendas, marketing, operações, distribuição, finanças, tecnologia e P&D. O GBM também exige que agreguemos novas competências com mais rapidez do que a concorrência. Por exemplo, a aquisição da INVISTA e da GP possibilitou que desenvolvêssemos competências de *branding* e de marketing para o consumidor que nos abriram novas oportunidades em negócios já existentes e em aquisições futuras.

Quando me pedem para compartilhar os princípios do GBM com outras empresas e organizações, faço-o com prazer. Não acredito que o sucesso dos outros vai diminuir o nosso próprio. Pelo contrário, no GBM todos saem ganhando. Mas o GBM não é uma receita de um molho secreto. Não se trata de uma lista de tarefas nem é um pacote de *slogans* para "pensar fora da caixa" que pode ser implementado após um seminário de um dia.

O GBM não é apenas mais um sistema de gestão da moda que não chega a lugar nenhum. "Chega de *slogans*", exigiu o teórico da administração W. Edwards Deming após testemunhar diversas fábricas repletas de cartazes que exortavam melhorias de todos os tipos. Para ele, os *slogans* apenas confirmam o que os funcionários já desconfiam: que os gestores não sabem o que estão fazendo. Vimos muito valor no sistema de Deming, mas achamos que era limitado demais para abarcar todos os requisitos necessários para o sucesso de um negócio.

O GBM ajuda os funcionários a entender melhor o "como", e vai ainda mais longe. Ele também os ajuda a analisar *o que* a empresa deveria fazer para criar mais valor para a sociedade.

Portanto, o leitor deve ficar avisado: o GBM é extremamente poderoso, mas aplicá-lo com eficácia não é simples nem fácil. Depois de mais de cinco décadas desenvolvendo e aplicando seus princípios na Koch, aprendi que não basta apenas memorizar sua metodologia ou aprender a se virar com sua caixa de ferramentas metafórica. É essencial entender os princípios subjacentes de forma suficiente para conseguir adaptar tais ferramentas para resolver o problema.

Para aplicar corretamente o GBM, é necessário internalizar seus princípios em todos os níveis da organização, sobretudo na liderança. Se você nunca na vida balançou um taco de golfe ou dirigiu um carro, a teoria e as instruções só vão levá-lo até certo ponto. Você precisa, de fato, segurar em um taco ou em um volante até que consiga realizar as atividades de maneira automática. Aquilo precisa se tornar instintivo para você. Da mesma forma, o GBM exige a capacidade de conduzir seus negócios sem nem mesmo ter que pensar nos seus mecanismos.

Alguns aspectos centrais do GBM, como a ênfase nos valores e no empreendedorismo, são legados do meu pai, Fred Koch, um norte-americano da primeira geração. Um homem que conquistou tudo com as próprias mãos, com ares de John Wayne, tendo ele próprio exemplificado muito dos aspectos centrais da nossa cultura (e que não podem ser ensinados em um breve tutorial): o valor do trabalho árduo, de integridade, de humildade, e uma dedicação ao aprendizado que levou por toda a vida. Quando seus negócios se tornaram lucrativos, ele passou a dedicar seu tempo livre à leitura e às atividades na fazenda – sem viver uma vida de ostentação. Apesar de sua inteligência, ele era o tipo de homem que estava pronto para admitir o que não sabia, e prezava a honestidade acima de tudo. Ele deu seu melhor para transmitir esses valores aos seus filhos.

Alguns antigos relatos sobre a minha adolescência, que me descreviam como rebelde e esquentadinho, não são de todo ficção. Aos vinte anos, e cheio de ideais, tornei-me um entusiasta da urgência de encontrar soluções para os problemas humanos baseadas na liberdade, ainda que elas fossem radicais.

Quando comecei a trabalhar com meu pai, em 1961, eu tinha dois objetivos: um deles era ajudar a construir uma empresa grande, inovadora e ética, dedicada a criar valor real e obter bom lucro. Sob a liderança do meu pai, a empresa chegou a valer US$ 21 milhões, e achei que pudéssemos melhorar ainda mais. Na verdade, logo depois que entrei, estampei minha visão de crescimento para a empresa. (Em 2013 havíamos excedido em setenta vezes o meu objetivo para a vida toda.)

Meu outro objetivo era descobrir os princípios que permitem que as pessoas prosperem ao viverem e trabalharem juntas. Nesse aspecto, fui influenciado por minha mãe, que tinha um profundo senso de obrigação de ajudar a todos que a procurassem. Ela personificava um apreço íntegro pela comunidade que, para mim, reflete a visão de Adam Smith:

> E daí resulta que sentir muito pelos outros e pouco por nós mesmos, restringir nossos afetos egoístas e cultivar os benevolentes, constitui a perfeição da natureza humana; e somente assim se pode produzir entre os homens a harmonia de sentimentos e paixões em que consiste toda a sua graça e propriedade.[3]

Para Smith, esse ideal só poderia ser alcançado por meio da contenção voluntária do nosso próprio egoísmo. Meu pai me ajudou a enxergar as consequências adversas da tentativa do comunismo de impor essa "perfeição da natureza humana". Concordo com ele sobre os horrores do comunismo, os quais ele testemunhou pessoalmente enquanto construía fábricas na União Soviética sob o comando de Stalin. Mas, nos anos 1960, minha filosofia sobre o papel do governo divergiu da dele.

Isso começou a acontecer porque eu passava a maioria das minhas noites tranquilas em Wichita, lendo e estudando. Apesar da minha formação em engenharia, também estudei matemática, física e química no MIT. Aprendi que vivemos em um universo ordenado e que o mundo natural é regido por certos princípios. Para sobreviver e prosperar, as pessoas devem compreender e respeitar tais princípios. Por exemplo, a terceira lei de Newton diz que para toda ação há sempre uma reação oposta e de igual intensidade. (Ignoramos as leis de Newton por nossa própria conta e risco.)

Comecei a me perguntar se havia também princípios que regiam o bem-estar social. Procurei ler tudo o que pude encontrar sobre o assunto em todas as disciplinas relevantes, como história, economia, filosofia, ciência, psicologia, sociologia e antropologia. Descobri que o que essas disciplinas tinham em comum era que todas explicavam como os diferentes sistemas sociais aumentavam ou diminuíam o bem-estar das pessoas. Estudei os antigos gregos e romanos, os escolásticos medievais, a Era de Ouro holandesa, o Império Britânico e outras civilizações importantes. Como nas ciências exatas, ficou óbvio que os humanos ignoram, por sua própria conta e risco, os princípios fundamentais de como viver e trabalhar melhor.

Minhas leituras abrangiam todo o espectro filosófico, da "esquerda" à "direita" e tudo o mais que estivesse no meio do caminho. Descobri que minha própria orientação política era muito mais complexa do que um simples "conservador" ou "liberal", no sentido contemporâneo das palavras.

Platão, Aristóteles, John Locke, Adam Smith, Will Durant, Karl Marx, Vladimir Lenin, John Maynard Keynes e Karl Popper, todos causaram fortes impressões em mim – algumas boas, outras ruins. Autores como F. A. Harper, Friedrich Hayek, Abraham Maslow, Ludwig von Mises, Michael Polanyi e Thomas Sowell foram particularmente úteis para que eu pudesse compreender os princípios que regem o bem-estar na sociedade.

Lembro-me vividamente dos primeiros livros transformadores com os quais me deparei: *Why wages rise*, de F. A. Harper, e *Ação humana,* de Ludwig von Mises.

"Baldy" Harper, como ficou mais conhecido, foi um professor da Universidade Cornell que demostrou que obrigar empresas a pagar aos seus funcionários mais do que o valor de sua produção não resulta em funcionários mais ricos, como seria de se imaginar. Em vez disso, resulta em desemprego, que por sua vez reduz a produção e o bem-estar geral. Harper demonstrou que os salários reais são determinados pela produtividade do trabalho. Políticas que comprometem essa relação entre produção e salários acabam apenas comprometendo o bem-estar. (Para toda ação há sempre uma reação oposta e de igual intensidade.)

Quanto maior a discrepância entre salários e produção, maior será o desemprego resultante. Essa discrepância pode ajudar a transformar uma recessão em depressão, como de fato aconteceu em 1929, depois que o presidente Herbert Hoover cometeu o erro (um entre muitos) de pressionar os patrões a pagar salários artificialmente altos enquanto os preços estavam em queda. Porém, ao contrário, o bem-estar humano é maximizado quando se permite que os empregadores e empregados façam acordos salariais voluntários – e não coercivos. Quanto mais produtivo o empregado for, mais o patrão irá pagar para mantê-lo na empresa.

Em outro livro transformador da minha juventude, Mises (um professor convidado da Universidade de Nova York) demonstrou em profundidade e alcance inéditos que uma sociedade livre, baseada em um escrupuloso respeito pela propriedade privada, em um Estado de Direito consistente e na liberdade de trocar livremente bens e serviços, é o sistema mais favorável ao bem-estar humano, ao progresso, à civilidade e à paz.

Em sua obra-prima *Ação humana*, Mises constrói uma brilhante visão de como as pessoas podem viver e trabalhar melhor juntas. Ele começa pensando em respostas para perguntas básicas do tipo “Como sabemos das coisas?” e “Como sabemos o que é verdadeiro e o que é certo?”.

Quanto mais livros eu lia, mais eu aceitava com fervor a verdade de que, para que haja um bem-estar humano generalizado, é necessário haver um sistema que defina com clareza e proteja os direitos de propriedade privada, permita que as pessoas se expressem livremente sem intimidação ou repercussões legais, evite interferir nos acordos e trocas de agentes privados e permita que os preços sejam determinados pela ação humana – e não por noções arbitrárias sobre quanto as coisas "deveriam" custar.

Dar às pessoas a liberdade para que defendam seus próprios interesses (dentro dos limites da conduta legal) é a melhor e única maneira sustentável de conquistar progressos sociais. Para que os indivíduos se desenvolvam e tenham a chance de ser felizes, eles devem ser livres para fazer as próprias escolhas e cometer os próprios erros, e não ser forçados a aceitar escolhas feitas para eles por outras pessoas.

Enquanto eu absorvia essas ideias e cuidava dos meus negócios, percebi que esses princípios eram fundamentais para o benefício não apenas das sociedades – como aprendi em meus estudos interdisciplinares –, mas também das empresas, que são, basicamente, pequenas sociedades. Ao me deparar com um desafio no trabalho (como um custo irrecuperável ou uma desvantagem competitiva), comecei a reagir tendo em mente os princípios de uma sociedade livre. E, é claro, vi, um conceito de cada vez, que os princípios que regiam a sociedade também se aplicavam às empresas.

A experiência obtida e as lições aprendidas à medida que inovávamos, tropeçávamos, vencíamos e crescíamos permitiram que a nossa filosofia e a prática do Gerenciamento Baseado no Mercado evoluíssem e melhorassem. Esperamos que sempre continue assim.

Desde que *A ciência do sucesso* foi publicado, a Koch continuou a adaptar os desafios da destruição criativa com paixão e intensidade. Modificamos a nossa visão, entramos em novos negócios, construímos novas competências e expandimos e melhoramos muito nossas iniciativas de inovação. Aumentamos significativamente o tamanho das nossas equipes de trabalho e mais do que dobramos o nosso patrimônio. Tudo isso só foi possível graças a uma notável melhoria na compreensão e aplicação do GBM em todas as nossas organizações.

Fizemos mudanças não apenas na nossa visão, mas também em toda a nossa perspectiva de recrutamento e gestão, estágios, relações com as universidades, apoio a jovens oficiais do Exército, relações com escolas técnicas, sistema de remuneração, redes de criação de oportunidades, métodos para alcançar excelência em segurança e meio ambiente e programas de treinamento e aplicação do GBM. Adquirimos novas competências que nos agregaram valor por meio de aquisições de empresas como a Molex, uma das maiores fornecedoras globais de conectores e sistemas eletrônicos, e via nossas diversas inovações. Este livro traz diversos conceitos, ideias, aplicações e recomendações importantes para a introdução do GBM que não estavam presentes no *A ciência do sucesso*.

E, diferentemente de *A ciência do sucesso*, este livro traz um guia sobre como aplicar o GBM na sua própria empresa, seja ela qual for. Também fornece respostas diretas às perguntas (e ideias errôneas) sobre o GBM e a Koch – principalmente sobre os nossos sucessos e os nossos fracassos.

O que permaneceu constante desde que *A ciência do sucesso* foi publicado é o nosso compromisso com o GBM. O objetivo continua o mesmo: permitir que uma empresa crie mais valor e impulsione a destruição criativa mais rápido e melhor do que qualquer concorrente, seja existente, seja potencial.

Para que isso aconteça, os funcionários precisam saber o que fazer sem que lhes seja dito – algo que meus sócios em Bergamo não conseguiam entender no início. Para que o GBM seja um sistema eficaz de resolução de problemas e captação de oportunidades, é necessário ter uma estrutura simplificada. Após muitas tentativas e erros, organizamos o GBM em cinco dimensões: Visão; Virtude e Talentos; Processos de Conhecimento; Direitos de Decisão; e Incentivos. Cada uma delas será explicada em seu próprio capítulo, mas segue um resumo de todas as cinco:

- **Visão:** a nossa visão se baseia no que acreditamos ser o papel da empresa na sociedade: oferecer produtos e serviços que os clientes valorizem mais do que seus similares, usando recursos de forma mais eficiente. Por consequência, buscamos obter lucros apenas beneficiando tanto nossos clientes quanto a sociedade em geral. (Repito, é isso que chamamos de bom lucro).
- **Virtude e Talentos:** ter competências e inteligência é importante, mas podemos contratar os mais brilhantes mestres e doutores do mundo e, se eles não tiverem os valores adequados, iremos fracassar. Portanto, contratamos com base nos valores em primeiro lugar – o talento vem depois.
- **Processos de Conhecimento:** uma das nossas prioridades é fazer nossos novos funcionários entenderem que contestar seus chefes com respeito, caso acreditem ter uma resposta melhor, não é apenas permitido, é também obrigatório. E os supervisores têm a obrigação de criar uma cultura que permita contestações.
- **Direitos de Decisão:** assim como os proprietários costumam cuidar melhor dos seus imóveis do que os inquilinos, quando um funcionário é "dono" de áreas de trabalho bem definidas, ele se orgulha e se responsabiliza pelos resultados, que acabam melhorando muito – sobretudo quando a função se encaixa bem em suas habilidades e competências.
- **Incentivos:** na Koch, qualquer pessoa pode ganhar mais que seu próprio chefe se criar mais valor. Nosso objetivo é motivar

todos os funcionários a maximizar suas contribuições, independentemente de qual cargo ocupem.

Outra melhoria neste livro é a inclusão de estudos de caso que demonstram essas cinco dimensões. Com esses exemplos, ficará claro que o GBM utiliza tais conceitos de uma forma diferente da maioria dos outros livros de administração. Por exemplo, "visão", para a Koch, não é uma declaração estática e única dos objetivos e aspirações da empresa. É um conceito dinâmico, que sempre evolui com base em uma análise contínua de como podemos usar nossas competências para responder às novas oportunidades com o intuito de criar mais valor para nossos clientes e a sociedade.

Quando entrei na empresa do meu pai, em 1961, sua visão era restringir as atividades de extração de petróleo prioritariamente a Oklahoma, o que tranquilizou nossos principais clientes, as grandes petroleiras, e nos garantiu liquidez para pagar os impostos prediais e territoriais após a morte do meu pai. (Essa era sua grande preocupação, pois ele acreditava que não viveria por muito tempo.)

Então Sterling Varner, a segunda pessoa mais importante da indústria de extração de petróleo bruto, trabalhou comigo para persuadir meu pai a expandir sua visão para além de Oklahoma. A nova visão exigia que desenvolvêssemos novas competências, como transporte, vendas e negociação, para que pudéssemos aproveitar os descartes das grandes petroleiras e identificar nichos nos quais pudéssemos ser melhores do que eles. Mais tarde, ao identificar novas oportunidades para entregar valor aos nossos clientes, aplicamos o que aprendemos com a extração de petróleo bruto à extração de outras *commodities* – a princípio, gás natural liquefeito e, em seguida, gás natural propriamente dito.

Esse tipo de círculo virtuoso – que é central para a nossa visão – não cessou desde então. Estamos sempre refinando nossas competências, criando outras e encontrando novas oportunidades nas quais elas possam criar valor. Esse é um desvio da sabedoria tradicional da maioria das empresas, que se limitam aos setores que conhecem bem.

Para realizar a nossa visão, também aplicamos as outras quatro dimensões harmoniosamente. Assim como o corpo humano é mais do que um conjunto de órgãos, o GBM é muito mais do que a soma de suas cinco dimensões. Quando essas cinco dimensões e seus conceitos subjacentes são compreendidos de maneira holística e aplicados de uma forma integrada e mutuamente fortalecedora, qualquer empresa pode ser transformada. O GBM aumenta a vitalidade das organizações ao ajudar todos os seus membros a entender que eles estão ali para criar valor. O GBM lhes ensina como podem fazer isso e os motiva para tanto.

Escrevo este livro para todos os leitores de negócios que anseiam ir além das anedotas, modismos e longas listas, e que querem aprender a aplicar o GBM a fim de gerar bom lucro para si mesmos, suas empresas e a sociedade como um todo. Quero que as empresas de todos os leitores prosperem tanto quanto a Koch, pois acredito que todos se beneficiam do poder gerador da destruição criativa. Espero que este livro seja ainda mais eficaz do que meu primeiro ao ajudar todos os leitores a seguir entendendo e aplicando o GBM para maximizar suas contribuições, realizar seu pleno potencial e beneficiar a si mesmos enquanto beneficiam outras pessoas.

Outro público importante deste livro são os funcionários da Koch – os atuais e os futuros – que desejam saber como podem prosperar. Na Koch, descobrimos que qualquer funcionário pode nos ajudar a experimentar e melhorar nossa capacidade de obter resultados por meio do GBM. Na verdade, as inovações e contribuições propostas pelos funcionários representam a maior parte dos exemplos deste livro.

Qualquer pessoa que se preocupe em melhorar o bem-estar humano pode encontrar valor neste livro, pois aprenderá que muito do que é feito de maneira imposta – com a intenção de deixar as pessoas em melhor situação – faz exatamente o oposto. Adam Smith expressou de melhor forma: "Ao buscar seu próprio interesse, [o indivíduo] frequentemente promove o interesse da sociedade de maneira mais eficiente do que quando realmente tem a intenção de promovê-lo".[4]

O sucesso da Koch Industries atraiu um interesse crescente naquilo que fazemos, em como fazemos e por que fazemos – tanto dos admiradores quanto dos críticos. Essa vigilância foi intensificada pelo aumento da visibilidade dos nossos esforços em educar e mobilizar as pessoas a defender políticas baseadas no mercado que aumentem o bem-estar humano para todos na sociedade, principalmente para os mais vulneráveis.

Você pode se perguntar, como muitos já fizeram: "Por que Charles Koch se importa em ajudar as pessoas a serem bem-sucedidas?". Claro, o desenvolvimento e a prosperidade dos funcionários da Koch são de meu interesse. Mas, para mim, ajudar os desprivilegiados (que são mais vulneráveis a práticas e políticas malconduzidas pelo governo) a se erguerem é igualmente importante. Por que quero que outra pessoa, empresa ou organização melhore? A resposta é porque todos nós nos beneficiamos quando os outros lucram de maneira ética.

O GBM é valioso porque tem um histórico comprovado de sucesso na Koch, e é baseado em uma teoria válida e consistente que se integra e se aplica a todos os aspectos da organização. Certamente funcionou bem para a Koch Industries e não há motivo para que não funcione bem para outras organizações. Acredito que este livro será benéfico para qualquer pessoa ou organização ética que esteja se empenhando em criar valor real de longo prazo, em qualquer setor, profissão ou área de atuação.

Estou convencido de que a correta implementação da nossa filosofia baseada no mercado foi a principal origem do nosso sucesso. Mas o desempenho anterior não garante futuros resultados. Para continuar atingindo um rendimento superior e obtendo bom lucro, devemos continuar melhorando nossa compreensão e aplicação do GBM.

Assim como a economia de mercado continua testando maneiras cada vez melhores de oferecer às pessoas o que elas valorizam sem nunca estagnar, o GBM também é um processo contínuo de aprendizado e melhoria. Para todos os leitores deste livro que se empenham em entender e aplicar esses princípios – pelo bem de suas empresas e pelo bem-estar da humanidade –, desejo todo o sucesso na jornada.

– CHARLES G. KOCH

Wichita, Kansas / Julho de 2015

CAPÍTULO 1

O GLORIOSO SENTIMENTO DA REALIZAÇÃO

Lições que aprendi com meu pai

"Lamentaria muito se você deixasse de sentir o glorioso sentimento da realização e sei que você não irá me decepcionar. Lembre-se de que a adversidade costuma ser uma bênção disfarçada e com certeza uma das melhores formas de fortalecer nosso caráter.

- FRED KOCH[1]"

"Você pode mandar em um holandês", meu pai brincava sobre ele mesmo, "mas não muito". Másculo, determinado e persistente são palavras que certamente descreveriam Fred Koch, que mergulhou de cabeça em inúmeros empreendimentos – alguns deles lucrativos, outros nem tanto. Seu pai, Harry, também gostava de assumir riscos, tendo emigrado da Holanda durante a adolescência, com pouco dinheiro no bolso e uma cabeça repleta de histórias de faroeste sobre a América.

Seja a fama de teimosos merecida ou não, os holandeses libertaram-se do domínio espanhol em 1581 com sede de paz, tolerância, conhecimento e novas ideias. Durante a Era de Ouro holandesa, criaram a primeira bolsa de valores, atingiram o padrão de vida mais elevado do mundo, destacaram-se nas artes e nas ciências e mantiveram uma cultura pujante. Os holandeses prosperaram por causa da liberdade e de um sistema de vantagens mútuas, enquanto seus vizinhos europeus menos livres enfrentavam massacres e pobreza.

Harry Koch chegou a Nova York como aprendiz de tipógrafo e aprimorou seu inglês enquanto trabalhava em jornais holandeses em Michigan e Chicago. Seu trabalho o levou a viajar pelo Mississipi, chegando a Louisiana e depois a Trinity, Austin e Galveston, no Texas. Em 1891 ele pegou a estrada rumo a Quanah, onde comprou uma tipografia e um jornal semanal em dificuldades chamado *Chief*. Quanah ficava em uma região muito pobre, então muitos dos clientes de Harry pagavam em parte com trocas. Eles valorizavam as notícias e o espaço publicitário que o seu jornal oferecia, e ele valorizava o patrocínio recebido. Um exemplo de bom lucro no trabalho, o *Tribune-Chief*, como passou a ser chamado, continua sendo publicado até hoje.

Harry tinha um forte sotaque holandês e pronunciava o nome "Koch" com um "ch" suave e gutural. A pronúncia texana soava mais como o grasnar de um corvo. Anos mais tarde, alguém chamou meu pai em uma estação de trem e errou a pronúncia do seu nome no microfone, dizendo "Fred Coke". Meu pai nunca gostou da versão texana, então adotou aquela pronúncia de imediato, fazendo assim uma grande contribuição para a fonologia norte-americana.

Fred jogava futebol americano amador na escola secundária de Quanah e era um excelente aluno e orador. Ele frequentou o Rice Institute, em Houston (uma escola com bolsa de estudos integral naquela época), onde foi eleito representante de turma. Sempre pronto para assumir riscos que pudessem valer a pena, transferiu-se para o MIT, em Cambridge, Massachusetts, ao saber que haviam criado o primeiro curso de engenharia química. A anuidade no MIT à época era de cerca de US$ 300. Antes de se mudar do Texas para Boston, Fred passou o verão limpando os conveses de um navio a vapor – um navio mercante sem cronograma de viagens definido – que navegava entre Nova York e Londres.

Engenharia química era o curso ideal para Fred. Sua tese de conclusão de curso no MIT tratava de questões ambientais em uma fábrica de papel em Bangor, Maine, que, coincidentemente, mais tarde passou a pertencer à Georgia-Pacific. (A GP vendeu a fábrica, mas ainda detém a fábrica de gesso Acme, perto de Quanah, onde meu pai trabalhou durante um verão.) As oportunidades que surgiam na fábrica de Bangor – inclusive a rentável reciclagem de resíduos e a conservação de energia, ambos processos que aprimoraram o ambiente – foram importantes para o meu pai e continuaram sendo importantes para a

Koch, pois elas eram mutuamente benéficas para a nossa empresa e para as nossas comunidades.

Tendo aprendido a lutar boxe com seu pai, Fred se tornou capitão da equipe de boxe do MIT. Enquanto minha mãe – jogadora de golfe, pescadora esportiva, caçadora e designer de joias – tinha uma coordenação motora excelente, Fred mais do que se virava com seus reflexos rápidos e espírito competitivo. Ele incentivava todos os quatro filhos a aprenderem as habilidades necessárias para lutar boxe.

Embora o boxe seja um dos meus esportes olímpicos preferidos, nenhum de nós levou os treinos adiante. Meu irmão Frederick sempre preferiu a arte aos esportes, e acabou indo estudar ciências humanas em Harvard e artes cênicas em Yale. Uma das épocas mais divertidas da minha vida foi quando joguei rúgbi no MIT em um time que ganhou dois campeonatos. Meus irmãos David e Bill entraram para o time de basquete do MIT. David se tornou capitão e participou da liga universitária júnior All-American. Em 1962 ele quebrou um recorde marcando 41 pontos em um jogo – recorde que ele manteve por 46 anos.

Após a faculdade, meu pai conseguiu um emprego na Texaco (que então se chamava Texas Company) como pesquisador químico na refinaria de Port Arthur, no Texas. Depois trabalhou por algum tempo como engenheiro químico para a Gasoline Products Company, uma empresa líder no desenvolvimento do processo de refino em Kansas City.

A grande oportunidade de Fred como engenheiro aconteceu em 1924, quando seu colega do MIT Carl de Ganahl o recomendou para uma vaga em que teria que projetar e construir uma refinaria na Inglaterra, em uma propriedade do pai de Ganahl, um homem chamado Charles. Assim como a família Koch, a família de Ganahl havia emigrado da Europa nos anos 1800 e acabou se estabelecendo no Texas.

Charles de Ganahl era uma pessoa incrível – um empreendedor excepcional de grande integridade e compaixão. As orientações dadas a meu pai, que era um sujeito de 24 anos com pouca experiência profissional e pouquíssimos contatos, mudou a vida de Fred. Meu pai tinha um absoluto respeito por Ganahl, tanto que me batizou em sua homenagem. O respeito era mútuo. "Fred Koch é o melhor engenheiro químico do mundo", Ganahl escreveu anos mais tarde, "com seu par de lobos cerebrais mais geniais do que os de qualquer outro jovem que eu conheça".[2]

Meu pai circulava num ambiente de boas pessoas e causava uma genuína boa impressão – tanto na abastada família Ganahl quanto em Sterling Varner, cujos pai e avô atuavam na indústria do petróleo. Ele não se importava com o status social, tratava todos de forma coerente com seus valores. Provavelmente era um reflexo do seu caráter o fato de boas pessoas quererem estar com ele e lhe oferecerem boas oportunidades de trabalho.

Em 1925, a experiência de Fred no MIT, seu cérebro genial e seu dom de lidar com as pessoas lhe renderam frutos novamente. Outro antigo colega de turma, Dobie Keith, o convidou para trabalhar em uma empresa de construção e engenharia em Wichita, no Kansas, que Keith havia lançado com Lewis Winkler. Fred aceitou, pagando US$ 300 para se tornar sócio com igual participação. Três meses depois, quando Keith saiu de repente para ir atrás de outra oportunidade, nasceu a Winkler-Koch Engineering Company.

Os primeiros dois anos foram difíceis para a Winkler-Koch. Como a empresa não tinha qualquer tecnologia própria ou capital para vender projetos completos (incluindo design, compra de equipamentos e administração da obra), só conseguia assumir pequenos trabalhos de engenharia. Por um tempo meu pai ficou, como ele dizia, "sem um tostão", e tinha que dormir em uma cama improvisada no escritório.

Os negócios melhoraram em 1927, quando Fred desenvolveu um processo de craqueamento térmico mais eficiente para transformar petróleo pesado em gasolina; era mais barato, rendia mais e implicava menos tempo de inatividade do que os processos concorrentes. Após o êxito da instalação na nova refinaria Rock Island de L. B. Simmons, em Duncan, Oklahoma, a Winkler-Koch vendeu em média uma nova instalação a cada sete semanas pelos dois anos seguintes.

O sucesso da Winkler-Koch na venda desse processo para refinarias independentes inevitavelmente chamou a atenção das grandes petroleiras, que haviam unido seus processos de produção de gasolina para controlar a tecnologia. Essa associação, chamada de Patent Club, cobrava *royalties* das petroleiras independentes, a um valor de trinta centavos por barril, em uma época em que a gasolina era vendida por pouco mais de US$ 3 por barril (no varejo).

O novo processo do meu pai, por outro lado, não cobrava *royalties*, aumentando ainda mais o interesse das refinarias independentes. Em 1929, o Patent Club – preocupado com o aumento de competividade das independentes – abriu quarenta processos de infração de patente contra a Winkler-Koch e contra quase todos os seus clientes. Esses processos paralisaram os negócios da empresa nos Estados Unidos e em grande parte da Europa.

A sobrevivência dos negócios da Winkler-Koch dependia da construção de fábricas em outros países – sobretudo na União Soviética, onde construiu quinze unidades de craqueamento entre 1929 e 1931. Por conta do contrato com os soviéticos, a Winkler-Koch viveu seu período de maior sucesso financeiro durante os anos iniciais da Grande Depressão. Mesmo assim, Fred sempre desconfiava dos soviéticos e exigia pagamento antecipado de 90% do valor do contrato.

Os engenheiros soviéticos que trabalhavam com meu pai confirmaram seu medo de fazer negócios na União Soviética (e do comunismo em geral) quando lhe contaram seus planos e métodos para fazer uma revolução mundial. Stalin acabou expulsando quase todos os colegas soviéticos de Fred, com outras dezenas de milhões de pessoas. Meu pai descrevia a União Soviética como uma "terra de fome, miséria e terror". Por causa da sua experiência naquele país, ele se tornou anticomunista fervoroso pelo resto da vida – chegou até mesmo a entrar para a John Birch Society e me incentivou a fazer o mesmo. (Eu concordei, mas permaneci por apenas alguns anos, porque, como Hayek, eu sentia que o comunismo era mais um "erro intelectual" do que uma conspiração que precisava ser denunciada.)

O Patent Club passou 23 anos processando a Winkler-Koch, mas obteve sucesso apenas uma vez. E até mesmo esse veredito foi anulado após descobrirem que o juiz havia sido subornado. Esse comportamento chocante e o escândalo decorrente levaram as grandes petroleiras a doar sua empresa de desenvolvimento de processos, a Universal Oil Products, para a American Chemical Society. A Winkler-Koch respondeu judicialmente, chegando a um acordo no valor de US$ 1,5 milhão, em 1952.

Apesar da vitória, o conselho que meu pai me dava era: "Nunca processe – os advogados ficam com um terço, o governo fica com um terço e você fica com a sua empresa destruída". Tentei seguir seu conselho e recorri à Justiça pouquíssimas vezes. Infelizmente, ele se esqueceu de me dizer como evitar *ser* processado – inclusive por membros da minha própria família. Mas falaremos sobre isso mais adiante.

A FUNDAÇÃO DA KOCH INDUSTRIES

O final dos anos 1930 trouxe mais dificuldades para os negócios de engenharia do meu pai. A Grande Depressão estava em curso, e os processos do Patent Club o impediam de colher os benefícios do seu processo de craqueamento térmico nos Estados Unidos. Então Fred intensificou a procura por outras oportunidades de negócios.

Novamente, sua boa reputação lhe veio bem a calhar. A Globe Oil and Refining Co. (uma das maiores refinarias independentes e um dos melhores clientes da Winkler-Koch) decidiu construir uma refinaria com capacidade de processamento de dez mil barris por dia no rio Mississipi, próximo a Wood River, em Illinois, cerca de 24 quilômetros acima de Saint Louis.

O proprietário da Globe, I. A. O'Shaughnessy, queria sócios para reduzir o risco e agregar competências ao empreendimento. O primeiro sócio atraído foi Hank Ingram, dono de uma das maiores frotas de balsas do Mississipi, que podia facilmente transportar petróleo bruto e produtos da e para a refinaria. Em seguida, convidou Fred para projetar e operar as instalações.

Meu pai concordou, sob a condição de ser dono de uma parcela significativa da empresa. Fred pagou US$ 230 mil em 1940 por 23% da Wood River Oil and Refining Co., Inc., empresa que acabaria se tornando a Koch Industries. O'Shaughnessy e Ingram detinham 33% cada, e dois funcionários da Globe (que atuavam no fornecimento de petróleo bruto e na venda de produtos para a Wood River) detinham 5% cada. A refinaria foi concluída e começou a operar em 1941. Seus proprietários nem imaginavam o que estava prestes a acontecer.

A Segunda Guerra Mundial induziu o Congresso a aprovar quatro projetos de lei sobre "lucros excessivos" entre 1940 e 1943, com alíquotas que variavam de 25% a 95%. O resultado disso foi que, durante os anos da guerra, a alíquota do imposto de renda pago pela Wood River era de aproximadamente 70%.

Esse imposto confiscatório não impediu o governo de pressionar a Wood River a produzir cada vez mais combustível de alta octanagem para a aviação. Além disso, como ocorria com todas as matérias-primas naquela época, era difícil obter petróleo bruto, por causa da escassez dos tempos de guerra. Os conflitos que surgiram entre os principais acionistas não foram, portanto, nenhuma surpresa.

Um desses conflitos era inerente à estrutura do negócio: os funcionários da Globe Oil que forneciam petróleo bruto para as refinarias e aqueles que vendiam os produtos da Globe também deveriam fornecer e auxiliar nas vendas da Wood River. Isso levantou suspeitas, entre os sócios que não participavam da Globe, de que a Wood River não estava recebendo o mesmo tratamento. Fosse verdade ou fosse mentira, a lição é que, sempre que um contrato abre espaço para conflitos de interesse, é improvável que funcione por muito tempo. Em 1944, o grupo Globe Oil concordou em vender sua participação para o meu pai e o Ingram, de modo a resolver as divergências. Como consequência, Fred e Ingram se tornaram sócios igualitários.

Em 1946, a Wood River comprou a Rock Island, uma refinaria com capacidade para oito mil barris por dia localizada em Duncan, Oklahoma, e seu sistema de extração de petróleo bruto com capacidade de dez mil barris por dia (os sistemas de extração transportam o petróleo bruto do poço até um grande oleoduto) por US$ 600 mil, além de conceder a L. B. Simmons, dono da Rock Island, o direito de comprar uma fatia de 10% na Wood River. Esses ativos foram reunidos em uma subsidiária chamada Rock Island Oil and Refining. Embora a refinaria de Oklahoma tenha fechado em 1949, seu sistema de extração se tornou a fundação para negócios maiores da Wood River.

A Wood River perdeu dinheiro em 1949, provocando a venda de sua refinaria de Illinois para a Sinclair Oil, com um lucro de US$ 4 milhões. A venda possibilitou a compra das participações dos outros acionistas, com exceção de meu pai e de L. B. Simmons (que havia exercido seu direito de compra). Eles mantiveram o nome Wood River e, no início de 1954, traçaram planos para construir uma nova refinaria perto de Chicago, mas logo desistiram da ideia.

Meu pai era inteligente, empreendedor, bem-sucedido, respeitado, e tinha princípios. E, mesmo assim, seguia sendo incorrigivelmente humilde. Em 1948, ele escreveu para um amigo de Pittsburgh: "Esse nosso negócio de petróleo cresceu tanto que agora precisa de alguém mais inteligente e mais organizado para lidar com tudo".[3]

Fred tinha diversos problemas físicos, além da pressão alta e dos problemas cardíacos que vieram a tirar-lhe a vida. Em 1940, um médico suspeitou que um tumor no seu palato fosse maligno e tratou-o com radioterapia, que destruiu seu céu da boca. Após isso, a fala de Fred ficou prejudicada, e comer na frente das pessoas passou a ser para ele dolorosamente constrangedor. Ele temia que talvez precisasse de um novo negócio – um que não exigisse tanta interação com as pessoas. A vida na fazenda parecia ser a solução perfeita.

Assim, em 1941, ele comprou grande parte da área que mais tarde se tornou o Spring Creek Ranch, em Flint Hills, no Kansas, onde planejava trabalhar isolado. "Foi uma péssima experiência", lembrava minha mãe quatro décadas mais tarde.

"Ele não conseguia trabalhar, não conseguia fazer nada." Minha mãe era uma pessoa muito sensível que se compadecia da dor dos outros. "Ele vivia daquele jeito e não reclamava, mas às vezes me dizia que não aguentava a dor", ela disse.

Felizmente, um talentoso médico de Saint Louis descobriu uma forma de reconstruir o palato de meu pai, e ele se recuperou gradualmente. Spring Creek então serviu a um propósito muito mais alegre para Fred. Ele se apaixonou pela ciência da agropecuária, e passava os finais de semana por lá, com todos nós hospedados no rancho da família. Dentre outras inovações, ajudou a desenvolver os blocos de sal, uma forma barata de garantir que o gado ingerisse uma quantidade adequada de cloreto de sódio.

Meu pai se dedicava a novos interesses com facilidade e frequência, mas não de forma sistemática: canos de fibra de vidro, trailers de acampamento ("Koch Kampers") e torres de arrefecimento doméstico foram alguns de seus vários projetos ao longo daqueles anos. Após se encantar com as possibilidades de uso do amianto em uma viagem à África do Sul, ele pensou em entrar nesse ramo (ainda bem que não entrou). Ele chegou até a modernizar uma pequena frota de bombardeiros da Segunda Guerra Mundial, transformando-os em aeronaves corporativas.

Fred também desenvolveu os interiores de torres de destilação (recipientes utilizados em refinarias e indústrias químicas para separar líquidos pela diferença de pontos de ebulição), tendo inventado um modelo particularmente ambicioso chamado Kaskade Tray –, que, infelizmente, acabou funcionando melhor de cabeça para baixo do que virado para cima. Meu pai era capaz de rir de si mesmo, e foi o que ele fez nesse caso.

Nenhum desses empreendimentos obteve sucesso. Mas o fato de ter começado com nada em 1925 e criado uma empresa que valia US$ 21 milhões quando comecei a trabalhar lá, em 1961, usando nada além do seu "par de lobos cerebrais brilhantes", é impressionante. À medida que enriqueceu, comprou uma bela casa para seus pais em Quanah e os ajudou pelo resto de suas vidas. Com minha mãe, ele conseguiu criar quatro garotos incontroláveis: Frederick, nascido em 1933, eu, em 1935, e os gêmeos bivitelinos David e William, em 1940.

Em uma carta escrita em 1948 para um amigo de Pittsburgh, meu pai descreveu Frederick como um "jovem brilhante (...) de mente afiada e formidável em seus dons artísticos". De fato, Frederick se tornou colecionador de arte e restaurou diversas mansões históricas em todo o mundo.

Papai, como o chamávamos, me descrevia como um "garoto grande de bom coração", mas minha conduta profissional ainda não o impressionava. "Todos gostam de Charles, e nada o incomoda, desde que o trabalho não chegue muito perto."[4]

"Quanto aos gêmeos", meu pai escreveu, "David é muito ágil física e mentalmente. Ele é um atleta nato e muito pragmático. Se for para algum dos garotos se tornar engenheiro, acho que será ele".

O outro gêmeo era William (que chamávamos de Bill), que certa vez meu pai descreveu como "de temperamento muito amável, mas muito explosivo, combinado a uma teimosia extraordinária. Suponho que seja o resultado da mistura de ascendências irlandesa e holandesa".

"Na minha família, os filhos são muito mais importantes do que o dinheiro", escreveu meu pai para um amigo do Texas naquele mesmo ano. Ele encerrou a carta com seu humor característico, tirando sarro de John D. Rockefeller: "O Sr. Rockefeller diz 'Dinheiro não é tudo. Há também as ações e outros títulos'".[5]

VIDA EM FAMÍLIA

É claro que papai não foi a única influência parental que recebemos. Mas embora minha mãe tivesse sido apelidada de "Mary, a poderosa" por causa de sua energia incansável e espírito aventureiro, meu pai era a força dominante em nosso lar. Seu caráter era inquestionável.

Lembro-me de uma ida ao cinema com ele e meus irmãos nos anos 1940. Quando chegamos, as pessoas que se amontoavam na bilheteria não haviam conseguido formar uma linha reta. Eu e meus irmãos começamos a tentar melhorar nossa posição para garantir nossos ingressos. Mas meu pai, que sempre nos ensinava sobre integridade, não aceitou. Ele nos fez um sinal para nos reunirmos novamente em uma posição próxima ao final da aglomeração.

Nosso pai jurou que não permitiria que seus filhos se tornassem "almofadinhas folgados", então fez de tudo para garantir que desenvolvêssemos uma conduta profissional e sede por conhecimento. Quando abri seu cofre logo após sua morte, descobri uma carta que ele havia escrito em

1936, demonstrando-se preocupado porque o seguro que ele nos deixaria para pagar nossos estudos poderia ser mais prejudicial do que benéfico:

> Vocês podem usá-lo como uma ferramenta preciosa para realizar coisas ou podem esbanjá-lo como inconsequentes. Se decidirem deixar que esse dinheiro destrua a sua iniciativa e independência, então ele será uma maldição para vocês, e posso ter cometido um erro ao deixá-lo de herança. Lamentaria muito se deixassem de sentir o glorioso sentimento de realização, e sei que não vão me decepcionar. Lembrem-se de que a adversidade costuma ser uma bênção disfarçada e com certeza uma das melhores formas de fortalecer nosso caráter.[6]

Frederick não suportava bem o trabalho físico como método para desenvolver uma conduta profissional, então fui eu quem carregou o fardo dos esforços de meu pai. Quando eu tinha seis anos, ele fazia questão de ocupar boa parte do meu tempo livre com trabalho. Comecei arrancando dentes-de-leão de nosso terreno de sessenta hectares, depois passei a limpar os estábulos dos cavalos e das vacas, enfardar palha e tirar leite das vacas. Depois dessas atividades, comecei a transportar chapas de aço na oficina da Koch Engineering.

Aos quinze anos, acreditava-se que eu já tinha idade suficiente para me beneficiar de uma ampla gama de empregos de verão nas nossas fazendas e em outras partes, como buscar e tratar os touros doentes, consertar cercas, cavar poços e fazer buracos em um solo que não via uma gota de chuva havia anos, carregar um silo de trigo com uma pá, e coisas do tipo.

Em um verão, trabalhei em um rancho em Centennial Valley, em Montana, no meio do nada. Compartilhei o beliche com um senhor chamado Bitterroot Bob, que se gabava por ter sido dispensado por desonra do serviço militar durante a Segunda Guerra Mundial, por ter corrido da linha de fogo. Em algumas noites, ele atirava com seu revólver na direção do teto da nossa cabana de madeira. Quando chovia, nós dois nos molhávamos, mas isso não parecia impedi-lo. Não havia lugar para folga na minha juventude.

Embora não parecesse na época, tenho certeza de que o amor bruto do meu pai foi o que me salvou. O fato é que eu não era fácil. Por conta do meu espírito livre, passei por oito escolas antes de me formar na escola secundária. Anos mais tarde, perguntei para o meu pai por que ele não havia sido tão rígido com os gêmeos quanto havia sido comigo. "Filho", ele disse, "você me deu um trabalho danado".

* * *

Uma das muitas escolas que frequentei era uma escola católica, na qual fui matriculado aos cinco anos e onde fiquei por alguns anos. Mas desde cedo eu já era um cético. Rejeitava a afirmação das freiras – que eu levava ao pé da letra – de que Jesus estava detrás do altar. Elas ofereciam leite e biscoitos como prêmio por bom comportamento, mas o incentivo não era forte o suficiente para mim.

Cheguei então à minha oitava escola, a Culver Military Academy, da qual fui expulso no terceiro ano do ensino secundário por beber cerveja no trem de Wichita a Indiana durante minha volta das férias de primavera. Por ter me arrependido, a Culver concordou em me aceitar de volta, sob a condição de fazer os trabalhos acadêmicos de todo o semestre, além do treinamento de cavalaria durante o verão.

Naquele verão, vivi em uma cabana ao lado de um estábulo. Minha carga de trabalho era quatro vezes maior que a dos outros cadetes de verão, então eu acordava no meio da noite para usar a única fonte de luz permitida após o toque de recolher: a luz do banheiro coletivo do estábulo, onde eu me sentava em um banco do vestiário para terminar minhas tarefas de casa.

No último ano, passei dos limites novamente quando tentei bater a cabeça do capitão dos cadetes – que também era o corredor do time de futebol americano – contra a minha janela. (Ele havia tirado todas as roupas do meu armário e as jogado no chão durante uma inspeção nos quartos.) Felizmente, não me expulsaram de novo, pois eu havia recebido honras e privilégios àquela altura. Além disso, a formatura estava chegando, e eu já havia sido aceito no MIT. Mas perdi minhas honras e privilégios e tive que passar todo o meu tempo livre nas seis últimas semanas de aula fazendo guarda com o meu rifle.

Durante minha breve expulsão da Culver, meu pai me mandou viver com a família do seu irmão no Texas para concluir o ano acadêmico na escola secundária de Quanah. Sempre tive facilidade em matemática e lembro-me de acertar todas as dez questões no exame final. Meus colegas de classe em Quanah não acreditavam. Por que eu me esforçava tanto se 70% de respostas corretas teriam sido suficientes para passar? Mesmo um adolescente um tanto desordeiro de mente independente como eu reconhecia que havia algo errado com aquela mentalidade.

Entrei para o MIT sem intenção de voltar a Wichita para trabalhar com meu pai. Minha tendência à independência não daria certo com seu estilo dominante. (Eu já havia aprendido àquela altura que sua piada que dizia que "não se pode mandar muito em um holandês" não era bem uma piada.) E eu nem era o herdeiro legítimo da empresa. Ele nunca me deu nenhum sinal de que queria que eu me envolvesse, além de me obrigar a trabalhar durante todo o meu tempo livre.

Ao final do meu segundo ano, minha média ficava em torno de oito, o que eu considerava razoável. (Eu estava me divertindo muito em Boston, finalmente livre dos regimentos da escola militar. O MIT só exigia que os alunos passassem nas provas e realizassem os trabalhos, então aproveitei plenamente a minha liberdade.) Mas, quando voltei rapidamente para Wichita nas férias de verão, meu pai sentou para conversar comigo e disse: "Filho, não estou nem aí se você vai cavar valeta para ganhar a vida, mas, se você quer que eu continue pagando pelos seus estudos, você vai se esforçar". Milagrosamente, minhas notas subiram um ponto.

Durante meu último semestre no MIT, meu pai adquiriu uma participação de 35% na Great Northern Oil Company, que detinha a refinaria Pine Bend, perto de Saint Paul, Minnesota. A Pine Bend havia sido construída em meados dos anos 1950 para estabelecer um mercado para o pesado petróleo bruto canadense que havia sido recém-descoberto em Saskatchewan. Vendo em perspectiva, teria sido difícil superestimar a importância que essa transação teria para o futuro da Koch.

A força motriz da Great Northern eram as duas petroleiras independentes – que eram ambas grandes produtoras no campo de Saskatchewan – e J. Howard Marshall II, um ilustre advogado e empresário do ramo do petróleo. Ao final dos anos 1950, as duas petroleiras independentes haviam sido compradas pela Pure Oil e pela Sinclair Oil. Ike Moore, o antigo chefe de vendas da Wood River, trabalhava para a Sinclair desde que ela havia comprado a refinaria Wood River, em 1950.

Moore sabia que Fred desejava voltar para o ramo do refino, então, quando a Sinclair Oil decidiu vender sua participação na Great Northern, Ike informou Fred sobre a oportunidade. Meu pai acabou comprando no escuro a participação da Sinclair, pelo valor contábil de US$ 5 milhões. Seus instintos e seu julgamento se mostraram corretos. Naquela época (fevereiro de 1959), a Pine Bend processava cerca de 35 mil barris por dia, pouco mais de um décimo de sua capacidade atual.

Naquele verão, a Wood River Oil and Refining Co., Inc., mudou de nome para Rock Island Oil and Refining Co., Inc. Os negócios da

Rock Island se limitavam à fazenda, ao sistema de extração de petróleo bruto comprado de L. B. Simmons e à recém-adquirida participação na Great Northern. Naqueles tempos, a Koch Engineering era uma entidade separada com uma única fábrica em Wichita, que fazia apenas um produto – uma inovação para o interior das torres chamada Flexitray® –, que, diferentemente da Kascade Tray, foi um sucesso.

UMA PROPOSTA IRRECUSÁVEL

Após concluir os estudos no MIT, em 1959, fiquei na região de Boston por alguns anos trabalhando com desenvolvimento de produtos, desenvolvimento de processos e serviços de gestão para a Arthur D. Little, uma grande empresa de consultoria da época. A natureza do meu trabalho me qualificou para dispensa do serviço militar por motivo ocupacional. (Em um projeto interessante, estávamos planejando uma fábrica para o governo produzir um potente derivado da *cannabis*. O objetivo era humanizar a guerra ao controlar os oponentes com "bombas" de *cannabis* em vez de armas.)

Independentemente das bombas de *cannabis*, esse era um trabalho que eu achava estimulante e rico em aprendizados. Mesmo com apenas vinte e poucos anos, eu costumava fazer apresentações para os presidentes das empresas. Estava aproveitando a vida e estava muito feliz por estar em Boston. Mas então meu pai me fez uma proposta irrecusável. Após quase um ano de tentativas malsucedidas de tentar me fazer voltar para Wichita para trabalhar para ele, ele me deu um ultimato: sua saúde estava fraca e, se eu não voltasse para aprender a tocar a empresa, ele não teria outra escolha senão vendê-la.

Não tenho certeza sobre o que motivou o ultimato, mas agora acredito que ele já contava comigo para sua sucessão havia algum tempo. Talvez meu bom trabalho na Arthur D. Little o tenha convencido de que eu tinha um forte tino para os negócios. Ele certamente tinha ciência da minha conduta profissional, graças aos anos de trabalhos manuais aos quais ele havia me submetido. Meu irmão mais velho, Frederick, nunca havia demonstrado qualquer interesse ou aptidão para a engenharia ou para os negócios. E embora meus irmãos gêmeos estivessem estudando engenharia no MIT, eles eram cinco anos mais novos do que eu e ainda não haviam concluído os estudos. Então talvez a proposta do meu pai fosse inevitável.

O que sei por certo é que nosso pai temia não estar entre nós por muito tempo para administrar a empresa. Ele prometeu que me permitiria administrar a Koch Engineering – o cambaleante negócio de peças de torres – sem interferir. Qualquer coisa que não fosse a venda da empresa não precisaria de sua permissão. Essa foi a minha chance de administrar uma empresa de fato, e não apenas assessorar, então aceitei.

Quando voltei para Wichita no outono de 1961, com uma graduação e dois mestrados em engenharia (nuclear e química) e mais de dois anos de experiência em consultoria, as primeiras palavras do meu pai para mim foram: "Espero que seu primeiro negócio seja um fracasso, senão você vai achar que é muito mais esperto do que é de verdade". Ele não tinha nada com que se preocupar – eu acumularia diversos fracassos ao longo dos anos. (Falaremos deles mais adiante.)

Naquela época, a Koch Engineering tinha menos de US$ 2 milhões em vendas e mal conseguia pagar as contas. Seus negócios na Europa estavam um desastre. Meu pai havia planejado ir para lá e dar um jeito, mas, como eu seria responsável pela empresa, ele me disse que eu que teria de resolver. Muito ignorante que eu era para entender todas as questões envolvidas na construção de um negócio, sobretudo um negócio internacional, fiquei ansioso para ir até lá e enfrentar o problema.

Felizmente, os problemas dos nossos negócios na Europa eram tão óbvios que até eu conseguiria resolvê-los, mesmo nunca tendo administrado uma empresa ou trabalhado no exterior.

O desastre havia sido causado pelos nossos esforços de evitar que potenciais concorrentes copiassem os nossos *designs* das partes internas das torres. Várias empresas contratadas estavam fabricando componentes diversos em vários países, que eram em seguida montados em outro lugar, resultando em complexidade sem qualquer garantia, altos custos e baixo desempenho.

No decorrer dos anos seguintes, passei um bom tempo na Europa implementando a minha solução, o que foi feito em duas etapas. Em primeiro lugar, estabelecemos nossa própria fábrica próximo a Bergamo, na Itália (lar dos sindicalistas desconfiados).

Em segundo lugar, criamos uma organização que oferecia serviços melhores para os nossos clientes. Depois de trabalhar na Arthur D. Little e estudar tanto, eu tinha uma compreensão clara de que o propósito de qualquer negócio era criar valor para os clientes. Havia lido bastante literatura de negócios e sabia que, se a empresa não conseguisse satisfazer seus clientes, ela estaria fora do mercado. Como Sam Walton explicou em sua famosa frase: "Há apenas um chefe: o cliente. E ele pode demitir qualquer um da empresa, do presidente para baixo, se decidir gastar seu dinheiro em outro lugar".[7]

NOS OMBROS DOS GIGANTES

Meu pai cumpriu sua palavra e me deu liberdade quase total para administrar a Koch Engineering. Após reorganizar nossos negócios na Europa, fui enviado a Saint Paul, em 1962, para trabalhar na Great Northern Oil Company por seis meses e aprender sobre o ramo de refino. Ao voltar para Wichita, continuei fazendo viagens frequentes à Europa para levar aquela transformação adiante.

Ao trabalhar na Koch Engineering, aprendi a importância da visão (porque de fato não tínhamos nenhuma) e de ter as pessoas certas nos cargos certos (porque também não tínhamos). Aos 27 anos, substituí o presidente, o que precisava ser feito, honrando a promessa do meu pai de me deixar administrar a empresa usando meu próprio bom senso.

Comecei de imediato a trabalhar para desenvolver as partes dos negócios da Koch que não estavam na Europa, melhorando as vendas e a fabricação e agregando novos produtos. Um dos meus primeiros passos foi contratar um profissional de desenvolvimento comercial para nos ajudar a agregar novos produtos. É óbvio que, como presidente, eu estava em uma situação mais favorável para construir a Koch Engineering.

E foi o que fizemos: em 1965, as vendas haviam mais que dobrado, e a empresa deixou para trás o mero ponto de equilíbrio para se tornar rentável. Desde o princípio, usei um método que é fundamental para o GBM – entender, constantemente melhorar e adquirir competências, e correr atrás de oportunidades às quais se possa agregar mais valor.

Além de implantar nossa própria fábrica na Europa e outra em Wichita (o que resultou em uma melhoria no marketing, nas vendas, no design e na fabricação das Flexitrays em todo o mundo), passamos a atuar com linhas de produtos relacionadas, como torres de destilação, permutadores de calor, eliminadores de névoa, equipamentos de controle de poluição e sistemas de separação de membrana.

O ano de 1962 também foi quando comecei a trabalhar para expandir o maior negócio da Rock Island, a extração de petróleo bruto. Meu aliado nessa tarefa foi Sterling Varner, que conheci durante a adolescência, em um verão em Centennial Valley. Sterling compartilhava comigo uma visão ambiciosa para a Koch. Em uma jogada agressiva, compramos caminhões-tanque, empresas de transporte e tubulações, e construímos oleodutos em locais onde outras empresas se negavam a assumir riscos. "Cuidado!", disse um agente de uma grande petroleira. "Se você der as costas, a Koch vai construir um oleoduto no seu traseiro." Entendemos isso como um elogio.

Ao passo que o crescimento do negócio de extração de petróleo acelerava, a delicada saúde do meu pai se deteriorava. Em 1966, ele me nomeou presidente da Rock Island para que, nas palavras dele, não houvesse nenhum questionamento sobre a sucessão caso algo lhe acontecesse. Em maio do ano seguinte, ele sofreu um ataque cardíaco grave que o deixou no hospital por dois meses. Um segundo ataque, em novembro daquele ano, foi fatal.

Em 1º de julho de 1968, renomeamos a Rock Island em sua homenagem, e a nossa empresa passou a ficar conhecida como Koch Industries. Ainda me sinto abençoado por ter trabalhado com meu pai durante aqueles seis anos. Geralmente, quando enxergamos longe, não é por causa da nossa visão apurada, como disse Isaac Newton, mas porque estamos apoiados nos ombros de um gigante. Ao seu próprio modo, Fred Koch era um gigante.

Praticamente todos nós aprendemos lições com nossos pais, e comigo não foi diferente. Minhas lições não se limitavam aos negócios; tratavam de valores fundamentais: integridade, humildade, responsabilidade, ética profissional, empreendedorismo, sede de conhecimento, desejo de contribuir e preocupação com os outros – que marcaram profundamente a forma como conduzo os negócios e a minha vida até hoje. Nunca conseguirei retribuir ao meu pai e à minha mãe por tudo isso.

CAPÍTULO 2

A KOCH DEPOIS DE FRED

Construindo com pedras que se encaixam

"A infinita diversidade humana (...) cria a oportunidade para uma cooperação infinita mutuamente benéfica para os participantes (...) Podemos colher os frutos da diversidade humana e aproveitar coisas que não criamos diretamente se conseguirmos descobrir como fazer essa cooperação funcionar."

- BALDY HARPER[1]

A Parochial New Yorker's View of the World, de Saul Steinberg, é uma icônica ilustração de 1975 que retrata uma visão arrogante de Manhattan a partir da Nona Avenida em direção ao oeste. (Foi a capa da revista *New Yorker* em 29 de março de 1976 e continua sendo engraçada até hoje.)

Antes de os olhos chegarem ao Pacífico, Japão, China e Rússia, passam pelo Meio-Oeste e Oeste dos Estados Unidos, que parecem, na ilustração, um pequeno quintal de Manhattan – cercada pelo Canadá e pelo México e com alguns pequenos pontos insignificantes: Chicago, Kansas City, Nebraska, Texas, Las Vegas, Los Angeles.

A brilhante paródia de Steinberg – feita para destacar a tendência dos nova-iorquinos de ver as outras regiões como muito menos importantes ou distintas do que de fato são – explica por que algumas pessoas presumem que eu e Warren Buffett temos muito em comum. Afinal de contas, ambos estamos a apenas uma viagem de três horas da mesma mancha no mapa (Kansas City). Eu e Warren de fato nos conhecemos, e, além de gerir negócios lucrativos sediados na região central dos Estados Unidos, ambos gostamos de golfe. Mas as semelhanças acabam por aí. Divergimos não apenas em nossas filosofias políticas, mas também em nossas filosofias empresariais e comerciais.

É verdade, a Berkshire Hathaway, assim como a Koch, fica localizada no Meio-Oeste e compreende uma gama de empresas aparentemente distintas. Warren compra empresas quando sua situação concorrencial é atraente e, se a gestão for boa, garante que não irá interferir, exceto para decidir como investir o fluxo de caixa. Em seguida, deixa-as praticamente sozinhas, funcionando da mesma forma como acontecia antes da aquisição.

O modelo da Koch é diferente – e tem sido assim desde o início dos anos 1960, quando comecei a participar. Desde então, nossa estratégia é fazer aquisições quando podemos criar valor agregado aplicando as nossas competências. Isso é especialmente verdade quando as competências da empresa a ser adquirida podem melhorar nossos negócios atuais ou criar novas plataformas de crescimento. Nossas maiores aquisições – a Georgia-Pacific e a Molex – fazem tudo o que descrevi.

Mas não se deixe enganar: embora o modelo de crescimento da Koch seja hoje mais sistemático do que na época de Fred, continua sendo um processo de tentativa e erro. Uma tentativa ponderada com cuidado é um evento cotidiano na Koch. E houve diversos erros ao longo do caminho.

De 1940 para cá, a Koch deixou de ser uma empresa nascente para assumir o posto de segunda maior companhia privada dos Estados Unidos, não porque estávamos no setor certo e no momento certo, ou porque tínhamos amigos ocupando altos cargos em Washington, como dizem alguns críticos. Em vez disso, a Koch cresceu por meio da inovação e da meticulosidade para identificar e adquirir negócios benéficos para os nossos clientes e para a Koch como um todo.

Geralmente vejo nosso trabalho como uma construção em alvenaria. Ou, para ser ainda mais preciso, uma construção em pedras. Quando uma pedra é cuidadosamente selecionada e colocada no lugar, ela configura um novo espaço em que o pedreiro pode deitar outra pedra bem escolhida. Cada pedra é diferente, mas todas se encaixam para criar uma estrutura que é mutuamente edificante.

Embora os valores de Fred Koch tenham sido uma grande influência para mim e para nossos Princípios Norteadores, uma visão de negócio focada em competências não fazia parte do seu pensamento. Porém, quando ele seguia seus impulsos e tomava direções onde tínhamos competências, os resultados costumavam ser excelentes: Winkler-Koch, Wood River, Rock Island e a Great Northern.

Como mencionei na Introdução, nos seus últimos anos de vida, a saúde do meu pai o fez ficar cada vez mais preocupado com os valores dos elevados impostos estaduais que seriam cobrados da empresa que ele havia ajudado a fundar. O que restaria após sua morte? Tendo trabalhado sob o regime de "lucros excessivos" durante a Segunda Guerra Mundial, meu pai conhecia muito bem o sentimento de não sobrar nada após o pagamento dos impostos.

Por conta dessa sua preocupação, ele evitava investir capital, o que limitava as melhorias e a adição de novas competências. Só mais tarde, quando conseguimos regularizar o patrimônio do meu pai de forma razoável, é que foi possível remover esse obstáculo, o que permitiu que nosso crescimento acelerasse.

A PRIMEIRA FILEIRA DE PEDRAS: EXTRAÇÃO DE PETRÓLEO BRUTO

Eu tinha 32 anos quando assumi o cargo de presidente e diretor-executivo no lugar de meu pai. Nos anos seguintes, Sterling Varner e eu nos concentramos em aumentar a taxa de crescimento do nosso negócio de extração de petróleo, geralmente reinvestindo 90% dos lucros, assim como a Koch Industries faz hoje. Sob a liderança de Sterling, a Koch se tornou a maior compradora e extratora de petróleo bruto dos EUA e Canadá, passando de sessenta mil barris por dia em 1960 para mais de um milhão de barris em 1990.

Esse crescimento excepcional começou com uma nova visão: tornar-se a maior compradora de petróleo bruto, sendo a empresa mais agressiva, oferecendo o melhor serviço e nutrindo os melhores relacionamentos com os produtores de petróleo bruto. Ser agressivo, oferecer o melhor serviço e nutrir as melhores relações descrevem as nossas aspirações até hoje – em qualquer que seja o setor.

Quando Sterling e eu começamos a aplicar essa nova visão, a maioria de nossos clientes era de produtores independentes, e nossos concorrentes na atividade de compra e transporte de petróleo eram pequenas empresas de transporte ou grandes petroleiras. Nossa visão para conquistar as empresas independentes era ser mais agressivo e oferecer um melhor serviço a um custo inferior ao dos nossos concorrentes.

Começávamos angariando os negócios dos produtores assim que a perfuração era anunciada (em vez de esperar pelo sucesso do poço). Também mantínhamos um caminhão no local pronto para transportar o petróleo assim que o poço começava a produzir.

Outra competência que nos deu vantagem em relação aos concorrentes menores era que tínhamos um balanço (embora incomparável ao das grandes petroleiras) que dava aos produtores a confiança de que sempre conseguiríamos pagar pelo petróleo – e pagar imediatamente – mesmo sob circunstâncias adversas. Além disso, demonstrávamos que tínhamos a organização e os sistemas para pagar as pessoas certas, mesmo em poços cuja estrutura societária era complexa (alguns dos poços tinham dezenas de proprietários).

Outro segredo do nosso sucesso foi desenvolver a competência de construir oleodutos e operar tanto esses quanto os caminhões por um custo menor que o de nossos concorrentes. Esta era a lição básica do bom lucro: oferecer o melhor serviço descomplicado para os nossos clientes, ao menor custo para eles, e atrair os melhores funcionários com as oportunidades que oferecíamos. Nosso objetivo era – e ainda é – ser o parceiro de escolha de nossos clientes, fornecedores, comunidades e funcionários.

Certamente houve momentos em que a sorte ficou contra nós e nossos investimentos se mostraram não rentáveis. Mas, se não estivéssemos dispostos – ou sem capital suficiente – para investir, nunca teríamos nos destacado da concorrência.

À medida que crescia nosso volume de petróleo bruto, às vezes era difícil vender tudo. Então começamos a desenvolver capacidade de comercializar petróleo bruto, o que nos possibilitava garantir aos produtores que poderíamos conseguir mercado para o petróleo deles – mesmo quando havia excedente. Essa foi a origem do negócio de comercialização da Koch. O passo seguinte da nossa evolução como "multiempresa", que é como a *Forbes* nos classifica em seu ranking anual de empresas privadas, era começar a buscar outras oportunidades para aplicar as competências que estávamos construindo na extração de petróleo bruto. Isso nos levou à extração de gás liquefeito, fracionamento e comercialização – e, eventualmente, tornamo-nos a maior empresa desse ramo nos Estados Unidos. Para isso, tivemos que desenvolver outras competências, como manusear e armazenar líquidos altamente voláteis e separar a mistura em produtos puros.

Em seguida, usamos as competências desenvolvidas com o gás liquefeito para construir um negócio de extração, transporte, processamento e comercialização de gás natural. Por sua vez, nossa posição no mercado de gás natural nos fez buscar outras oportunidades de integração, como os fertilizantes à base de nitrogênio.

No início dos anos 1970, a Koch tinha três conjuntos de competências que nos deram três oportunidades de assentar pedras para construir estruturas diferentes. Eram elas a extração de petróleo bruto, o refino de petróleo e a produção dos componentes internos das torres – três conjuntos bem distintos de competências.

Quando começávamos, não parávamos mais de desenvolver. A extração de petróleo bruto nos permitiu criar negócios nos ramos de gás liquefeito e gás natural, de processamento e, mais tarde, de fertilizantes.

O refino de petróleo criou uma base na qual construímos diversos outros negócios baseados em processos químicos: produtos químicos, polímeros, fibras, e papel e celulose – alguns dos quais nos introduziram na área de bens de consumo.

O negócio de componentes internos de torres nos levou aos permutadores de calor, queimadores, tochas, separação de membrana e outros sistemas de controle de poluição, além de projeto e construção de usinas de gás.

O advento dos produtos inteligentes e dos processos inteligentes de fabricação para essas indústrias despertaram nosso interesse em sistemas e conectores elétricos.

Todo esse trabalho nos obrigava a ter as pessoas certas nos cargos certos, algo em que começamos a dar ênfase mesmo antes de codificar nosso sistema de gestão, e foi uma das minhas prioridades quando entrei na empresa. Apesar de toda a sua rigidez, meu pai era um homem de coração mole que tinha tendência a manter pessoas, durante anos, em cargos que não lhes eram adequados.

Por sorte, Sterling Varner ficou na Koch durante os primeiros anos, quando tínhamos vendedores que bebiam o dia inteiro e secretárias que mal conseguiam digitar três linhas. Sterling tinha um bom tato com essas coisas (e uma regra de não beber no trabalho, exceto em casos de noites em que os funcionários tinham que sair com clientes, quando então era possível consumir no máximo dois drinques). Ele também nos ajudou a colocar as pessoas certas em vários de nossos negócios.

DE VOLTA AO REFINO, E AINDA MAIS

Não subestime o valor das experiências profissionais que você teve durante a adolescência ou juventude. Quando adolescente, trabalhei em campos de petróleo durante vários verões. Na Arthur D. Little, fiz alguns trabalhos de consultoria para a Exxon (que, até 1972, era chamada de Standard Oil of New Jersey).

E em 1962, trabalhei por seis meses, primeiramente como engenheiro e depois como vendedor, na refinaria da Great Northern Oil Company em Minnesota. A empresa tinha uma vantagem competitiva com um mercado forte de produtos refinados nas cidades gêmeas de Minnesota, além de também ter se beneficiado de uma localização interessante para o fornecimento de petróleo bruto, perto do Canadá, com sua crescente produção de petróleo pesado.

Em parte por conta dessas primeiras experiências profissionais, eu acreditava que poderíamos ter sucesso e crescer no ramo do refino, e, de fato, a aquisição do controle acionário na Great Northern Oil Company pela Koch, em 1969, foi a ponte que nos permitiu entrar em muitos dos setores em que atuamos hoje.

Adquirir a GNOC não foi uma transação simples e direta, pois exigia que aplicássemos alguns conceitos novos que tive que aprender, como empreendedorismo e valor subjetivo, e um ainda mais inédito – estruturação de negócios.

Depois de pagarmos os impostos imobiliários do meu pai, uma das minhas primeiras atitudes foi fazer uma proposta à Union Oil para comprar a participação de 40% que detinham na Great Northern Oil Company. Eles responderam com uma oferta a um preço consideravelmente acima do mercado, a qual recusamos. Em seguida, começaram a tentar vender suas ações para empresas de refino independentes, sugerindo que os potenciais compradores poderiam obter o controle adquirindo também as ações de J. Howard Marshall.

Para reagir a essa jogada, chamei J. Howard, nosso parceiro desde 1959. Tive uma ideia que só funcionou porque ele tinha em mim a mesma confiança que tinha em meu falecido pai. Sugeri que uníssemos a participação de 15% dele aos nossos 35%, formando uma *holding* com o controle acionário da GNOC. Prometi que, no futuro, trocaríamos a participação de J. Howard na *holding* por ações da Koch Industries, Inc., tornando-o acionista da KII. (Por causa das peculiaridades do código tributário, se eu simplesmente tivesse oferecido a ele as ações da KII ou até mesmo acordado uma relação de troca, a troca seria tributável para ele.)

Mesmo tendo apenas minha palavra de que faríamos uma troca justa em algum momento no futuro, J. Howard não hesitou. Ele prontamente negociou suas ações na GNOC – pelas quais outros compradores teriam pago um prêmio de controle – por ações minoritárias em uma nova subsidiária da Koch. Como agora detínhamos 50% da GNOC, conseguimos negociar as ações da Union Oil por um preço razoável: US$ 25 milhões.

Essa confiança é extremamente rara nos negócios (ou na vida), mas valeu a pena para J. Howard, uma vez que ele multiplicou seu patrimônio líquido muitas vezes à medida que a Koch crescia. "Acabou sendo o melhor negócio que já fiz", escreveu ele mais tarde. Para a Koch Industries, acabou sendo um alicerce fundamental para o nosso crescimento extraordinário. Essa transação demonstra com clareza por que transações voluntárias mutuamente benéficas baseadas na confiança são a marca distintiva da liberdade econômica, e vitais para o bom lucro.

A Great Northern se tornou a Koch Refining, e suas competências permitiram que outras partes da Koch entrassem em novos negócios. A própria Koch Refining (agora Flint Hills Resources) se tornou amplamente diversificada – entrando nos setores de produtos químicos, polímeros, lubrificantes e biocombustíveis.

Compramos sete usinas de etanol desde 2010, além de ativos e tecnologia para a produção de outros biocombustíveis. Ao contrário de outras empresas do setor, defendemos o fim dos créditos fiscais do governo para o etanol (que foram finalmente eliminados em 2011), embora tenhamos lucrado com eles. E continuamos defendendo a eliminação da determinação do governo que exige o uso de um percentual de etanol na gasolina.

Por quê? Porque, como observei na Introdução, acreditamos que a assistência corporativa diminui, em vez de aumentar, o bem-estar da sociedade. De qualquer forma, acreditamos que, por meio de um conjunto de inovações, podemos tornar nossas usinas de etanol sistematicamente lucrativas por meios econômicos, e não políticos. (Ver Capítulo 8.)

Esses novos projetos não significaram que abandonamos nossas refinarias. Pelo contrário, continuamos a investir fortemente a fim de antecipar e atender as condições dinâmicas do mercado do refino, bem como as exigências ambientais. Isso incluía atender aos rígidos padrões de emissões e uso de energia e processar com eficiência o petróleo bruto resultante das inovações com xisto e areia betuminosa, que se mostraram um trunfo para as economias dos Estados Unidos e do Canadá, proporcionando energia mais barata e confiável para centenas de milhões de pessoas e lucros bons e substanciais para muitas empresas.

Por acreditarmos que o petróleo bruto das areias betuminosas canadenses beneficia a economia dos EUA, somos a favor do oleoduto Keystone. Alguns de nossos críticos alegam que lucraremos US$ 20 bilhões se o oleoduto Keystone for construído, mas isso não passa de fantasia.

Estimamos que o oleoduto Keystone elevaria o preço que pagamos pelo petróleo canadense em cerca de US$ 3 por barril, porque reduziria os custos de transporte para outros destinos além da nossa refinaria. Atualmente, compramos cerca de 240 mil barris por dia de petróleo canadense para tratar em nossa refinaria de Minnesota. Nossa produção de petróleo bruto canadense é de menos de cem barris por dia. Assim, se o oleoduto Keystone estivesse operando, levaria a uma redução de US$ 260 milhões por ano nos lucros da Koch Industries.

Para que a Koch lucrasse um dólar a mais com o oleoduto (nem estamos falando dos US$ 20 bilhões), em vez de perder dinheiro, teríamos de aumentar nossa produção canadense em mais de duas mil vezes – o que está muito além de qualquer possibilidade.

COMPREENSÃO PROFUNDA

No refino, assim como em todos os nossos negócios, desenvolver uma compreensão profunda de nossos mercados é de vital importância para a nossa filosofia e para o nosso sucesso. Nos anos 1970, começamos a construir análises quantitativas e conhecer profundamente o mercado, além de ampliar nossa cobertura global e nossos bens tangíveis. Ter uma boa inteligência global é essencial hoje em dia, tendo em conta as melhorias nas comunicações e no transporte que hoje tornam os mercados globalizados. Como cada país tem regras, culturas e línguas distintas que demandam experiência local, operar em uma grande diversidade de países é muito mais difícil e exige um novo conjunto de competências.

As competências quantitativas e de gestão de risco que desenvolvemos para a comercialização de *commodities* nos ajudaram a construir melhor capacidade para investir nossos vultosos ativos financeiros e fundos de pensão, o que foi inestimável para que a Koch conseguisse preservar capital quando a crise financeira se instalou em 2008.

Meu irmão David exemplifica a importância dessa compreensão e visão compartilhada. Graças à sua liderança e disposição a reinvestir os lucros em nome do crescimento contínuo, os negócios de equipamentos e engenharia de processo da Koch cresceram mais de mil vezes desde 1961. (A fé de meu pai no potencial de David como engenheiro era certeira.)

David começou a trabalhar na Koch Engineering em 1970 como gerente de serviços técnicos e se tornou presidente da companhia em 1979. Ele e sua equipe cresceram imensamente e expandiram suas linhas de produto e competências, transformando-os na Koch Chemical Technology Group. A KCTG é atualmente a empresa líder em diversos negócios de tecnologia de processos, como transferência de massa, combustão, controle de poluição, transferência de calor, separação de membranas, e design e construção de usinas de gás. Processos e equipamentos de processos superiores como esses tornaram os combustíveis e produtos químicos mais eficientes, com maior pureza e menos emissões atmosféricas. Os sistemas de separação de membrana da KCTG permitiram transformar águas residuais em água potável, sendo outro exemplo de criação de valor.

UM EXPERIMENTO IMPORTANTE

Embora possa não parecer verdadeiro para um observador externo, o ramo de produtos florestais tem muitas características em comum com o refino de petróleo. O processo de desfibramento da madeira não apenas utiliza processos químicos, assim como o refino de petróleo, mas também ambos os processos podem incorporar uma ampla variedade de matéria-prima para produzir uma diversa gama de produtos. Ambos os negócios se beneficiam de fortes competências em engenharia, otimização, comercialização e logística.

Sabendo disso, em 2004 o grupo de desenvolvimento de negócios da Koch viabilizou a aquisição de pequenas empresas de comercialização de produtos florestais. Após fracassar ao tentar realizar negócios em diversos setores, descobrimos que a Georgia-Pacific estava descontente com o preço de suas ações, que a gestão acreditava estarem desvalorizadas porque o mercado enxergava a GP como uma empresa de *commodities* (apesar de quase metade de seus negócios ser de bens de consumo, como papel higiênico, papel-toalha, pratos e copos).

Para mudar essa percepção, a GP estava tentando vender diversos ativos do ramo de *commodities*, inclusive duas usinas de celulose. Fizemos a oferta aos gestores da GP e conseguimos comprar aquelas usinas por US$ 610 milhões, em 2004.

Víamos essa aquisição como um importante experimento. Nossas competências de GBM e conhecimentos sobre a indústria de processos químicos seriam aplicáveis também aos produtos florestais? O resultado desse experimento determinaria se os produtos florestais deveriam entrar na visão da Koch para o futuro. Logo descobrimos que comprar os negócios de desfibramento de madeira tinha sido um êxito, quando a aplicação do GBM aumentou tanto o faturamento atual quanto as oportunidades futuras. Naturalmente, começamos então a buscar mais oportunidades na área.

Em 2005, respiramos fundo e fizemos uma oferta pela totalidade da GP – que nos obrigou a realizar o maior penhor da história à época. Foi uma aquisição de US$ 21 bilhões, cinco vezes maior do que a aquisição da INVISTA, que havia sido a nossa maior operação dessa natureza até então.

As competências adicionais e as plataformas de crescimento que a Georgia-Pacific proporcionou à Koch no setor de produtos florestais e de bens de consumo foram muito significativas. A GP era a maior fornecedora de papel higiênico e dera origem a algumas das maiores marcas dos Estados Unidos, como Quilted Northern®, Angel Soft®, Brawny®, Sparkle® e Dixie®. Ela também era líder em outros segmentos da indústria de produtos florestais – principalmente em produtos destinados à construção civil, com marcas importantes como a Dens®, de *drywall*, e a Plytanium®, de compensados de madeira.

MAIS DIVERSIFICAÇÃO

Usando a mesma abordagem focada em competências (de sempre buscar expandir e melhorar as formas como entregamos valor aos clientes), nossa equipe de desenvolvimento de negócios identificou a indústria de vidro como uma oportunidade em 2006, o que acabou por nos levar a comprar 44,4% da Guardian Industries em 2012. A Guardian, com sede em Michigan, é uma fabricante global que produz vidros energeticamente eficientes para casas, escritórios e prédios; vidros laminados para uso automotivo; espelhos e outros produtos à base de vidros revestidos e especiais.

Nossa segunda maior aquisição foi a Molex, uma das principais fabricantes do mundo de conectores eletrônicos e outros componentes para smartphones, computadores, automóveis e praticamente qualquer outro dispositivo eletrônico. A Molex visa identificar e suprir necessidades não satisfeitas dos clientes por meio da rápida inovação e comercialização de novos produtos (inclusive de produtos importantes para outras empresas da Koch, como a Georgia-Pacific e a Guardian).

Algumas pessoas ficaram surpresas com a compra da Molex pela Koch, pois não conseguiam entender o raciocínio de forma tão óbvia quanto foi com a INVISTA e a GP, e as duas atuavam nos setores de processos químicos. Mas, para entender como a Koch enxerga as oportunidades, é preciso lembrar que somos uma empresa focada em competências. Temos a convicção de que as cinco dimensões do GBM e os principais pontos fortes da Koch, como a excelência comercial, permitiram à Molex criar mais valor e se transformar em outra sólida plataforma de crescimento. O benefício é mútuo. As competências em eletrônicos e TI da Molex podem aprimorar significativamente os produtos, processos e sistemas empresariais da Koch.

Atualmente, a Koch Industries é composta de nove grandes grupos empresariais (ver Apêndice A), diversos investimentos minoritários e da Matador Cattle Company – e todas se beneficiam do GBM e compartilham lições sobre como aplicá-lo. Esses negócios também se beneficiam das nossas seis competências principais em vários graus (ver Capítulo 6).

Isso inclui nossos negócios agropecuários, que cresceram tanto desde os investimentos originais de Fred Koch que se tornaram uma das dez maiores operações pecuárias dos Estados Unidos. A Matador Cattle Company é especializada na criação de gado Akaushi, uma raça criada pelos japoneses ao longo de noventa anos de rigorosos melhoramentos genéticos. O marmoreio do gado Akaushi é muito mais monoinsaturado que o de outras raças, tornando a carne mais saudável para o coração. Também produz a carne mais macia e deliciosa disponível no mercado.

GRANDES PLANOS X DESCOBERTAS EXPERIMENTAIS

Essa breve história da empresa pode deixar a impressão de que nossa experiência foi de resultados cada vez melhores, com um sucesso atrás do outro, cada um se somando ao que veio antes. Mas nada poderia estar mais longe da verdade.

Antes de a Koch encontrar um nicho com o gado Akaushi, nossos negócios agropecuários passaram por uma fase de "exuberância irracional" em meados dos anos 1990. Nosso plano era produzir filés de qualidade superior a preços elevados, revolucionar o setor de moagem de trigo e panificação e se tornar líder na produção de ração para bovinos por meio da aquisição da Purina Mills.

Falávamos de atuar do "fogão ao pão", resumindo assim a cadeia de produtos que achávamos que podíamos oferecer: do gás natural, passando pelos fertilizantes à base de nitrogênio, pelos grãos de trigo e pela farinha, até chegar à massa de pizza pré-assada.

Mencionei anteriormente que houve muitos erros na nossa perspectiva baseada em tentativa e erro. Uma boa postura de tentativa e erro seria testar a validade de um empreendimento tão grande antes de mergulhar nele de cabeça. O tamanho do experimento deveria ser limitado em relação ao potencial da oportunidade, ponderando-se os riscos.

Deixamos de aplicar esse modelo de descoberta experimental à nossa teoria de "fogão ao pão", e sofremos perdas consideráveis por conta disso. E, em uma reviravolta tanto cruel quanto irônica, nossos estoques não vendidos de massa de pizza foram usados para alimentar nossos gados.

A questão é que o progresso – seja nos negócios, na economia ou nas ciências – vem por meio da experimentação e do fracasso. Quem prefere ter um "plano grandioso", em vez de experimentar, não conseguiu entender o papel que os experimentos fracassados desempenham na criação de progresso na sociedade. Os fracassos demonstram com rapidez e eficiência o que não está funcionando, minimizando o desperdício e redirecionando os recursos escassos àquilo que funciona. Uma economia de mercado é um processo de descoberta experimental no qual os fracassos comerciais são inevitáveis, e qualquer tentativa de eliminá-los apenas garante que os próximos fracassos serão ainda maiores.

Para que as descobertas experimentais funcionem, temos que não apenas bolar experimentos adequadamente, mas também *reconhecer* quando estamos apenas testando, para que possamos restringir as apostas proporcionalmente. As empresas da Koch sempre sofreram se esquecíamos que estávamos testando e fazíamos apostas como se os riscos fossem pequenos, quando na verdade não eram.

Uma de nossas piores apostas desse tipo foi com posições de negociação sobredimensionadas na comercialização e transporte de petróleo no início dos anos 1970. Durante a crise de 1973-1974 da OPEC, fomos surpreendidos com posições que estavam além das nossas competências operacionais, causando-nos sérios prejuízos, uma vez que os países árabes estavam segurando seus estoques de petróleo, o que causou um colapso no mercado de transporte desse produto. Foi uma grande experiência de aprendizado, mas não sei se conseguiria encarar tanto aprendizado assim novamente.

Gostaria de poder dizer que esses foram os únicos fracassos da Koch, mas houve diversos outros (ver Apêndice B). Ironicamente, um fator determinante do nosso sucesso foi a disposição de admitir nossos erros e mitigar as perdas em tempo hábil. Em vez de desperdiçar nosso recurso mais escasso (talento) tentando salvar um negócio secundário, aprendemos a concentrar esse recurso em oportunidades com potencial de verdade.

Para colocar tudo isso em perspectiva, fica aqui uma reflexão: os prejuízos que tivemos com todos os nossos negócios fracassados juntos são menores do que os lucros que deixamos de ter com apenas uma das grandes oportunidades que não conseguimos agarrar. Entre elas estão refinarias de petróleo, reservas de petróleo, empresas de fertilizantes e empresas de produtos químicos: qualquer uma delas poderia ter gerado lucros maiores do que aquelas perdas se as tivéssemos comprado no momento certo.

Observe, no entanto, que muitos dos negócios que vendemos ou dos quais saímos não foram fracassos. Eles tiveram sucesso, mas então chegaram a um ponto em seus ciclos de vida no qual acreditávamos que não conseguiríamos criar mais valor com eles. Dessa forma, passaram a valer mais para outras pessoas.

Dadas as diferenças nas competências e circunstâncias de cada empresa, o valor de qualquer fábrica ou empreendimento irá variar enormemente de uma empresa para outra. Todos têm motivos para valorizar um produto, serviço ou oportunidade em detrimento de outro. Nossa prática de sair de empreendimentos com potencial limitado para nós e se concentrar em outros com maior potencial é um dos fatores determinantes do nosso sucesso.

"A pedra que os construtores rejeitaram se tornou a pedra angular" é um versículo da Bíblia que fala muito sobre a Koch, levando em consideração todas as pedras que escolhemos enquanto crescíamos. Algumas se encaixaram, outras não (mas isso não significa que não possam ser a pedra angular da construção de alguém).

Com cada pedra que escolhemos, a forma das próximas se torna mais clara.

CAPÍTULO 3

RAINHAS, OPERÁRIAS E SCHUMPETER

Os incríveis (e às vezes assustadores) benefícios da destruição criativa

A façanha do capitalismo consiste não em fornecer mais meias de seda para as rainhas, mas em disponibilizá-las para as operárias em troca de quantidades de esforço continuamente decrescentes.

-JOSEPH SCHUMPETER[1]

Minha esposa, Liz, brinca que soube, quando nos casamos, em 1972, que teria uma vida interessante. Mas ela não havia se dado conta de que haveria momentos de *puro terror*.

Um desses momentos aconteceu pouco tempo depois de nos casarmos. Vivíamos no meu abarrotado apartamento de solteiro, repleto de livros, onde eu havia me instalado após me mudar de Boston para Wichita. Como a sede da Koch ficava em Wichita, onde ambos nascemos e fomos criados, eu e Liz pretendíamos firmar raízes e constituir nossa família ali (Elizabeth nasceu em 1975, e depois veio Chase, em 1977).

Em 1974, começamos a construir o que seria a nossa primeira casa – no mesmo momento em que a Koch Industries estava passando por um de seus piores momentos enquanto empresa. A crise do petróleo árabe, que aconteceu simultaneamente aos controles de preços e salários nos Estados Unidos, obrigou a empresa a lidar com um violento golpe duplo. Minha grande preocupação era com nossa possível falência.

Certa noite, sentei-me na beirada da fundação recém-escavada da nossa casa, com meu pé suspenso no buraco, contemplando o grande erro que podíamos estar cometendo. Eu estava preocupado porque, se a empresa quebrasse, aquela casa também poderia me quebrar. "Bem", eu disse a Liz, "não é tarde demais. Podemos simplesmente cancelar o resto da obra e fechar este buraco."

Apesar de algumas lições dolorosas, tanto a empresa quanto o buraco conseguiram sobreviver. Na verdade, vivemos naquela casa até hoje (admito que já foi redecorada algumas vezes desde os anos 1970, mas nunca reformada). Embora as coisas tenham dado certo ao final, aquela experiência me ensinou o que perdas capazes de mudar nossas vidas podem fazer com nossos nervos.

Liz também entende bem disso. Seu avô Allen Hinkel trabalhou na Wallenstein & Cohn Boston Store e acabou comprando a empresa por inteiro em 1924. Ele mudou seu nome para Hinkel's Department Store, e tinha catorze filiais no sudoeste dos Estados Unidos no seu apogeu. Liz começou a trabalhar no varejo nas duas lojas Hinkel's na região de Wichita quando tinha treze anos. Aos 22, foi promovida ao cargo de compradora do departamento jovem, um cargo que exigia muita responsabilidade e tino para os negócios – o que ela aprendeu logo. Ela se tornou ainda mais sagaz com o passar dos anos.

Nos anos 1970, a maioria das lojas de departamento de propriedade familiar se tornou verdadeiros dinossauros, pois os clientes passaram a preferir grandes redes de varejo de baixo custo, como a Kmart, em vez de lojas familiares como a Hinkel's, cujo atendimento personalizado acabava saindo mais caro para os clientes. Na outra ponta do espectro do varejo, lojas menores especializadas (com menos despesas gerais) conseguiam competir com lojas de departamento como a Hinkel's – outra mudança que tirou muitas empresas do mercado.

Então acabaram-se também as receitas que antes eram geradas com os cartões de cobrança emitidos pela própria Hinkel's, uma vez que os clientes passaram a usar American Express, Visa e Mastercard para fazer compras. Para piorar ainda mais as coisas, a Hinkel's tinha que pagar tarifas por transação aos bancos sobre aquelas vendas feitas no cartão (às vezes chegavam a até 5%), então o lucro líquido recebido a partir das vendas com os cartões de cobrança se tornavam prejuízos líquidos. Isso acabou de vez com a Hinkel's e com inúmeras lojas familiares parecidas, muito antes de a internet ameaçar as lojas físicas com sua destruição criativa.

Empresários de sucesso se mantêm de cabeça erguida em um chão que está "ruindo debaixo de seus pés",[2] como disse Joseph Schumpeter, que deu aulas em Harvard nos anos 1930 e 1940 e é um dos economistas mais importantes do século 20. Sua observação sobre a inconsistência do sucesso é um fato difícil que todas as empresas estabelecidas precisam encarar.

Na Koch, sabemos faz muito tempo que não há como fugir dessa realidade. Como Adam Smith observou três séculos atrás, muitas pessoas já tentaram proteger suas empresas por meios políticos – mas sempre em detrimento da sociedade como um todo. Em vez de seguir essa prática, a Koch busca fomentar o que Schumpeter chamou de *destruição criativa*, criando "o novo produto, a nova tecnologia, a nova fonte de abastecimento, a nova forma de organização".[3]

Em 2014 eu e Liz nos regalamos com uma viagem para a França, uma ocasião única em nossas vidas, com nossos filhos e netos, para comemorar o aniversário de setenta anos dela. Encontramos muitas coisas admiráveis durante nossa estadia, mas fiquei perplexo com uma nova lei francesa destinada a manter pequenas livrarias independentes lucrativas ao proibir que lojas virtuais entregassem livros a preços baixos sem cobrar pelo frete.

Sou um autêntico devorador de livros. Minha casa tem mais livros do que poderei contar um dia, e as paredes do meu escritório em Wichita também são repletas deles. Mas, por mais que eu ame livros, acredito que obrigar as pessoas a patrocinar pequenas livrarias é um desrespeito com os clientes franceses. Além disso, a lei ignora a realidade de que estão acabando os dias do velho modelo de vendas de livros.

O papel da empresa é respeitar e satisfazer o que os clientes valorizam (mesmo se o que eles quiserem for outras formas de comercialização), e não pressionar o governo para determinar o que pode e o que não pode ser oferecido. Essas atividades são a maior forma de desrespeito com o consumidor. Em uma sociedade que maximiza o bem-estar das pessoas, as empresas só lucrariam se estivessem fazendo um bom trabalho de ouvir e atender necessidades e desejos que estão em constante evolução.

Quando as empresas conseguem fazer isso bem-feito, os negócios e a sociedade se beneficiam. Mas, para isso, é necessário aceitar e entender o fato de que as necessidades e os desejos dos consumidores evoluem constantemente.

Isso significa, por exemplo, que os *mainframes* serão substituídos por computadores pessoais, se os consumidores forem respeitados. Certo, isso pode parecer terrível se você for um fabricante de computadores *mainframe* – ou o dono de uma pequena livraria, ou um refinador de petróleo diante de uma demanda decrescente por gasolina em todos os casos. Mas isso apenas reforça a importância de estar antenado aos desejos dinâmicos dos clientes, de antecipá-los e construir competências que poderão satisfazê-los quando for possível.

Não há como burlar as condições necessárias para gerar bom lucro. O sistema deve permitir que prosperem aqueles que mais agradam os clientes; apenas assim tanto as empresas quanto os consumidores se beneficiarão. "O processo de mutação industrial (...) revoluciona constantemente a estrutura econômica a partir de dentro, destruindo a antiga o tempo todo, criando uma nova o tempo todo. Esse processo de destruição criativa é o fato essencial do capitalismo", escreveu Schumpeter.[4]

No longo prazo, o conceito de destruição criativa de Schumpeter beneficia praticamente todos que vivem em uma sociedade que a viabiliza – mesmo que isso não pareça imediatamente evidente para os proprietários ou funcionários de uma empresa cuja estrutura tenha ruído debaixo de seus pés.

Quando uma empresa prospera por meio da destruição criativa, uma reação em cadeia reverbera por uma imensa gama de empresas e comunidades, prejudicando algumas e ajudando outras – mas, no cenário geral, deixando as pessoas da sociedade em uma situação melhor.

LÓGICA X SENTIMENTOS

Na minha infância, via meus pais profundamente preocupados com as pessoas, mas de formas distintas. Minha mãe dava muita ênfase às necessidades dos outros e tinha um forte senso de obrigação perante todas as pessoas que conhecia. Ela era uma mulher muito sensível. A meu ver, levava sua atenção aos outros a um extremo tal que às vezes a prejudicava. Ela se sentia culpada ao negar convites ou pedidos de pessoas com quem ela se importava, mesmo se isso significasse ter que estar em quatro lugares ao mesmo tempo.

De muitas maneiras, minha mãe era um contraponto perfeito para o meu pai, cuja preocupação (sobretudo sobre a expansão do comunismo) era mais impessoal. "Esse trabalho técnico não costuma tornar ninguém mais humano", admitiu ele em uma carta a um de seus amigos.[5]

Como meu pai, tenho uma mente matemática e lógica e sou muito grato por ser contrabalançado por minha esposa tão intuitiva e atenta ao lado humano. (Não permita que a minha história sobre Bergamo o leve a crer que não adoro os italianos. O nome de solteira de Liz é Buzzi, e venho recebendo seu afeto e lealdade desde que nos conhecemos, 48 anos atrás.)

Essa tensão entre lógica e sentimentos – sempre presente na destruição criativa – há muito me intriga. Lembro-me de um longo debate acalorado sobre filosofia política que tive com a namorada nova-iorquina do meu irmão David no final dos anos 1960. Durante nossa discussão, ela assumiu posições cada vez mais extremas, a ponto de dizer que o governo deveria gerir a vida das pessoas – pelo suposto bem da maioria, como ela interpretava.

Por fim, perguntei se ela acreditava nas proteções dos direitos individuais previstos na nossa forma constitucional de governo. Ela disse que não. O governo, argumentou, deveria ser livre para agir como a maioria quisesse.

Desafiei-a: "Se você fosse ruiva, aceitaria se a maioria votasse para matar todos os ruivos?". Isso acabou com seu argumento agressivo e a fez chorar. Seu sistema fundamental de crenças foi tão abalado que ela continuou chorando até a manhã seguinte.

Sua reação causou uma impressão tão profunda em mim que ainda penso naquilo cinco décadas mais tarde, pois me ajudou a entender o que é preciso para fazer as pessoas aprenderem a lidar com crenças profundamente arraigadas baseadas não em fatos e lógica, mas em sentimentos. Talvez não seja confortável para alguns, mas, se o objetivo é fornecer às operárias as mesmas meias de seda usadas pela esposa do príncipe Willian, Kate Middleton (ou, ainda melhor, meias feitas com nosso nylon ou LYCRA®), então a lógica – e a história – nos conta que a destruição criativa baseada no mercado é muito melhor do que um governo que limita o progresso ao proteger negócios já estabelecidos.

É claro, o lado negativo é o desconforto de saber que o mesmo emprego da operária poderá não existir no ano que vem se o seu patrão sucumbir à destruição criativa. Essa ponderação não é irrelevante.

Não vou fingir que isso não causa estresse à operária – ou talvez até um enorme pavor. Mas de uma coisa tenho certeza: seu padrão de vida será muitas vezes maior em uma sociedade que permite uma mudança construtiva do que em uma sociedade que não permite – porque a taxa de inovação e o nível de produtividade serão muito mais elevados.

A criação de valor é o lado bom da destruição criativa. Ela melhora a vida das pessoas, contribuindo assim com o bem-estar da sociedade. Uma empresa de sucesso cria valor ao oferecer produtos e serviços que os clientes valorizam mais que os de seus concorrentes, como livros mais baratos entregues em suas casas em contraponto a livros mais caros nas prateleiras de pequenas livrarias. Uma empresa de sucesso não obtém bom lucro ao tentar forçar seus clientes a comprar seus livros em livrarias independentes. Esse lucro é ruim.

O bom lucro acontece quando os clientes oferecem voluntariamente seu dinheiro para que os livros sejam entregues nas suas casas por um site impessoal e seus algoritmos – ou para comprá-los em uma grande loja de departamentos que ofereça muitos outros itens além de livros.

Repito, atender os clientes é o verdadeiro papel das empresas na sociedade. O BlackBerry, antes popular, deixou de ser lucrativo porque, apesar de seus esforços por uma comunicação direta, tem muito menos aplicativos, o que dificulta o acesso à internet, quando comparado ao iPhone. Velhas usinas de aço perderam espaço para pequenas usinas mais eficientes que processam rejeitos, em vez de minério de ferro. Os postos de gasolina dão cada vez mais espaço às lojas de conveniência. Em todos os casos, os consumidores obtiveram vantagens.

Quando um negócio não lucrativo é apoiado por subsídios ou protegido por meios políticos (como a lei francesa sobre envio de livros), significa que não está usando seus recursos de maneira eficiente. Prejuízos indicam que os consumidores valorizam mais outros usos para aqueles recursos. O uso irrefletido de recursos, quando se repete em toda a sociedade, prejudica fortemente o bem-estar. Manter negócios artificialmente é ruim para os consumidores e, em última análise, ruim para os funcionários desses negócios, pois a mudança é inevitável. Negócios que não podem experimentar as rupturas naturais costumam ficar sujeitos a choques muito mais severos e a ajustes mais difíceis. Muitas pessoas em lugares como Detroit sabem bem disso. Funcionários de empresas que não evoluem logo ficarão sem emprego.

Ao desenvolver o Gerenciamento Baseado no Mercado, não me baseei em pensadores e sociedades que condenam as pessoas a vidas de pobreza, dependência e desesperança. Em vez disso, o GBM baseia-se na sabedoria de filósofos, economistas e psicólogos dispostos a encarar a realidade e usar a lógica – aceitando os sentimentos periódicos de puro terror que vêm com ela.

LIBERDADE ECONÔMICA COMO CONDIÇÃO PARA A DESTRUIÇÃO CRIATIVA

Como as empresas são sociedades em miniatura, o GBM, quando devidamente introduzido, atinge os mesmos resultados positivos que as economias nacionais livres que geram oportunidades e bem-estar para todos. As sociedades livres geram esses benefícios mesmo quando não contam com grandes recursos naturais. Hong Kong e Cingapura, por exemplo, não foram abençoados com recursos naturais abundantes, mas o padrão de vida nesses países está entre os mais altos do mundo.

Embora seja verdadeiro que eles não têm o mesmo nível de liberdade social e política da Nova Zelândia ou da Suíça, oferecem mais liberdade econômica às pessoas quando comparados a outros países do mundo – e, portanto, algumas das melhores oportunidades.

O Índice Global de Liberdade Econômica do Fraser Institute considera muitos fatores que afetam a capacidade do povo de determinado país de escolher como trabalhar, produzir, consumir e investir. Dentre esses fatores estão direitos de propriedade, livre comércio, câmbio estável e legislação prejudicial.[6]

Uma maior liberdade econômica está fortemente relacionada a uma renda *per capita* maior, mas também a maior expectativa de vida, mais qualidade ambiental, saúde e educação melhores, menos corrupção e padrões de vida mais elevados – especialmente para os pobres.

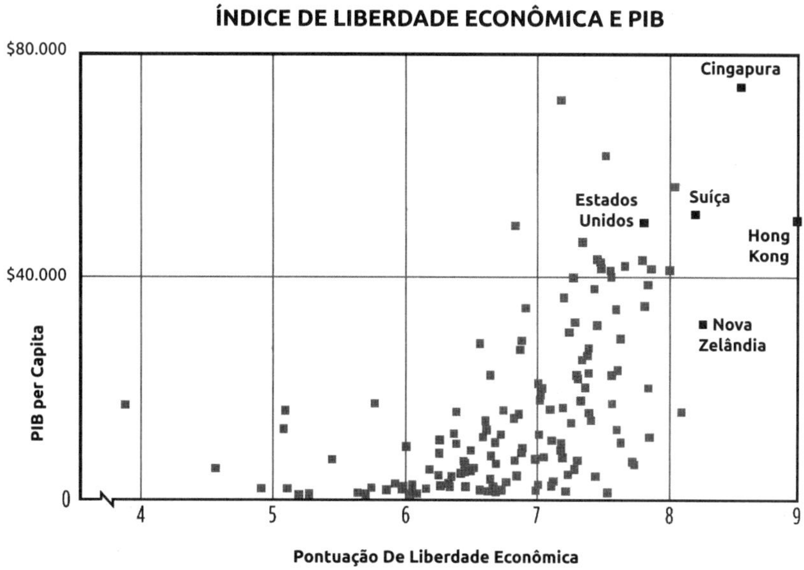

Índice Global de Liberdade Econômica do Fraser Institute: relatório anual de 2014.[7]

Um estudo empírico deveria levar à conclusão de que o bem-estar de todos no longo prazo é muito mais provável em sociedades livres. De igual modo, exemplos de prosperidade em sociedades não livres – baseados em coisas como abundância de recursos naturais – são bem mais escassos e pontuais, e geralmente de curta duração. A vida, para a esmagadora maioria das pessoas que não foram privilegiadas por viver em uma sociedade livre, é, como afirma Hobbes, "pobre, sórdida, embrutecida e curta".[8]

As empresas podem criar muito mais bem-estar nas sociedades livres que são regidas pela cooperação voluntária e pela concorrência do que em sociedades não livres que são regidas por ordens governamentais. Em uma sociedade com regras de boa conduta, para que possamos nos beneficiar, temos que beneficiar os outros. Adam Smith resumiu esse processo ao escrever: "Não é da benevolência do açougueiro, do cervejeiro e do padeiro que esperamos o nosso jantar, mas da consideração que eles têm pelos próprios interesses".[9]

Interesse próprio costuma ser confundido com egoísmo ou egocentrismo nos dicionários e livros de estudo modernos. Fica evidente o respeito de Alexis de Tocqueville pelo interesse próprio esclarecido que ele observou na economia norte-americana dos anos 1800, ao ver pessoas se beneficiando enquanto beneficiavam os outros: "Os norte-americanos (...) se orgulham de explicar quase todos os seus atos por meio do princípio do interesse próprio devidamente entendido; eles demonstram com complacência como um olhar esclarecido sobre si mesmos os inspira constantemente a ajudar o outro".[10]

Não se trata de questionar se deveria haver interesse próprio, porque o oposto do interesse próprio é a própria extinção. A pergunta essencial é como canalizar o interesse próprio para o bem geral. "Nenhum indivíduo conseguiria sobreviver em um mundo de recursos escassos sem uma boa medida de interesse próprio que inclua no mínimo sua própria família e parceiros próximos", escreveu o eminente professor de direito e fecundo autor Richard Epstein.[11] "Esse interesse próprio pode se manifestar de duas formas quando se trata de lidar com estranhos: por meio da agressão ou da cooperação."

Seja na sociedade civil, seja nos negócios, o benefício mútuo é alcançado quando há regras que garantam que as pessoas não farão uso da agressão (força ou fraude) para promover seus interesses próprios. De acordo com o economista ganhador do Prêmio Nobel Vernon Smith, essas "regras de troca benéficas" são o "direito de troca, transferência consentida e cumprimento de promessas".[12] Esse sistema promove os lucros via meios econômicos, e não políticos. Negócios que não criam valor por meios econômicos estão comprometendo o bem-estar de todos.

O economista político Franz Oppenheimer distinguiu claramente esses "dois meios fundamentalmente opostos"[13] pelos quais as pessoas obtêm recursos para satisfazer seus desejos. Os meios econômicos para obter lucro consistem na troca voluntária de bens ou serviços, com outras pessoas, por dinheiro. As partes não irão realizar uma troca voluntariamente a menos que ambas acreditem que sairão dela em situação melhor. Portanto, só é possível lucrar ao longo do tempo em um sistema de trocas voluntárias (um mercado) ao deixar os outros em situação melhor.

Os meios políticos para obter lucros consistem na transferência de bens, serviços ou dinheiro de uma parte a outra por meio de força ou fraude – por exemplo, via leis ou regulações que redirecionem as escolhas do consumidor ou que violem as regras de troca de Vernon Smith e falhem ao penalizar aqueles que não cumpram suas partes do contrato.

Quando todos nós agimos por interesse próprio, regidos por regras de troca, cria-se valor por meios econômicos, o que resulta em um sistema harmonioso, não instituído pelo governo, que Hayek descreveu como "ordem espontânea" da sociedade. Nos anos 1940, o polímata Michael Polanyi, que aparece ao lado de Karl Popper no pódio de maiores filósofos da ciência, descobriu que as empresas têm suas próprias ordens espontâneas – e é essa ordem que tanto favorece a criação de valor na sociedade.

A ordem espontânea de Polanyi é o que o sindicalista de Bergamo acreditou ser muito radical para implementar na Itália. "Trabalhadores trabalham, gerentes pensam" é uma abordagem de ordem e controle, e empresas baseadas em ordem e controle são menos inovadoras e menos competitivas ao longo do tempo. Essas empresas enfrentam muito mais dificuldades para produzir meias de seda que operárias possam comprar do que empresas que conseguem fazê-lo por meio de incentivos benéficos e regras de conduta genéricas.

Smith e Hayek demonstraram que a prosperidade só pode acontecer pela ordem espontânea, uma ordem decorrente da ação humana não planejada. Foi o que Smith descreveu como a "mão invisível" por meio da qual, em um sistema adequado, o homem é levado a "promover um fim que não faz parte de suas intenções".[14] Hayek demonstrou como a prosperidade exige que o conhecimento difundido na sociedade seja usado de forma produtiva, dizendo que "não pode ser reunido e transmitido a uma autoridade encarregada da tarefa de deliberadamente criar ordem".[15]

Essa questão foi ilustrada de maneira memorável pelo economista Thomas Sowell no livro *Knowledge and Decisions*: "Quando a produção das fábricas de prego soviéticas eram medidas por peso, eles costumavam produzir pregos maiores e mais pesados, mesmo se aqueles pregos grandes ficassem encalhados nas prateleiras enquanto o país clamava por pregos menores".[16] Em outras palavras, quando os governos planejam como as pessoas devem conduzir suas vidas, todos saem perdendo (menos aqueles que estão no poder).

Porém, quando as pessoas e empresas ficam livres para inovar usando seus conhecimentos sobre o que elas próprias e as outras pessoas valorizam, os consumidores saem ganhando, permitindo que as empresas gerem um lucro do bem.

Apenas o ordenamento espontâneo resultante da ação humana não planejada pode atender a demanda das pessoas que precisam de pregos. Ao se basear nos princípios das sociedades livres – que geram conhecimento a partir dos preços e das perdas e ganhos –, as empresas tiram enorme proveito. O conhecimento obtido ao entender como são gerados os ganhos e as perdas permite que uma empresa determine o número e o tipo de pregos necessários.

Replicar a forma como a comunidade científica se organiza, onde o conhecimento é compartilhado livremente com um compromisso de refutar até as mais valiosas hipóteses, é o que conduz à inovação. Da mesma forma, é o que gera benefícios robustos para as empresas. Polanyi faz este paralelo, comparando a comunidade científica à comunidade empresarial, em artigo de 1962 intitulado "República da ciência":

> A comunidade de cientistas é organizada de tal forma que se assemelha a algumas características de uma estrutura política e funciona de acordo com princípios econômicos similares aos que regem a produção de bens materiais. Muito do que direi será de conhecimento comum entre os cientistas, mas acredito que irá reformular o assunto a partir de um ponto de vista novo que pode tanto se valer das teorias política e econômica quanto agregar uma lição a elas.[17]

A Koch certamente se beneficiou das teorias defendidas por Polanyi em "República da ciência" (usei sua metodologia para escrever este livro, pedindo contribuições de fontes especializadas de toda a Koch). Conseguimos criar mais valor para os clientes porque procuramos replicar uma livre comunidade de cientistas – em constante compartilhamento de conhecimento e de ideias, testando hipóteses, experimentando e ajustando de acordo com o que realmente funciona – em vez de ceder às pressões do sistema.

As pessoas costumavam pensar que o Sol girava em torno da Terra porque era compatível com a noção que tinham de que tudo deveria girar em torno da Terra. Afinal de contas, os seres humanos viviam na Terra. Portanto, eles tinham um "modelo mental" que erroneamente presumia que a Terra era o centro do universo. As consequências desse modelo equivocado atrasaram avanços científicos e até mesmo condenaram um físico dissidente – Galileu – à prisão domiciliar por ousar desafiar o dogma religioso imposto pelo governo.

Modelos mentais são estruturas intelectuais que nos permitem simplificar e organizar a miríade de contribuições que recebemos do mundo ao nosso redor. Elas moldam e baseiam nossos pensamentos, decisões, opiniões, valores e crenças. Ludwig von Mises afirmou sobre modelos mentais: "São uma exigência necessária para o domínio intelectual de qualquer evento histórico".[18]

Até Buda nos avisou para não acreditar em algo apenas porque todos aceitam como verdade, ou mesmo porque nossos professores dizem que é verdade, mas apenas quando, "depois de muita análise e observação, você vir que está de acordo com a razão e que conduz ao bem e benefício de todos".[19]

A qualidade dos nossos modelos mentais determina como atuamos no mundo físico. O mesmo se aplica ao mundo econômico, e é por isso que a Koch Industries investe muito tempo e esforços para garantir que o modelo mental do GBM se adéque à realidade. Qualquer empresa que atue com base em modelos mentais equivocados acabará sucumbindo. Devemos nos lembrar constantemente de que não é porque acreditamos ou queremos que algo seja verdade que de fato será.

O sinal mais evidente de que uma empresa está empregando modelos mentais baseados na realidade e prestando serviços que os clientes realmente valorizam é o lucro sistemático obtido sob as regras benéficas da boa conduta. O lucro de curto prazo, obtido pela liquidação de ativos e evitando despesas necessárias para o sucesso de longo prazo, pode ser ilusório. (A oportunidade para comprarmos a Chrysler Realty surgiu em 1979 porque a Chrysler, que estava registrando "lucros", estava na verdade à beira da falência, por causa da sua incapacidade de fazer investimentos necessários.)

Quando algum de nossos empreendimentos é lucrativo no longo prazo, temos confiança de que estamos atingindo o objetivo de criar valor ao ajudar a melhorar a vida das pessoas, e fazendo um trabalho de uso eficiente de recursos melhor do que nossos concorrentes.

Consumir a menor quantidade possível de recursos enquanto, ao mesmo tempo, se cria valor para os clientes disponibiliza mais recursos para satisfazer outras necessidades da sociedade. A rentabilidade de longo prazo indica que os recursos consumidos têm mais valor quando usados daquela forma do que quando usados de outra – os clientes estão votando com seu dinheiro a favor de um uso em detrimento de outro.

Os recursos de um empreendedor não se limitam ao capital, à matéria-prima e à energia. Também incluem conhecimento, trabalho, tempo e outros insumos. Pode-se criar mais valor ao transformar esses recursos em produtos ou serviços de maior valor para o cliente em comparação aos seus concorrentes, ou ao consumir recursos menos vultosos e menos custosos para fornecer o mesmo produto ou serviço.

Por exemplo, cria-se mais valor ao produzir um tecido com LYCRA do que com o elastano comum. Os produtores de tecido conseguem operar suas linhas de produção mais rapidamente porque as fibras da LYCRA se rompem com menos facilidade. Também duram mais e se recuperam melhor após a dilatação do que o elastano comum. Quando se produz gasolina por meio de um processo mais eficiente energeticamente, ou de forma tal que se obtenha um maior rendimento, o produto resultante pode ser o mesmo, mas os recursos são preservados. Embora tenhamos a tendência de nos concentrar nos benefícios diretos que podemos enxergar, como bens mais baratos para os consumidores, os benefícios "invisíveis" para a sociedade como um todo podem ser ainda maiores ao longo do tempo.

As empresas Koch transformam petróleo bruto em produtos como combustíveis e asfalto, e polímeros em fibras para carpetes e roupas. Se pudermos fabricar esses produtos usando menos matéria-prima, com um custo mais baixo, várias coisas boas acontecem. Os recursos economizados ficam disponíveis para satisfazer outras necessidades, permitindo que as pessoas de toda a sociedade se beneficiem de preços mais baixos, enquanto a Koch consegue obter bom lucro. Reinvestimos esses lucros para criar novos produtos que nos permitam contratar e gratificar nossos funcionários.

Em um mercado livre com direitos de propriedade e regras de conduta benéficas, a rentabilidade obtida por transações voluntárias não significa que uma parte está se aproveitando da outra. Muito pelo contrário, a "boa" rentabilidade é a maneira apropriada de medir a contribuição de uma empresa para a sociedade.

É por isso que uma empresa que segue acumulando prejuízos deveria ser reestruturada, vendida a um proprietário mais adequado, ou então fechada. Se um empreendimento precisa de subsídios ou leis de proteção para sobreviver ou empregar mais pessoas, ele não está gerando bom lucro. Embora eu não queira minimizar o estresse e o medo que geralmente se seguem à perda de um emprego, seria melhor, para praticamente toda a sociedade, se essas pessoas estivessem trabalhando em algo em que pudessem ser mais produtivas.

A mudança é uma constante na sociedade, na economia e na política. Empresas, produtos, métodos e habilidades individuais estão sendo constantemente substituídos por alternativas melhores. Ao aplicar incessantemente uma filosofia empresarial que não fuja dessas alternativas, mas que as busque, todos nós na Koch trabalhamos com afinco para contrariar a tendência de declínio de longo prazo daqueles que não inovam.

As empresas devem perceber que estão competindo não apenas por preço e produção de produtos existentes. Elas precisam se esforçar incansavelmente para inventar produtos novos e melhores e produzi-los com mais eficiência do que seus concorrentes. Elas também precisam melhorar constantemente a forma como estão organizadas, para que possam inovar e eliminar o desperdício melhor do que a concorrência. É isso que o GBM permite que a Koch faça – e é isso que o GBM também pode permitir que você faça.

Vale repetir a observação de Schumpeter: "Não é a competição (por preço e produção) que interessa, mas sim a competição por um novo produto, uma nova tecnologia, uma nova fonte de suprimento, um novo tipo de organização – a competição que determina um custo decisivo ou vantagem competitiva e que atinge não as margens de lucro e produção das firmas existentes, mas sim suas fundações e sua própria existência".[20]

Nossa tentativa de levar Schumpeter em consideração justifica por que preços baixos ou melhor oferta não é tudo que oferecemos aos clientes. É por isso que sempre oferecemos novos produtos, como o tubo de nylon Raptor™ da INVISTA para sistemas de extração de petróleo, que pode substituir o aço e outros materiais, é resistente à corrosão e mais barato e fácil de instalar. É por isso que continuamos desenvolvendo novas tecnologias, como bioprocessos para produção de produtos químicos industriais. É por isso que buscamos novas fontes de suprimento, como petróleo bruto trazido do emergente campo Eagle Ford para a nossa refinaria Corpus Christi. E é por isso que desenvolvemos o GBM, com o objetivo de nos tornarmos um novo tipo de organização que é o parceiro de escolha de todos os clientes, fornecedores, funcionários e comunidades.

O GBM ensina que devemos impulsionar continuamente a mudança em todos os aspectos da nossa empresa, ou então fracassaremos. O resultado disso é que estamos sempre buscando inovações revolucionárias e oportunidades por meio de desenvolvimentos internos e externos, além de aquisições. Da mesma forma, livramo-nos de empreendimentos e ativos não lucrativos ou que valem mais para outros proprietários. Acreditamos que devemos impulsionar a destruição criativa mais rápido do que nossos concorrentes, ou então ela nos colocará para fora do mercado.

Todas as empresas são vulneráveis à destruição criativa, mas o GBM pode capacitar a empresa para conduzi-la, em vez de sucumbir a ela. Os modelos mentais do GBM baseados na realidade, o foco no cliente e a inovação da Koch nos tornaram uma das maiores e mais bem-sucedidas empresas privadas do mundo, com um desempenho de longo prazo excepcional.

Embora tenham se somado mais de setenta mil pessoas à nossa equipe ao longo da última década, houve também algumas demissões e reestruturação. Para sermos competitivos, fomos obrigados a tomar essas decisões. Mas há outro lado nessa moeda: quando essas decisões nos permitem criar mais valor, podemos empregar mais pessoas no longo prazo. Também tentamos encontrar oportunidades para os funcionários afetados com as competências certas em outras áreas da Koch e, se não for possível, em outras partes do mercado.

Até mesmo empresas de sucesso lutam para se manter, porque, considerando a natureza humana, todos tendemos a nos tornar complacentes, menos inovadores e com mais instintos de autopreservação conforme prosperamos. Pode ser muito mais difícil superar o sucesso do que a adversidade. Mencionei, no capítulo anterior, que esta foi uma lição de meu pai que me marcou ainda na infância: "A adversidade costuma ser uma bênção disfarçada e é com certeza uma das melhores formas de fortalecer nosso caráter".

O lembrete de Fred Koch de que eu não sabia tanto quanto achava saber me ajudou a abrir os olhos e (idealmente) guiar meu pensamento na Koch Industries até hoje. Não podemos dizer ao consumidor o que ele deve valorizar, mas podemos sugerir uma forma melhor de satisfazê-lo. A maioria das inovações é impulsionada por fornecedores concorrentes que sugerem formas melhores de os clientes satisfazerem suas necessidades. Como a IBM investiu muito nos *mainframes*, ela não liderou a revoluções dos computadores pessoais e da internet. Aconteceu que a IBM foi vítima da destruição criativa impulsionada pelos seus concorrentes. O mesmo é válido para a Kodak, que inventou a fotografia digital.

Se você quer gerar bom lucro na sua empresa, precisa se esforçar constantemente para descobrir, respeitar e satisfazer aquilo que os clientes valorizam, e até mesmo prever o que eles valorizarão no futuro. O chão está sempre ruindo sob nossos pés. A boa notícia é que Schumpeter estava certo: atualmente, as operárias têm acesso às mesmas meias de seda que as rainhas.

CAPÍTULO 4

SUPERANDO A BUROCRACIA E A ESTAGNAÇÃO

Conceitos econômicos libertadores

"O homem que compreende os princípios é capaz de selecionar seus próprios métodos. O homem que testa métodos ignorando os princípios certamente enfrentará problemas."

- ATRIBUÍDO A RALPH WALDO EMERSON[1]

Certo dia, no início dos anos 1980, estava eu sentado no escritório do vice-presidente de uma grande petroleira, ouvindo consternado suas histórias de infortúnios corporativos: burocracia, resistência à mudança, papelada e assim por diante. Parecia um pesadelo para mim. "Como alguém pode sobreviver assim?", perguntei a ele.

"Depois de um tempo, você acaba entrando na dança", confessou.

Eu ri da descrição daquela triste realidade – que sua própria empresa estava estagnada e não havia nada que ele pudesse fazer a respeito, então só restava desistir. Para falar a verdade, isso não é motivo para riso. Muitas empresas de sucesso tendem a se acomodar e se proteger, se tornar complacentes e menos inovadoras. Em culturas tão burocráticas, os funcionários só conseguem sobreviver se remarem com a maré. É aí que começa a decadência.

Tendo testemunhado uma boa dose de complacência em empresas quando trabalhei como consultor na Arthur D. Little, eu nunca poderia suportar ver a Koch estagnada. Desde o princípio da empresa, isso foi algo que sempre quis evitar, e por essa razão criei dentro da Koch as mesmas condições que levam a uma prosperidade duradoura na sociedade. Guiado pelas semelhanças entre as sociedades e as empresas, introduzi conceitos econômicos básicos como custo de oportunidade, valor subjetivo e vantagem competitiva.

Esses conceitos são geralmente ensinados nas faculdades de administração e economia, mas raramente são aplicados nas próprias faculdades e muito menos nas empresas. Onde quer que eu olhasse – até mesmo dentro da própria Koch –, as pessoas estavam sempre tomando decisões que ignoravam os conceitos econômicos básicos.

Certo dia, por exemplo, nossa equipe de petróleo bruto estava analisando quando deveríamos vender uma parte do nosso estoque de petróleo bruto. Eles queriam esperar, e não vender imediatamente, pois apostavam que o preço subiria e ultrapassaria os custos.

Então eu os contestei. Custos irrecuperáveis – como aquele que havíamos já pagado pelo estoque – não deveriam embasar decisões. Não, as decisões precisam ser guiadas por uma análise prospectiva. A única justificativa para esperar mais tempo para vender o estoque seria se, no geral, houvesse evidências indicando que seria mais provável que o preço subisse, e não continuasse caindo, ou talvez até permanecesse igual.

Um custo irrecuperável (ou custo afundado) é uma despesa já incorrida que não pode ser recuperada. Em geral, tais custos não devem ser considerados para determinar o que fazer no futuro porque, além dos possíveis efeitos fiscais, são irrelevantes no que diz respeito ao que pode ser recuperado.

O verdadeiro custo de uma atividade é a atividade de maior valor de que se teve que abrir mão – ou seja, o custo de oportunidade. Essa é a metodologia que estimulo os funcionários a usarem ao tomarem decisões, e me esforço para praticar o que prego.

Por exemplo, ao escrever este livro, dúvidas gramaticais me instigavam a parar para consultar minha cópia bastante gasta do guia de referência de Strunk & White. Como uma equipe de editores profissionais da minha editora acabaria lapidando estas páginas, todo o tempo que eu passasse consultando a gramática teria um custo de oportunidade muito alto para justificar a ação. Eu teria que abrir mão de escrever o livro de fato (e contribuir com a Koch) naqueles minutos em que estaria aperfeiçoando a gramática.

Entendo por que funcionários de todas as empresas cometem esse erro, mesmo quando entendem a teoria. Um motivo é que os incentivos que recebem não são devidamente estruturados. Quando os funcionários são remunerados apenas por lucros contábeis de curto prazo, sem levar em consideração os lucros de longo prazo que foram perdidos, é provável que eles tomem decisões medíocres. Para fazer face a isso, a Koch contabiliza uma parte dos lucros potenciais que poderiam ter sido ganhos em uma oportunidade perdida como uma perda real ao determinar a remuneração por incentivos de um funcionário.

Na Koch também estimulamos nossos vendedores a *entender todos os valores subjetivos dos clientes e assim personalizar a forma como lidamos com eles*. Muitas empresas de capital aberto valorizam rendimentos estáveis e previsíveis em vez de rendimentos (em média) maiores, mas mais voláteis, pois rendimentos estáveis costumam se traduzir em preços de ações mais altos. Por conta dessa diferença nos valores subjetivos entre nós e nossos clientes, pode ser mutuamente benéfico para ambos se absorvermos os custos do risco em nossos contratos, sendo então recompensados por eles.

Portanto, se nossos clientes que compram etileno quiserem evitar volatilidades e trabalhar com uma margem fixa, concordaremos em absorver as flutuações de preço entre o etileno que vendemos e o plástico que produzirão com ele. Para que possamos nos dispor a fazer isso, devemos acreditar que estamos devidamente remunerados pelo risco. A Koch está sempre disposta a fazer esse tipo de negócio em que todos saem ganhando.

Nossa aplicação da vantagem competitiva, um conceito diferente, provocou grandes mudanças na forma como atribuímos diversas funções. O que esse conceito diz é que todas as pessoas – e todas as empresas e até mesmo todos os países, por assim dizer – podem competir e contribuir, ainda que outros possam ser melhores em tudo. Nenhum país, empresa ou pessoa deveria tentar fazer de tudo, por melhores que sejam. O motivo se resume à vantagem comparativa.

Imagine que um consultor talentoso abra sua própria firma. Mais do que ser um profissional altamente reconhecido por seus clientes, esse consultor também é uma máquina de gestão – excelente em cobrança, TI, organização de banco de dados, organização e viagens, e por aí vai. Ele consegue administrar seu escritório melhor do que qualquer um que pudesse ser pago para fazer o trabalho e, além de tudo, também faz uma faxina perfeita. Ele consegue limpar o conjunto de escritórios melhor do que qualquer um que pudesse contratar para a função.

Ele deveria manter os custos baixos, deixando de contratar um gerente e um zelador, e ele mesmo realizar o trabalho de ambos? Uma pessoa parcimoniosa poderia pensar que a resposta natural seria "sim", mas os números dizem o contrário. Imagine que ele precisasse pagar US$ 1.000 por semana por uma jornada semanal de quarenta horas para o gerente, e US$ 20 por hora, dez horas por semana, para o zelador. Se ele conseguisse administrar e limpar o próprio escritório, economizaria US$ 1.200 por semana.

Mas mesmo se esse consultor fosse duas vezes mais eficiente que qualquer gerente ou zelador, ainda assim precisaria passar 25 horas por semana trabalhando em outras atividades além das consultorias (vinte horas em serviços administrativos e cinco horas limpando). Se ele cobra dos clientes de consultoria US$ 500 por hora, isso implicaria um custo de oportunidade de US$ 12.500 (25 x US$ 500) (isto é, as receitas que ele teria gerado se não estivesse realizando serviços administrativos e de limpeza), em comparação a uma economia de US$ 1.200 por semana. Significa um prejuízo líquido de US$ 11.300 por semana. Fica claro que sua vantagem comparativa é a consultoria – e não os serviços administrativos ou de limpeza.

Quando entendemos como esse conceito fortalece a prosperidade por meio da divisão do trabalho e de funções, começamos a atribuir funções aos funcionários não só de acordo com o que melhor se encaixa nas suas competências, mas *em relação às funções e competências de outros funcionários*. Levando em consideração a singularidade de cada indivíduo, esse processo exige uma reavaliação contínua das funções e responsabilidades.

Digamos que a Koch perdeu a Sue, uma gerente comercial que era excelente em estratégias, e então contratou a Peg, que tem boas habilidades de relacionamento com clientes, mas não é tão boa em estratégias. Se não ajustarmos a função de Peg de acordo, seu desempenho cairá.

Deveríamos pedir à Peg que se concentrasse em seu ponto forte: relacionamento com os clientes. Na verdade, daríamos à Peg mais responsabilidades relacionadas ao relacionamento com os clientes e atribuiríamos as funções estratégicas a outro funcionário da empresa especialista em estratégia, se tivéssemos essa competência disponível.

Quando as pessoas mudam de função em outras empresas, é comum que se espere que seus substitutos assumam exatamente as mesmas funções e responsabilidades, apesar de terem pontos fortes e fracos distintos. Em um ambiente assim, as vantagens comparativas não são otimizadas, os custos de oportunidade são excessivos e o desempenho de todo o grupo acaba caindo.

Nos anos 1970, éramos pequenos o bastante para que esses conceitos mercadológicos pudessem ser implantados por toda a liderança da empresa. Nas reuniões, eu orientava nosso pessoal fazendo perguntas importantes, como "Já consideramos o custo de oportunidade?" ou "Quais são as vantagens comparativas?". A produtividade e o desempenho começaram a aumentar.

Um conceito essencial para nós é a vantagem *competitiva* (a capacidade de uma empresa criar mais valor do que seus concorrentes), que é diferente de vantagem comparativa. Esse é um componente essencial na nossa Estrutura de Tomada de Decisões usada para analisar oportunidades de investimento (ver Capítulo 9).

À medida que a Koch continuava a crescer, nossos conhecimentos e banco de talentos tornavam-se cada vez maiores e mais dispersos, o que significava que eu só conseguia ensinar conceitos como esses a uma pequena parte de nossos funcionários. Consequentemente, nossa capacidade de aplicá-los para atingir resultados estava diminuindo, mesmo se as nossas oportunidades de nos beneficiarmos deles estivessem aumentando ao passo que a Koch crescia. Precisávamos encontrar formas de ensinar a teoria e a prática de nossos conceitos e modelos mentais em escala muito maior.

Portanto, mesmo antes de lançar oficialmente o GBM dentro da Koch, procurei incorporar valores, pensamento econômico, filosofia, conceitos psicológicos, modelos mentais e suas respectivas ferramentas, como as que acabei de descrever, em um sistema de gestão que já existia.

Foi no início dos anos 1980 que selecionei o sistema de W. Edwards Deming para essa fusão. Interessei-me por ele porque Deming empregava métodos estatísticos para melhorar a qualidade e destacava a melhoria contínua nas empresas. (E, como já mencionei, eu rejeitava com veemência a ideia de nossos funcionários simplesmente remarem com a maré.)

Deming era um estatístico formado em Yale que alcançou fama mundial após ser levado para o Japão, em 1947, pelo general Douglas MacArthur para ressuscitar a indústria e a produção daquele país após a Segunda Guerra Mundial. Funcionou. Em 1960, o imperador Hirohito concedeu a Deming a Medalha da Segunda Ordem do Tesouro

Secreto do Japão por projetar o renascimento industrial do país e pelo sucesso mundial.

Deming salientava a necessidade de as empresas continuarem melhorando e inovando – ou então encarar a extinção. "Você nunca sairá deste hospital", alertou.[2] O pensamento de Deming nos ajudou a sistematizar a melhoria contínua, que foi um dos primeiros aspectos importantes do Gerenciamento Baseado no Mercado.

Inspirados em Deming, usávamos diagramas de Pareto, análises de causa-raiz e controle estatístico de processos para identificar e resolver problemas e para mensurar nosso progresso de maneira clara e significativa. Alguns deles ajudaram. Mas outra lição importante que aprendi durante esse período não aprendi com Deming, e sim em uma visita à nossa usina de gás liquefeito em Medford, Oklahoma.

Durante a visita, fiz uma parada na oficina elétrica da usina. Por conta da minha chegada, os eletricistas estavam atarefadíssimos desenhando gráficos de controle (todos na empresa tinham ciência da minha crença na utilidade dos gráficos de controle) em vez de realizar o trabalho elétrico. Para meu espanto, descobri que eles chamavam essa prática de "gráficos para Charles". (Um pouco de zombaria faz parte do trabalho de CEO. A piada entre os nossos funcionários dos campos de petróleo era que Koch significava "Keep Old Charlie Happy", ou seja, "Deixe o velho Charlie feliz".)

Em Medford, as atenções haviam se concentrado em gráficos e mensurações, deixando de lado a melhoria do desempenho e os esforços de eliminar o desperdício. Ao que tudo indica, não havíamos deixado claro que os gráficos ou mensurações de atividade não eram o fim em si, e que o seu propósito era melhorar os resultados.

Por fim, o incidente com os gráficos para Charles nos colocou em um caminho muito melhor. Ficou óbvio que não podíamos simplesmente implantar nossos princípios e modelos mentais em um sistema de gestão já existente, nem mesmo em um sistema tão bom quanto o de Deming. Precisávamos desenvolver nosso próprio ordenamento, que pudesse nos ajudar a transformar nossos conceitos em ferramentas que resolvessem problemas.

A Koch é hoje uma empresa imensa que abarca muitos empreendimentos e se estende por diversos setores. Não podemos desperdiçar recursos colocando nossos talentosos e valiosos funcionários para aplicar a melhoria contínua em algo que criará US$ 100 mil de valor quando eles poderiam fazer uma melhoria mais radical que poderia criar US$ 10 milhões em valor.

É por isso que substituímos a melhoria contínua de Deming pela destruição criativa de Schumpeter. A destruição criativa era mais relevante e significativa. A melhoria contínua, embora benéfica, pode implicar apenas melhorias incrementais modestas em algo que está se tornando obsoleto.

A destruição criativa consiste em encontrar formas novas e melhores, tornando as velhas formas obsoletas. É uma solução muito melhor para a Koch – ou para qualquer empresa que queira maximizar seu valor e crescimento.

Embora nosso noivado com Deming não tenha acabado em um casamento profissional, foi muito benéfico de maneiras que não esperávamos, pois foi o que nos levou a sistematizar nosso próprio ordenamento baseado na teoria e na prática. Hoje sabemos que um ordenamento coerente composto de cinco dimensões que se reforçam mutuamente, como quatro paredes e um teto, gera muito mais benefícios do que cinco planos que não se cruzam.

Em 1990, quando começamos a codificar nosso sistema nas cinco dimensões, tive a ideia do nome de Gerenciamento Baseado no Mercado. Senti que esse nome refletia a influência dos princípios de mercado e a necessidade de estabelecer uma filosofia e uma prática de gestão coerentes. O desafio inicial era descobrir ou desenvolver mecanismos que nos permitissem tirar proveito do poder da economia de mercado dentro da empresa.

Para esse efeito, instauramos o Grupo de Desenvolvimento do GBM. Esse grupo não vendia nenhum produto ou serviço. Seu objetivo principal era desenvolver ferramentas para a empresa com base nos princípios do mercado. Eram formadas equipes para estudar como as empresas podem se valer do poder dos direitos de propriedade, regras de boa conduta, valores, cultura, visão, quantificação, incentivos, lucros e prejuízos, e preços. Chegamos até mesmo a ter professores nos dando aulas teóricas. Para ser sincero, uma boa parte disso tudo acabou não sendo muito útil.

No princípio, eu tinha um modelo mental equivocado sobre quem entendia o GBM – ou até sobre o que significava compreendê-lo. Eu confundia conhecimento conceitual articulado com conhecimentos práticos de como aplicar os conceitos para obter resultados. Em outras palavras, a equipe que montamos era muito melhor em articular conceitos do que em colocá-los em prática.

Polanyi argumentava que só sabemos algo de fato – ou seja, temos conhecimento próprio a respeito – quando podemos aplicá-lo para obter resultados. Como disse antes, saber a teoria sobre a tacada de golfe e acertá-la de fato são duas coisas diferentes.

Isso vai ao encontro do que observei entre exploradores de petróleo: há quem saiba articular com maestria as tecnicidades das formações do subsolo e das reservas, mas nunca consiga encontrar petróleo. Por outro lado, há quem não seja fluente nas explicações sobre os porquês e as formas de fazer, mas seja bom em encontrar petróleo.

A articulação de Polanyi sobre a diferença entre conhecimento pessoal e conhecimento conceitual pôs tudo em perspectiva e nos ajudou a acelerar nosso progresso no desenvolvimento e na aplicação do

GBM. O embasamento teórico é necessário, mas por si só não é suficiente para obter resultados. O sucesso na aplicação de novos modelos mentais – e, logo, na aquisição de conhecimento pessoal – só vem após a prática correta, frequente e prolongada. A prática faz a permanência (e não a perfeição), portanto, precisa ser feita corretamente.

Além disso, nossa necessidade primordial nesse momento não era mais de conhecimento conceitual sobre a teoria subjacente, mas sim de um conhecimento pessoal sobre como aplicá-la para gerar bom lucro. Como Mary Beard, professora da Universidade de Cambridge, observou: "A ação sem estudo é fatal. O estudo sem ação é inútil".[3]

Durante a época do Grupo de Desenvolvimento do GBM, os conceitos se tornaram nada mais do que chavões usados pelos funcionários para justificar o que eles já faziam – ou pior, o que eles queriam fazer. Por exemplo, uma pessoa que opera uma unidade de processamento na usina pode se valer do respeito do GBM pelo "conhecimento local" e usá-lo como desculpa para ignorar qualquer ajuda oferecida pela sede de Wichita. Essa é uma aplicação equivocada do conhecimento local.

Um operador de uma unidade de processamento pode saber como otimizar a unidade em determinado momento, mas será que ele tem ideia das melhorias que estão sendo desenvolvidas em todo o mundo, inclusive em outras indústrias? Talvez ele saiba como operar a unidade com mais eficiência do que qualquer outra pessoa, mas será que está atualizado com as melhores práticas e mais recentes regras ambientais e de segurança? Solucionar as aplicações errôneas dos conceitos foi essencial para obter resultados com o GBM.

Outro problema, também causado pela falta de conhecimento pessoal, era a tendência de aplicar o GBM como uma fórmula rígida – como se fosse uma solução procurando um problema, e não o contrário. Definir rigorosamente as particularidades e prescrever exatamente como o GBM deve ser aplicado acabam com sua utilidade e adaptabilidade.

Aprender a reconhecer e resistir a essa tendência natural (que é a marca de todas as burocracias) foi outro avanço importante. "A constância tola é o espantalho das mentes pequenas, adorado por estadistas, filósofos e sacerdotes medíocres", escreveu Emerson.[4]

Hoje melhoramos nossa forma de detectar e lidar com essas tendências, mas ainda estamos, e sempre estaremos, longe da perfeição. Tentamos impor nossos princípios e temas gerais, deixando as pessoas livres para se aterem aos detalhes. Ainda assim, "não existe pudim instantâneo", para citar Deming.[5]

Para apreender plenamente o poder do GBM, uma empresa deve não apenas evitar tendências improdutivas, mas também se esforçar continuamente para melhorar sua capacidade de internalizar e aplicar modelos mentais benéficos, o que exige disposição para enfrentar a mudança mais difícil e dolorosa de todas: a mudança na nossa forma de pensar.

Para conseguir realizar essa mudança, são necessários esforços concentrados e prolongados para desenvolver novos hábitos de pensamento baseados em modelos mentais válidos. Desenvolver hábitos exige uma transformação contínua, como um fisiculturista que precisa se requalificar para correr maratonas. É um compromisso de longo prazo. Eu bem sei: tenho trabalhado nisso há mais de cinquenta anos.

Hábitos arraigados são o resultado de caminhos neurais no cérebro que são extremamente difíceis de serem eliminados e substituídos. É por isso que é tão difícil mudar a cultura. E é um dos grandes motivos pelos quais as empresas podem estagnar e os funcionários podem adotar uma mentalidade de manada: a tendência natural de se agarrar a modelos mentais e formas de agir familiares. Para obter resultados, é essencial reprogramar o cérebro. Esse tipo de mudança é fundamental para fazer as descobertas que levam à inovação e, por sua vez, ao bom lucro.

O processo acontece da seguinte forma: ao estudarmos um campo em particular, absorvemos quantidades crescentes de conhecimentos específicos, dentre eles, regras, fatos, terminologia e relações. A certa altura, conhecemos esses detalhes o bastante para podermos começar a contemplar o panorama geral.

Então começamos a enxergar padrões, o significado das coisas e a sensação de que algo está errado – mesmo que nem sempre consigamos articular nossa compreensão. Isso melhora nossa capacidade de vislumbrar problemas e oportunidades – seja na pesquisa de uma nova tecnologia ou mercado, seja na entrevista com um candidato, na análise de uma aquisição ou na realização de qualquer coisa com o objetivo de entregar valor tanto para o cliente quanto para a empresa.

O processo da descoberta começa quando observamos, às vezes desatentamente, uma lacuna entre o que existe e o que poderia existir. Nossa intuição nos diz que há algo melhor além do alcance da nossa mente. Para construir uma cultura de descoberta, devemos estimular que as intuições sejam seguidas com entusiasmo (não importa de onde venham).

Em seguida, precisamos nos empenhar – buscando ajuda quando necessário – para articular com clareza as nossas hipóteses, que, quando concretas e específicas, podem ser contestadas, testadas e melhoradas a tal ponto que acreditaremos serem válidas. As hipóteses que ultrapassam essas barreiras podem então ser submetidas a um teste de implementação mais amplo.

A origem de todo o processo se dá com o desenvolvimento do conhecimento pessoal aplicado com entusiasmo para agarrar uma oportunidade ou solucionar um problema.

A seu favor, o Grupo de Desenvolvimento do GBM lançou diversas melhorias úteis, como uma significativa ampliação do uso de *scorecards* para mensurar como e onde a Koch cria valor, como ela se posiciona diante de seus concorrentes em relação ao uso de recursos e outros índices, além de determinar se e como a empresa está melhorando.

Tudo isso nos ajudou a apreciar o valor das medidas baseadas na realidade econômica, lembrando que, para conduzir as atividades de forma correta, devemos mensurar o que dá resultado, em vez de optar pelo que é mais fácil de mensurar. É por isso que, se a avaliação do desempenho de um funcionário incluir apenas sua contribuição com os lucros correntes, em vez de considerar seu efeito na cultura e nos lucros de longo prazo, estamos sem querer incentivando-o a trabalhar nas coisas erradas.

Embora o Grupo de Desenvolvimento não exista mais, sua formação foi um primeiro passo importante para codificar o GBM e educar todos os funcionários da Koch, e não apenas os gestores. No seu lugar, temos a Competência GBM, que tem uma visão diferente: desenvolver continuamente novas ferramentas de GBM, ensinar e orientar sobre sua aplicação. O grupo tem mais de quarenta membros, muitos dos quais têm experiência profissional prática e resultados comprovados.

Por volta de 1995, desenvolvemos um avanço chamado de Kit de Ferramentas do GBM, que trata de como aplicar holisticamente as cinco dimensões de forma a realizar todo o seu potencial. Chamamos essa abordagem de Processo de Resolução de Problemas e descobrimos que ela melhora significativamente a capacidade de inovar e reconhecer oportunidades dos nossos funcionários. Isso será discutido mais a fundo no Capítulo 11.

O sucesso se retroalimentou, porque demonstrou a todos o poder do GBM. O resultado disso foi que mais pessoas ficaram dispostas a empreender aquilo que Polanyi chamou de "ato de mudança de si próprio",[6] necessário para colocar em prática uma nova forma de pensar. No nosso caso, exigiu que aplicássemos todas as cinco dimensões do

GBM para obter resultados – seja ao atender um cliente, seja no chão de fábrica, seja no escritório.

Nossa taxa de melhoria nos resultados a partir do GBM cresceu na última década. Um fator essencial foi reconhecer que todos os líderes, e não apenas os líderes da Competência GBM, devem se responsabilizar pelo GBM e pela cultura em seus grupos. O papel da Competência GBM é equipá-los e apoiá-los.

Isso significa que uma das nossas principais expectativas é que nossos líderes entendam e apliquem o GBM e que impulsionem essa compreensão e aplicação em toda a empresa, a começar pelos seus subordinados diretos. Quando um líder de qualquer nível não dá esses passos, o desempenho e o progresso ficam para trás. Para os líderes que de fato realizam "atos de mudança de si próprios" para entender e aplicar o GBM, a melhoria de suas áreas é rápida e marcante.

Os capítulos a seguir mostrarão o que acontece em uma empresa quando as pessoas incorporam um conhecimento pessoal aprofundado sobre o GBM, e o que acontece quando as pessoas menosprezam ou só falam sobre o GBM da boca para fora.

CAPÍTULO 5

APRENDENDO COM A ADVERSIDADE

Os maiores fracassos da Koch ao aplicar o GBM

> A adversidade logo descobre a virtude.
>
> **- FRANCIS BACON**[1]

Quando li essa frase de Francis Bacon, um filósofo da ciência chamado de "o pai do empirismo", lembrei-me do que meu próprio pai havia escrito na carta que deixou aos filhos: "A adversidade é uma bênção disfarçada e com certeza uma das melhores formas de fortalecer nosso caráter".

Para mim, essa sabedoria foi tão valiosa quanto a empresa que ele nos deixou – principalmente quando me lembro do que tivemos que fazer para sobreviver aos anos 1990, década na qual os principais fracassos gerenciais e legais da Koch foram parar nas manchetes dos jornais. De fato, apesar do sucesso, nossa empresa já enfrentou diversos episódios terríveis, muitos dos quais foram resultado de nossas próprias debilidades.

Esses desastres decerto criam adversidades para todos que são afetados por eles, mas podem ser uma "bênção disfarçada" para todos que, em consequência, são poupados de adversidades futuras. É certamente doloroso para mim. Nunca consigo desfazer danos já causados, mas posso me comprometer a melhorar a partir dessas falhas de gestão e ajudar outras pessoas a evitarem os mesmos erros.

Essas experiências me alertaram para o fato de que, se a Koch Industries se acomodar, não só a destruição criativa nos colocará para fora do mercado, mas também muitos terceiros sairão prejudicados. Não é de se surpreender, portanto, que nos esforcemos para manter uma sensação de desconforto dentro da empresa e para nos proteger do excesso de confiança. Ninguém na Koch pode declarar vitória e perder o foco naquilo que importa. Este capítulo trata das lições que aprendemos com esses erros devastadores e como essas lições nos ensinaram e orientaram para, posteriormente, refinar e melhorar a aplicação do GBM.

* * *

Em agosto de 1996, aconteceu algo terrível. Um vazamento em uma de nossas tubulações de gás liquefeito causou uma explosão em Lively, no Texas. Li relatórios sobre muitos acidentes industriais ao longo dos anos, inclusive com fatalidades. Mas aquele incidente terrível em Lively foi, pelo que sei, o primeiro e único desde a fundação da nossa empresa, em 1940, em que um de nossos dutos causou a morte de observadores inocentes.

Dois adolescentes, Danielle Smalley e Jason Stone, sentiram um cheiro estranho próximo à tubulação e entraram no carro para ir alertar as autoridades. Quando as faíscas da ignição do carro se encontraram com a fumaça da tubulação que vazava, eles morreram nas chamas que se formaram. A Koch foi culpada e admitiu de pronto. O que aconteceu foi inaceitável e causou a morte de dois adolescentes inocentes e uma dor incomensurável às famílias deles e à comunidade.

Aquele foi um dos meus piores dias no trabalho. Sou pai e avô, e, se algo assim acontecesse com meus próprios filhos ou netos, sei que ficaria devastado. Também sou engenheiro e coloco sempre a segurança e a conformidade às normas como prioridades máximas. Na verdade, sempre insisto que esse é o "Trabalho número um" de todos os funcionários da Koch. Por quê? Porque valorizo a vida humana.

O sofrimento e a dor não me são estranhos. Meu irmão David, de quem sempre fui próximo, quase morreu em uma pista de pouso em Los Angeles, em 1991, quando seu voo da US Air pousou em cima de outro avião – um acidente causado pelo erro de um controlador de tráfego aéreo. Meu irmão escapou por pouco da cabine em chamas e passou os dois dias seguintes em uma unidade de tratamento intensivo. Vinte e três dos passageiros do mesmo voo morreram em meio às chamas e à fumaça tóxica.

Em 1959, ajudei a resgatar um amigo de um carro capotado, enquanto ele se esvaía em sangue. Minutos antes, ele estava visitando minha casa em Boston com uma namorada. Ela sobreviveu ao acidente, mas meia hora mais tarde ele viria a falecer.

Como patrão de muitos veteranos militares, costumo ouvir suas histórias de mutilações e mortes – algumas por causas acidentais, outras em combate. Fico estarrecido diante do sofrimento que eles testemunharam e enfrentaram.

Falei de todos esses eventos por um motivo. Em todos os Estados Unidos, há milhares de fatalidades na indústria e um número ainda maior de lesões ocupacionais graves todos os anos. Na Koch refutamos a ideia de que ferimentos graves ou mortes sejam uma realidade inevitável para os funcionários de uma grande indústria. É por isso que, desde então, melhoramos a aplicação do GBM para garantir que estejamos sempre buscando ir além das práticas de segurança padrão da indústria, sempre que possível, e para contratar apenas gestores e funcionários que ajam da mesma forma.

A tragédia de Lively nos ensinou várias lições importantes que melhoraram nossa perspectiva de segurança. A tubulação em questão já tinha quinze anos e havia sido desativada em 1992, por problemas de corrosão. Em 1995, ela foi reaberta após termos substituído as partes corroídas e realizado um teste hídrico para demonstrar que sua operação era segura.

A corrosão que provocou a explosão foi causada por bactérias no solo, que agiram com muito mais velocidade do que os maiores especialistas dos EUA jamais poderiam prever. (No tribunal, o especialista que testemunhou pelo requerente teve que buscar no Canadá um exemplo de bactérias tão corrosivas e de ação tão rápida.) Essa corrosão acelerada no Texas nos pegou de surpresa e causou o desastre.

No âmbito do GBM, o que aconteceu foi uma falha de conhecimento. Ao perceber isso, aplicamos os princípios do GBM para identificar a fonte e a causa do problema e trabalhar com o Comitê de Segurança e Transportes Nacionais para compartilhar esse conhecimento com todo o setor de tubulações. A Koch, então, usou o conhecimento aprendido a partir desse incidente para modificar seus procedimentos operacionais de forma a evitar que um acidente tão trágico voltasse a acontecer. Essas melhorias não foram simplesmente inseridas no manual dos funcionários ou colocadas em uma página do site da empresa. Elas foram incorporadas ao GBM e repassadas por toda a Koch. Além disso, alocamos recursos de P&D para desenvolver novas medidas anticorrosão, como sensores de corrosão, em cooperação com a Molex, além do novo cano de nylon da INVISTA, mencionado no Capítulo 3.

Infelizmente, a Koch enfrentou outra crise (por sorte, sem vítimas), por volta da mesma época, em Corpus Christi, no Texas. Essa crise foi causada por falhas na aplicação das dimensões de Virtude e Talentos e a de Direitos de Decisão do GBM.

Na primavera de 1995, um funcionário da Koch Petroleum Group (hoje chamada Flint Hills Resources) forjou um relatório sobre o fluxo de resíduos da refinaria de Corpus Christi, conforme exigido pelo recém-promulgado *Clean Air Act* (Lei do Ar Limpo). O funcionário (um engenheiro ambiental que não fez as aferições necessárias, mas simplesmente inventou números para colocar no relatório) relatou que a usina atendia as novas regulamentações. Mais tarde, constatamos que isso não era verdade.

Quando descobrimos o que ele havia feito, ele foi demitido, e a Koch Petroleum Group informou voluntariamente à Agência de Proteção Ambiental do Texas, em uma reunião que solicitamos em 27 de novembro de 1995, que nosso relatório estava incorreto. Naquela reunião, apresentamos nossas constatações e prometemos voltar a relatar os detalhes da inconformidade à medida que descobríssemos mais informações. Os dez Princípios Norteadores do GBM (ver Capítulo 7) são fundamentais em tudo que fazemos, e os primeiros dois são Integridade e Conformidade. O relatório apresentado pelo funcionário da Koch era uma clara violação desses dois princípios, e não poderíamos jamais tolerá-lo ou permitir que aquilo voltasse a ocorrer.

Nas reuniões seguintes, a KPG forneceu os detalhes prometidos sobre a inconformidade, propôs uma multa similar à que outras empresas já haviam pagado e discutiu uma metodologia de divulgação apropriada para o relatório seguinte, que deveria ser entregue em abril de 1996.

Mas o que parecia um problema que deveria ter sido resolvido em nível estadual, por responsabilidade civil, acabou se tornando uma ação penal na justiça federal – caso que acabou apresentando à Koch as muitas imperfeições do sistema de justiça criminal americano. Essa experiência em parte influenciou nossa decisão de levar em consideração candidaturas de pessoas com antecedentes criminais, em vez de descartá-las de imediato.

Mais de quatro anos depois de fazer a apresentação ao estado, a Koch, a KPG e quatro funcionários foram processados pelo Departamento de Justiça dos EUA, em Washington, por supostas violações da legislação ambiental federal e falso testemunho.

O que tirou esse caso da esfera cível e colocou-o na esfera penal foi uma crença equivocada de que a Koch havia ocultado aspectos da violação quando fez a apresentação à agência do Texas. Estávamos confiantes de que um grande júri entenderia que isso não era verdade. Afinal de contas, havíamos apresentado integralmente a nossa violação aos órgãos reguladores estaduais em 1995.

Para nós, sabendo que a KPG havia apresentado o problema voluntariamente, a alegação de que nossos funcionários haviam tentado enganar os órgãos reguladores parecia suspeita desde o início. E embora só tenhamos descoberto isso muito tempo depois de a acusação ter sido formalizada e o caso estar prestes a ser julgado, nossas suspeitas se confirmaram por meio de um desdobramento surpreendente: os procuradores do Departamento de Justiça apresentaram ao grande júri um documento do estado do Texas que havia sido alterado de forma a fazer a Koch parecer culpada de ocultação.

O documento original resumindo a discussão que a KPG teve em novembro de 1995 com os órgãos reguladores estaduais concluía que as informações que a KPG havia divulgado voluntariamente não atendiam os requisitos legais. "Eles prosseguirão com as investigações e voltarão para apresentar um acompanhamento no início de fevereiro para demonstrar em que medida e há quanto tempo estão infringindo as leis."

Mas foi apresentada ao grande júri outra versão daquele documento, com o mesmo conteúdo, palavra por palavra, exceto pela inexplicável omissão do trecho "em que medida e há quanto tempo estão infringindo as leis". Em outras palavras, o grande júri havia condenado a empresa e quatro funcionários inocentes com base no que ficou parecendo ser uma fraude intencional.

Sentir na pele o que o sistema de justiça criminal pode fazer com uma empresa – e, pior ainda, com seus funcionários individualmente – me deixou mais cético em relação ao sistema de justiça criminal e a algumas condenações criminais. Mas também reforçou nosso compromisso, que já era forte, de nunca tolerar qualquer violação.

A acusação, com 97 denúncias, acabou sendo reduzida para sete denúncias. Consultores externos aconselharam a KPG a se declarar culpada na acusação criminal, pagar uma multa e seguir em frente. Esses consultores também aconselharam a empresa a deixar os funcionários acusados se defenderem sozinhos contra o governo e entregar ao governo todas as informações protegidas por sigilo profissional entre cliente e advogados, que poderiam então ser usadas contra os funcionários.

Recusamo-nos a fazer isso porque não acreditávamos que os quatro funcionários acusados houvessem cometido qualquer erro. Se tratássemos as pessoas dessa forma, seria para nós uma violação dos nossos Princípios Norteadores. O caso seguiu para julgamento, e o governo tentou sem sucesso pressionar os funcionários a acusarem os executivos seniores da Koch em troca de um acordo de leniência. A acusação chegou até a convocar como testemunha o funcionário que havia sido demitido por apresentar o relatório falso.

A acusação também dependia em grande medida do testemunho de outro ex-funcionário da KPG, uma engenheira ambiental. Antes de sair, ela havia sido informada que seu desempenho no trabalho estava inaceitável e sido alertada de que seria demitida se não melhorasse. Agora na condição de delatora, ela relatou ao estado que o nosso relatório ambiental posterior também era falso. Essa funcionária atestou que estava preocupada com uma possível demissão meses antes da delação e havia se consultado com diversos advogados para processar a KPG (o que ela fez, e nós fizemos um acordo).

Ela também confidenciou a um colega que, quando procurou o estado, seu plano era de obrigar a empresa a demiti-la. Quando esse plano falhou, ela pediu demissão, mas deturpou os fatos que relatou ao estado para conseguir receber o seguro-desemprego.

Mais uma vez, tínhamos aqui lições para aprender. Em primeiro lugar, a KPG não conseguiu respeitar a dimensão de Virtude e Talentos do GBM, pois não demitiu essa funcionária por seu fraco desempenho mesmo ela tendo rechaçado todos os esforços no sentido de ajudá-la a melhorar. Em vez de tomar decisões difíceis, seus supervisores tentaram trocá-la de cargo na refinaria, em uma tentativa de trabalhar com ela para melhorar seu desempenho.

Além disso, a forma como a refinaria de Corpus Christi lidou com a violação às novas regulamentações foi incompatível com a dimensão de Direitos de Decisão do GBM. Pessoas responsáveis por problemas cotidianos tentaram investigar a violação e então trataram com o órgão regulador governamental. Isso foi um erro. Hoje a Koch pediria que outras pessoas investigassem a violação – pessoas que não estivessem envolvidas com os problemas ou com as operações diárias da refinaria.

Apresentar um relatório falso para o governo pode constituir um delito, então é fundamental trazer funcionários com mais conhecimentos – ou, ainda melhor, peritos externos, para investigar e prestar contas aos órgãos reguladores.

O processo do governo acabou caindo por terra algumas semanas antes do julgamento, em uma audiência com um juiz federal, após a Koch finalmente ter tido a oportunidade de contestar a principal testemunha técnica do governo: um investigador da Agência de Proteção Ambiental que admitiu que as amostras de efluentes coletadas pelo delator e usadas como evidência da violação da KPG não eram confiáveis, uma vez que não foram coletadas de acordo com as exigências de amostragem da agência. Além das informações prestadas pela Koch como parte da sua apresentação voluntária à Agência Ambiental do Texas, o Departamento de Justiça não apresentou nenhuma fundamentação para suas alegações. Portanto, todas as acusações contra a Koch e os quatro funcionários acusados foram retiradas.

Em abril de 2001, a KPG se declarou culpada de uma única acusação – o relatório falso, elaborado pelo ex-funcionário, que a empresa havia divulgado em 1995. O governo obrigou os quatro funcionários inocentes a assinar um acordo prometendo que não moveriam nenhuma ação por acusação caluniosa, como condição para retirar as acusações contra eles. Embora tenham acabado sendo inocentados, o que aconteceu com esses quatro funcionários foi inadmissível.

E como usamos as lições aprendidas com esse incidente lamentável para aplicar melhor o GBM em todos os nossos negócios? Em primeiro lugar, tomamos outras medidas para garantir que todas as nossas empresas implementassem integralmente a dimensão de Virtude e Talentos. Como você verá no Capítulo 7, passamos a nos esforçar mais para contratar primeiramente com base nos valores, e só então pensar no talento e na experiência. Hoje, se descobrimos que nossos atuais funcionários demonstram integridade questionável ou não têm comprometimento com a segurança ou a conformidade, nós os demitimos.

Essa é uma obrigação de qualquer líder, de qualquer nível. Se um líder não exerce por inteiro essa difícil função, ele não pertence a um cargo com responsabilidades de controle. Se a nossa unidade de Corpus Christi estivesse operando dessa forma, não teríamos tido problemas. Após esse incidente, tivemos que encarar a realidade de que precisávamos melhorar nossas práticas internas e externas.

Há dezenas de milhares de leis e regulamentos aplicáveis aos nossos negócios, muitos dos quais com potencial de infringir responsabilidade criminal à empresa e seus funcionários. Pensando nessa realidade, e nos incidentes que ocorreram em meados dos anos 1990, desenvolvemos o nosso modelo de dez mil por cento de conformidade, um lembrete aos funcionários de que exigimos 100% de conformidade, 100% do tempo. Ele foi concebido para evitar que incidentes como esse ocorram, ajudando os funcionários a se lembrar de "parar, pensar e perguntar" sempre que surgir um problema sobre o qual não estejam 100% seguros.

Embora nunca possamos declarar vitória, fico aliviado por a Koch não ter sofrido mais nenhuma acusação ou processo por mais de uma década. A concretização do modelo dez mil por cento exige que todos da cadeia de gestão se responsabilizem pelo desempenho – mesmo quando nem sabem da existência de um problema.

Esses incidentes também nos obrigaram a analisar como lidávamos com órgãos reguladores e se os tratávamos com o devido respeito e atenção. Tratamos com diversos órgãos reguladores diariamente nas nossas unidades. Percebemos que precisávamos entender melhor e satisfazer suas necessidades, assim como faríamos com um cliente comercial. Nossos modelos mentais precisavam levar em conta a realidade de que, sem aprovação do governo, as empresas não conseguem operar neste país.

Orgulho-me de dizer que, desde esses acidentes, a Agência de Proteção Ambiental reconheceu o desempenho em gestão ambiental das empresas Koch diversas vezes, elogiando a maneira produtiva e colaborativa que a Koch utiliza para trabalhar com a agência. Por exemplo, as emissões por barril das nossas refinarias são 31% inferiores às do grupo de refinaria homólogo.[2] No Relatório de Emissões Tóxicas publicado em 2015, a Agência de Proteção Ambiental classificou a Koch como a melhor empresa matriz dos EUA na implementação de iniciativas de prevenção à poluição.[3] Devemos agradecer ao GBM por essas melhorias.

A Koch aplicou as lições aprendidas com os problemas legais ocorridos aos seus negócios atuais e à *due diligence* que aplicamos ao avaliar possíveis aquisições. Esses incidentes reforçam a grande ênfase que o GBM dá à cultura e à contratação de pessoal com base não apenas em competências, mas também em virtudes, com o objetivo de garantir que os nossos negócios e nossos líderes promovam a integridade, a coragem, a conformidade e o respeito. É por isso que os líderes seniores viajam por todo o mundo para reuniões de assembleias com seus funcionários a fim de discutir a importância de uma cultura de conformidade.

Um pouco por conta desses incidentes, sempre que nos deparamos com um problema, não importa onde, aplicamos imediatamente o modelo do GBM para solucionar a questão, principalmente quando se trata de segurança, meio ambiente ou conformidade. Isso pode ir desde encerrar uma operação até vendê-la, se acreditamos que não é possível ajustá-la para atender aos nossos critérios.

Como não há uma forma de comunicação melhor do que as trocas presenciais, hoje também pedimos aos nossos funcionários que vivenciaram os incidentes em Corpus Christi e Lively para se encontrarem com novos funcionários que não trabalhavam na empresa à época. Os líderes seniores contam aos funcionários sobre as dores e o estresse que esses incidentes causaram a todos os envolvidos, inclusive a suas famílias.

O objetivo é não apenas contar aos funcionários esses casos, mas também fazê-los entender a carga emocional que eles trazem consigo. Esse processo é fundamental para tocar os corações e mentes dos nossos funcionários e ajudá-los a entender por que tanto falamos de dez mil por cento de conformidade. Utilizamos a mesma fórmula nas repercussões de acidentes, por menores que sejam, para garantir que as pessoas, antes de mais nada, internalizem o custo humano desses incidentes.

Ao falar de adversidades, não posso deixar de mencionar um terceiro caso envolvendo a Koch, que foi parar nas manchetes dos jornais nos anos 1990. Não me parece que tenha sido motivado por uma falha nos aspectos de Virtude e Talentos ou Direitos de Decisão, mas sim por uma disputa entre acionistas.

Em 1989, a Koch foi processada em um caso de falsas alegações em um Tribunal Federal de Oklahoma. A ação foi movida pelo irmão gêmeo de David, meu irmão Bill, um antigo acionista que havia processado a empresa várias vezes e sem sucesso ao longo dos anos 1980. O processo tratava das práticas de medição de petróleo da Koch em territórios federais e indígenas de 1975 a 1988.

Durante esse período, a Koch Oil havia se tornado a maior extratora de petróleo bruto do país por causa da qualidade do seu atendimento ao cliente. Dadas as condições em campo e a imprecisão da aferição manual usada para medir o petróleo naquela época, acreditamos que nossas práticas eram, no mínimo, compatíveis com – e, em muitos aspectos, melhores que – as práticas do mercado. Na verdade, as evidências demonstravam que as práticas de aferição da Koch apresentavam cerca de 99,5% de precisão, o que era acima do padrão do setor. Uma vez que a Koch era especializada em atender produtores independentes, muitos dos quais localizados em áreas remotas com condições de campo desafiadoras, essa precisão se torna ainda mais impressionante. Incrustação, gás no petróleo, BS&W (sigla em inglês que significa o teor de água e sedimentos no fundo de um depósito de petróleo), variação de temperatura nos reservatórios, reservatórios deformados e um conjunto de outras variáveis entram em jogo, inviabilizando uma precisão de 100%.

Como o volume de petróleo vendido pela Koch excedia o volume que comprava, a ação judicial alegava que extraíamos o material indevidamente e chegou ao ponto de afirmar que a Koch havia "roubado" o petróleo.

Nenhum de nossos clientes nos processou ou participou da ação, nem testemunhou contra a Koch no caso. Alguns clientes inclusive testemunharam a nosso favor no julgamento, afirmando que, sempre que tiveram alguma questão relativa às mensurações da Koch, fizeram perguntas, e todas as questões foram resolvidas amigavelmente e de comum acordo.

Até mesmo a tribo indígena Osage demonstrou apoio à Koch durante todo o processo, e o Departamento Federal de Administração de Terras não encontrou nenhuma irregularidade que pudéssemos ter cometido, relatando que não havia sido encontrada "nenhuma discrepância ou irregularidade na prestação de contas sobre a produção".[4]

Infelizmente, alguns ex-funcionários contrariados – a grande maioria deles havia sido demitida por roubo ou outras violações às políticas da empresa – testemunharam contra a Koch. Esses ex-funcionários apresentaram alegações infundadas de que haviam "roubado" petróleo, mas nunca haviam feito tal afirmação antes do processo.

Na verdade, petróleo nenhum foi "roubado", e não houve qualquer constatação de roubo no caso.

No entanto, o juízo da comarca do distrito norte de Oklahoma instruiu o júri, dizendo que os clientes da Koch não representavam o governo e não importava se nossos clientes aprovavam as medidas quando foram tomadas. Por causa das regras especiais que regem as concessões de petróleo controladas pelo governo federal, a única coisa que importava, segundo o tribunal, era se a quantidade de petróleo declarado era diferente do que havia de fato sido pago. Após mais de uma semana de deliberações, o júri deu um veredito contra a Koch. O caso foi resolvido em 2001.

Ao aplicar o GBM em retrospecto a esse caso, acredito que ele tenha começado com um conflito de visão entre os acionistas da Koch Industries. As discordâncias decorrentes desse conflito suscitaram desconfianças, que por sua vez deram origem a ações judiciais, à aquisição de participações em 1983 e a anos de outras ações judiciais.

A falta de uma visão efetiva, ou, como nesse caso, um conflito de visões, é a causa-raiz do fracasso de muitos grandes negócios. É por isso que hoje, em todas as contratações que a Koch faz, buscamos pessoas honradas que compartilham a visão de um mundo melhor – um mundo onde as empresas prosperam por melhorar a vida das pessoas.

O próximo capítulo explica a primeira das cinco dimensões do GBM – aquela que deve ser acertada desde o início, antes de começar a tratar das outras quatro dimensões: a visão.

2

CAPÍTULO 6

VISÃO

Um guia para um futuro incerto

> Tudo que você possa fazer ou sonhar, comece. A ousadia tem genialidade, poder e magia em si!
>
> **- ATRIBUÍDO A GOETHE[1]**

Foi muito depois de ter completado setenta anos que vi pela primeira vez as palavras "irmãos Koch" lado a lado na mídia. Embora sejamos quatro irmãos, a maioria das pessoas usa a expressão para se referir apenas a David e a mim, os dois que permaneceram na empresa depois que Frederick e Bill venderam suas participações, em 1983.

David vive com a esposa e três filhos em Manhattan, onde atua como destacado patrono das artes e filantropo das principais instituições médicas e centros de pesquisa oncológica de Nova York e dos Estados Unidos. Não é de se admirar, portanto, que Barbara Walters tenha incluído David em seu programa de televisão *The 10 Most Fascinating People of 2014*.

As escolhas de David mostram as diferenças entre nossos estilos de vida. O dele é interessante; o meu, não. Quando não estou no escritório, estou estudando praxeologia ou fazendo exercícios em nossa academia no porão, ou analisando os 24 componentes de uma tacada de golfe, desfrutando de uma refeição "boa para o coração" que Liz prepara em nossa cozinha, ou tentando entender o que meus netos pequenos estão dizendo quando nos falamos via FaceTime. (Charlie, o mais velho, me chama de Vovô – que é muito mais gentil do que a mídia às vezes me chama. Ele aprendeu isso com Liz, que começou a me chamar de Vovô antes mesmo de eu me tornar avô).

Apesar de nossas diferenças superficiais – e também de nossas diferenças mais profundas (David gosta de balé, enquanto eu gosto de futebol) –, David e eu nos demos bem como parceiros de negócios por meio século porque sempre compartilhamos a mesma visão para a Koch: inovar, crescer e reinvestir a fim de maximizar o valor de longo prazo, aplicando nossas competências fundamentais.

VISÃO COMPARTILHADA PELOS SÓCIOS

Os lucros de curto prazo, embora necessários, não são suficientes para garantir o sucesso de longo prazo nos negócios. Todas as empresas devem levar a sério o que Schumpeter chamou de papel essencial do capitalismo: conduzir "o vendaval perene da destruição criativa".[2] Para ter sucesso em longo prazo, uma empresa deve inovar e melhorar pelo menos tão rápido quanto o seu concorrente mais eficaz. David e eu entendemos que a destruição criativa deve ser parte integrante da visão da Koch Industries. Essa é uma realidade básica que nos diferencia de muitas outras empresas.

Nosso compromisso com a rentabilidade de longo prazo é fortalecido por nossos parceiros da família Marshall, que são acionistas importantes. J. Howard Marshall II, seu filho Pierce, e a viúva de Pierce, Elaine, sempre foram firmes aliados, mesmo quando nossa visão era atacada.

Os Marshall sempre compartilharam nossa visão de manter uma taxa de crescimento de aproximadamente 12% ou mais. Essa taxa, quando composta, nos permite dobrar o faturamento, em média, a cada seis anos. O componente "em média" é extremamente importante, porque, se tentássemos reduzir nosso faturamento (como algumas empresas de capital aberto se sentem obrigadas a fazer para preservar o preço de suas ações), nosso futuro não seria tão promissor. A ênfase da Koch no fator composto (às vezes chamado de "a força mais poderosa do universo") é outra diferença entre a visão da nossa empresa e a de muitas outras.

Para dobrar nosso faturamento a cada seis anos, precisamos melhorar continuamente nossa capacidade de aplicar o GBM de forma mais completa e ampla; agregar e desenvolver talentos para de fato operar como uma empresa muito maior e mais complexa; permanecer privados, para que possamos dar prioridade ao longo prazo; gerar oportunidades que nos permitam reinvestir 90% de nossos lucros em empreendimentos com maiores retornos; e assegurar que todos os funcionários, de todas as localidades, ajam com integridade e conformidade. (Esses dois princípios estão no topo da nossa lista de Princípios Norteadores do GBM, que será descrita no próximo capítulo.)

Para que qualquer empresa aumente seu bom lucro nesse ritmo, é primordial ter uma visão correta, aliada aos valores certos. E o primeiro passo é ter os parceiros certos, aqueles que compartilham da nossa visão e dos nossos valores. Quando os parceiros não têm a mesma visão e os mesmos valores, pode ser necessário desfazer esse casamento. Meu conselho é que se faça um "acordo pré-nupcial de negócios".

Ficar preso em uma parceria conflituosa sem um mecanismo de separação é um pesadelo. Na melhor das hipóteses, cria-se um impasse no qual não se consegue decidir nada, e os negócios atrofiam. Tivemos uma *joint venture* na qual o sócio conflitante começou a aparecer com uma hora e meia de atraso para as reuniões da diretoria apenas para vetar tudo. Felizmente, nosso acordo trazia um procedimento de divórcio e conseguimos nos separar. Aprendemos já faz algum tempo a não entrar em sociedades sem ter um mecanismo de saída.

Quando as partes compartilham a visão e os valores, e contribuem cada qual com sua vantagem comparativa, a parceria pode ser um poderoso veículo para criar mais valor. Comprar a Chrysler Realty, conforme mencionei no Capítulo 3, só foi possível por causa da parceria que formamos com George Ablah, um empresário de Wichita. Como compartilhávamos a visão sobre comprar e modernizar imóveis depreciados, e como tínhamos valores em comum, a parceria foi muito exitosa.

Criar uma visão eficaz é a primeira dimensão do GBM, e é a gênese do bom lucro, que conduz ao sucesso de longo prazo. Isso acontece porque, enquanto você não vislumbrar como o seu negócio deve ser e como ele criará valor para os outros, não há como saber quais talentos, processos de conhecimento, direitos de decisão e incentivos serão necessários. (As virtudes necessárias para o bom lucro permanecem constantes, independentemente da visão). A visão é a base para as outras quatro dimensões.

DEFININDO SUA VISÃO

Há quem veja o lucro como um mal necessário, na melhor das hipóteses: um sinal de ganância, algo decorrente da "exploração" ou manipulação dos consumidores. Para esses, todo lucro é ruim.

Thomas Sowell contesta eloquentemente essa suposição ao escrever: "Para os analfabetos econômicos, se alguma empresa lucra um milhão de dólares, isso significa que seus produtos custam um milhão de dólares a mais do que custariam se a empresa não lucrasse. Nunca lhes ocorre que esses produtos poderiam custar muitos milhões de dólares a mais (...) se a perspectiva de lucros não servisse como um incentivo à eficiência".[3]

Pode-se afirmar com segurança que poucos dos que defendem essa visão já vivenciaram o que realmente significa obter lucros de longo prazo por melhorar a vida das pessoas. Se assim fosse, eles, assim como eu, valorizariam o bom lucro. Veriam que, em uma sociedade verdadeiramente livre, as pessoas e as empresas lucram servindo umas às outras.

"O consumo é o único fim e propósito de toda a produção, ao passo que o interesse do produtor deve ser atendido somente na medida em que possa ser necessário para promover o interesse do consumidor",[4] escreveu Adam Smith.

O consumo é o que move a visão da Koch. Digo isso no mesmo espírito de Smith, com respeito ao consumidor que está do outro lado da equação, guiando minhas ações. Quer ele esteja "consumindo" combustíveis, alimentos, produtos de papel, livros, biotecnologia ou tecnologia da informação, meu propósito nos negócios é servi-lo.

Se os produtores soubessem não só o que os consumidores querem agora, mas também o que vão querer no futuro, seu trabalho seria muito fácil. Na verdade, se os próprios *consumidores* soubessem o que querem, seja agora, seja no futuro, o trabalho dos produtores seria fácil demais.

Mas ninguém sabe. Às vezes, nem mesmo os consumidores sabem que precisam de um novo produto ou serviço, ou que estão frustrados com um produto velho, até que um produto novo lhes seja apresentado. Ter uma visão de negócio atenta a essa evolução constante dos desejos dos consumidores é essencial para o sucesso de longo prazo.

Quando perguntaram aos grandes usuários de tecnologia da informação nos anos 1970 quais computadores usariam no futuro, 70% disseram que seriam os *mainframes* da IBM. Eles nunca conceberiam a ideia de que computadores pessoais de US$ 500 se conectariam para formar a internet, isso sem falar nos smartphones e tablets. Confiando demais que o *mainframe* seguiria dominando o mercado, a IBM demorou muito para entrar no setor de computadores pessoais, e mesmo assim não teve sucesso.

"A solução do problema econômico é uma viagem de exploração ao desconhecido, uma tentativa de descobrir novas maneiras de fazer as coisas de forma melhor do que eram feitas anteriormente. Os problemas econômicos são criados por mudanças imprevistas que exigem adaptações", escreveu Hayek.[5]

Hayek entendeu que o futuro é desconhecido e ininteligível, portanto nunca podemos prever com certeza quais investimentos serão lucrativos. Para conduzir a destruição criativa internamente, devemos desenvolver diversas experiências bem fundamentadas de forma a determinar quais novos produtos, processos, métodos, formas organizacionais e negócios serão bem-sucedidos.

Ao decidir quais empreendimentos explorar, a Koch analisa como obter bom lucro no longo prazo. Isso é fundamental para a nossa visão porque um empreendimento só continuará existindo se criar valor para as pessoas (exceto em caso de coerção).

A história já demonstrou que as empresas continuamente lucrativas são aquelas que oferecem o que as pessoas valorizam. As outras, como as 93 empresas que desapareceram desde a publicação da lista original da *Forbes 100*, em 1917, tendem a desaparecer.

Suspeito que uma visão distorcida tenha sido em parte culpada pelo desaparecimento dessas empresas. Elas não conseguiram entender como continuar criando valor superior na sociedade em longo prazo. Por consequência, fizeram cada vez menos ao longo do tempo. Para que qualquer empresa mantenha o sucesso, inclusive a Koch, devemos ter uma visão que nos leve a fazer cada vez mais pelos nossos clientes e pela sociedade.

PESSOAS, E NÃO COISAS

A visão da Koch é diferente da visão da maioria porque se concentra na criação de valor e nas pessoas. Você perceberá que, na nossa declaração, nem mencionamos qualquer produto ou indústria. Em vez disso, damos ênfase ao que podemos fazer pelas *pessoas*, cumprindo assim o papel das empresas na vida delas. A Visão da Koch trata das competências específicas que nosso pessoal precisa desenvolver e aplicar, e dos benefícios que oferecemos à sociedade quando o fazemos.

Em uma economia verdadeiramente livre, para que uma empresa sobreviva e prospere no longo prazo, ela deve desenvolver e usar suas competências para criar valor real, sustentável e superior para os seus clientes, para a sociedade e para si mesma. Somente assim ela poderá continuar a inspirar e atrair clientes, fornecedores e parceiros.

Sempre que qualquer um desses agentes puder escolher com quem trabalhar, queremos que seja com a Koch. Se a Koch não for seu parceiro de escolha, não estamos lhes oferecendo mais valor do que nossos concorrentes oferecem e não seremos tão bem-sucedidos quanto poderíamos ser.

Ter uma visão clara é fundamental também para atrair os melhores talentos. Entender o que uma empresa está tentando alcançar e como ela cria valor – ou, em outras palavras, sua visão – não apenas permite que os funcionários se concentrem e definam prioridades, mas também os ajuda a se desenvolver e se realizar plenamente. Ter uma visão compartilhada orienta a forma como as funções, as responsabilidades e as expectativas serão desenvolvidas. É por isso que é essencial ter uma visão correta, ajudar os funcionários (sobretudo os líderes) a internalizá-la e atualizá-la com a devida frequência.

A Visão da Koch foi atualizada em 2013 para refletir com mais exatidão nossa prática e o que precisamos para manter o sucesso no futuro:

> O papel das empresas na sociedade é ajudar a melhorar a vida das pessoas, fornecendo produtos e serviços que elas valorizam mais do que os produtos e serviços concorrentes, e fazer isso consumindo menos recursos. Se uma empresa faz isso através de meios econômicos, seus lucros são uma medida do valor que ela cria na sociedade. A destruição criativa é inerente a um sistema de mercado, portanto, as empresas devem não apenas aumentar continuamente o valor que

> criam para seus clientes e para a sociedade, mas também fazê-lo de forma significantemente mais rápida que seus concorrentes.
>
> Assim, para seguir tendo sucesso, nossa Visão é aumentar o valor que criamos para nossos clientes de maneira mais eficiente e rápida que os nossos concorrentes. Isso deve nos permitir gerar retornos sobre o capital e oportunidades de investimento necessárias para alcançar uma taxa de crescimento de longo prazo que duplique nosso faturamento, em média, a cada seis anos. Para isso, precisamos intensificar a aplicação do GBM, olhar para o futuro ao contratar e desenvolver nossos talentos, reinvestir 90% dos lucros, conduzindo todos os nossos negócios de forma legal e íntegra.

Para atingir esses objetivos, devemos melhorar nosso retorno sobre o capital e aumentar significativamente a criação e captação de oportunidades de investimento. Nossos investimentos serão concentrados em oportunidades que, utilizando as competências existentes ou adicionando novas competências, criem mais valor, ofereçam maiores retornos e contribuições e estabeleçam novas plataformas de crescimento.

Essa é a Visão da Koch. Mas cada empresa, independentemente do tamanho ou tipo, deve buscar desenvolver e comunicar claramente uma visão própria e única.

DO PAPEL-TOALHA PARA A INTERNET DAS COISAS

Para desenvolver uma visão, é necessário passar por várias etapas. A primeira é visualizar como a organização pode criar valor superior para seus clientes e para a sociedade e como conquistar uma parte deles. A visão descreve exatamente como a organização planeja criar esse valor.

Algumas das competências críticas para a capacidade da Koch de criar valor superior são a excelência comercial, a excelência operacional, o talento, a inovação, a mentalidade comercial e a eficácia na atuação perante o setor público. O GBM é a competência sobrejacente vital para a Koch alcançar sua visão. Outras empresas têm competências diferentes, e compreender quais são e como podem criar valor superior é a chave para desenvolver uma visão eficaz.

Qualquer empresa interessada em obter bom lucro deve começar com uma avaliação realista daquilo que consegue fazer particularmente bem a ponto de superar a concorrência. Em seguida, deve pensar em como melhorar tais competências e adquirir as novas competências necessárias para manter o ritmo no futuro. Isso inclui trabalhar ou fazer parcerias com outras empresas que tenham competências complementares superiores, como as vinte companhias com as quais a INVISTA mantém alianças para acelerar o ritmo do desenvolvimento de processos bioquímicos.

Por fim, a visão deve servir como um guia para outras oportunidades nas quais uma combinação qualquer dessas competências possa criar valor superior.

Um elemento central dessa visão centrada em competências é o Empreendedorismo com Princípios, que deve incorporar o espírito da destruição criativa. Para maximizar o crescimento de longo prazo, as empresas precisam se comprometer a manter uma alta taxa de reinvestimento, reconhecendo assim o poder da capitalização. Em conjunto, esses fatores são o que diferenciam a visão da Koch da de muitas outras empresas. Foram esses os elementos que dissuadiram Sterling Varner e eu da ideia de extrair petróleo bruto apenas no sul de Oklahoma para, mais tarde, nos tornarmos líder na extração de petróleo bruto em toda a América do Norte. Esses elementos têm sido a base para as nossas visões de negócios desde então.

Considerando todas as novas competências que a Koch adquiriu e desenvolveu ao longo dos anos, é impossível prever todas as formas por meio das quais aplicaremos nossa filosofia futuramente. Como o futuro é desconhecido e ininteligível, a visão da empresa precisa ser aberta e incorporar a destruição criativa como elemento básico.

Em nossa experiência, uma empresa tende a se beneficiar mais quando se concentra em competências, e não em uma indústria. Na indústria petrolífera, por exemplo, não há motivos para que uma empresa de exploração bem-sucedida atue também no refino e na comercialização. Ainda que sejam todas facetas da mesma indústria, as competências necessárias para atuar na exploração de petróleo são bastante diferentes daquelas necessárias para atuar em outras partes da cadeia de valor. Uma empresa não precisa deter ou controlar o fornecimento de sua matéria-prima quando, como no caso do petróleo bruto, tal matéria-prima está amplamente disponível nos mercados líquidos. Uma empresa só precisa agir assim quando o fornecimento não oferece liquidez, ou quando deter o controle em determinado local oferece à empresa uma vantagem de custo ou de qualidade.

Por essa razão, embora o refino de petróleo seja um negócio importante para nós, não nos parecia necessário ter produção de petróleo bruto própria para abastecer nossas refinarias, ou nossos próprios postos de gasolina para escoar nossos produtos. Em vez disso, desenvolvemos competências de comercialização, distribuição e transporte.

Temos uma pequena participação no setor de exploração de petróleo apenas porque conseguimos que se tornasse um negócio autônomo próspero, aplicando nossa mentalidade comercial, o que requer que modifiquemos continuamente nossas estratégias de investimento à medida que ocorrem mudanças nos respectivos mercados de terras e reservas (ver Apêndice C).

Um exemplo da imprevisibilidade de nossos rumos futuros – e do papel da visão em guiá-los – foi a nossa aquisição da Georgia-Pacific, que desencadeou um movimento evolutivo que começou com toalhas de papel e nos levou a explorar a forma como a conectividade ilimitada e de baixo custo entre objetos, máquinas e pessoas (a internet das coisas) pode criar valor tanto em fábricas quanto em escritórios.

Não é tão difícil imaginar um "banheiro do futuro", com sensores que monitoram os horários de pico de uso, padrões de higiene e potencial de bolor ao mesmo tempo que fazem automaticamente novos pedidos de papel higiênico, toalhas e sabão. Essa tecnologia poderia melhorar a higiene, reduzir custos e agilizar a comunicação entre a GP e os proprietários de edifícios comerciais.

Como partimos de toalhas de papel e chegamos a uma ideia como essa? Quando a Koch adquiriu a Georgia-Pacific, em 2005, o enMotion®, seu dispensador automático de toalhas de papel, já vinha ajudando as pessoas a evitar germes em banheiros públicos desde 2002. A GP conseguiu manter seu negócio central de produtos de papel enquanto aumentava de forma impressionante sua participação no mercado de produtos da linha enMotion.

Mas no espírito da destruição criativa, a nova visão da Koch para a GP incentivou diversos tipos e gerações de descobertas experimentais no ramo dos produtos de dispensação de papel. As inovações incluíram novos *designs* de gabinetes, versões mais silenciosas e de menor impacto, papel-toalha com características melhores, extensão para dispensação de sabonete, além de substituições e otimização de desempenho nas instalações enMotion já existentes. A introdução dos dispensadores de papel SofPull® passou a oferecer uma alternativa de preço mais baixo. Entre 2005 e 2009, as vendas de papel do enMotion original dobraram.

Mas então, em 2009, quando o "vendaval perene" de Schumpeter soprou, as vendas da GP se estabilizaram. Permanecer competitivo exige mais do que apenas produtos inovadores. Exige também novas tecnologias, novas fontes de fornecimento e novas formas de organização.

Assim, começamos a pensar como os sensores, e não apenas as toalhas de papel, poderiam melhorar a vida das pessoas. Elas gostavam de não ter que tocar na alavanca de um dispensador de papel com as mãos molhadas em um banheiro público cheio de germes. De que outra forma a tecnologia de sensores poderia oferecer valor aos clientes?

Ao se concentrar nas *pessoas*, a GP iniciou um fascinante trabalho de monitorar remotamente o uso dos dispensadores para que os hospitais pudessem ajudar os profissionais da área da saúde a melhorarem seus hábitos de higiene das mãos. Ao lembrar as equipes hospitalares de lavar as mãos antes de tocar em alguém, essa tecnologia pode desempenhar um papel determinante na redução da taxa de infecção hospitalar entre os pacientes.

Embora o crescimento nas vendas de papel para o dispensador enMotion original tenha diminuído desde 2009, outras inovações permitiram que as vendas totais da empresa crescessem mais de dez vezes mais rápido que o mercado. Sistemas eletrônicos sem contato manual agora têm mais de 15% de participação no mercado de produtos para secar as mãos fora de casa, e a GP detém bem mais da metade dessa participação.

A internet das coisas também é de óbvio interesse para a segunda maior aquisição da Koch, a Molex. Fabricante inovadora de eletrônicos, a empresa vem trabalhando com "tetos digitais" em edifícios comerciais. Esses tetos incorporam iluminação LED com conjuntos de sensores integrados, ligados em rede usando um cabo Ethernet Cat5 padrão, o que reduz os custos de instalação para os consumidores, economiza energia por otimizar a tensão de acordo com o uso detectado, e pode ainda ser personalizado para satisfazer as necessidades pontuais dos funcionários.

A Molex está liderando uma iniciativa para desenvolver novos sensores e encontrar aplicações inovadoras em toda a Koch. Em 2015, a Molex começou a trabalhar com a refinaria de Corpus Christi, da

Flint Hills Resources, e com a fábrica Victoria, da INVISTA, no Texas, para explorar novas oportunidades de uso de sensores para aprimorar processos de fabricação.

Em ambas as empresas, uma nova tecnologia de sensores está sendo desenvolvida para aumentar a segurança e melhorar a conservação, detectando potenciais vazamentos em tubulações e embarcações antes que possam causar problemas. Estão também sendo desenvolvidos sensores para monitorar vibrações e prever falhas de funcionamento, prevenir falhas em purgadores, detectar gases perigosos nas áreas de processamento e ajudar a controlar as variáveis do processo, favorecendo assim não apenas a confiabilidade, mas também a segurança nos locais de trabalho e nas comunidades.

Ao combinar a nova tecnologia de sensores com outras competências eletromecânicas da Molex, a Koch tem a oportunidade de aprimorar a segurança, reduzir custos e criar valor para as pessoas. Isso acontece em grande parte porque seguimos uma visão que se concentra no que nossos funcionários podem fazer para aproveitar as oportunidades de criar valor para nossos clientes.

OTIMIZAÇÃO DE RECURSOS

"Force ao máximo – deixe quebrar – conserte." Você provavelmente não trataria seu carro dessa maneira, mas, em meados dos anos 1990, a mentalidade operacional da Flint Hills se concentrava em maximizar a produção diária, em vez de maximizar o valor de longo prazo. Os operadores forçavam os equipamentos ao máximo, 24 horas por dia, e, quando algo acabava quebrando, desligavam as unidades até que um mecânico estivesse disponível para fazer os reparos.

Operadores e mecânicos eram generosamente recompensados por maximizar a rentabilidade de curto prazo, o que significava que os aspectos de longo prazo eram pouco valorizados. Mas o pensamento de longo prazo é um aspecto crucial do Empreendedorismo com Princípios – o componente mais fundamental e distintivo da visão da Koch.

Para concretizar essa visão de criar valor para as pessoas ao mesmo tempo que se economizam recursos, os funcionários devem pensar no longo prazo, como se os princípios fossem deles próprios. A preservação é a base do Empreendedorismo com Princípios. Não estamos criando valor na sociedade se os recursos que consumimos valem mais se usados de outra forma do que se usados nos produtos que fabricamos a partir deles. Também estamos destruindo valor quando desperdiçamos recursos não utilizados de maneira eficiente.

Se o Empreendedorismo com Princípios fosse uma moeda, um dos lados seria a criação de valor para o cliente. O outro seria a preservação de recursos – capital, matérias-primas, energia, mão de obra, habilidades específicas, propriedade intelectual e tempo – de forma que estejam disponíveis para suprir outras necessidades da sociedade. Maximizar essa diferença entre criação de valor para os clientes e consumo de recursos é o que tentamos realizar ao praticar o Empreendedorismo com Princípios.

No final dos anos 1990, as finanças e a segurança da Flint Hills Resources estavam indo mal. A chefia da empresa reagiu, desenvolvendo um apreço mais profundo pelo que de fato significava praticar o Empreendedorismo com Princípios, o que exigiu que adotassem um sistema em que os setores de Operações e de Manutenção se unissem em torno de uma visão compartilhada: realizar operações seguras e previsíveis, com alta confiabilidade e manutenção proativa e eficiente.

A nova visão, denominada sistemas de trabalho baseados em propriedade, ia ao encontro de nossa vontade de ser o "operador de escolha", o que significava que, se uma comunidade permitisse que houvesse ali apenas uma unidade de processamento, seria a nossa.

A diferença nos resultados ocasionada por essa mudança foi drástica. A refinaria Pine Bend reduziu em mais de 50% as perdas decorrentes de eventos não planejados. Tanto a Pine Bend quanto a refinaria de Corpus Christi se tornaram referências no setor pelo desempenho ambiental, de saúde e segurança, pela confiabilidade e pelos resultados financeiros. Outras empresas da Koch trabalharam com a Competência de Excelência Operacional para aplicar esse mesmo modelo e alcançaram melhorias semelhantes.

Conservação de energia é outra área na qual a Koch tem feito progressos significativos nos últimos anos. Até 2009, quando a equipe da Koch Energy foi formada, esse importante recurso era tratado como um simples "custo de negócios", ficando atrás de outros custos operacionais, como manutenção e pessoal.

Após estudar os concorrentes e as melhores práticas energéticas, a equipe de energia descobriu que certas empresas que não pertenciam à Koch haviam progredido mais nessas áreas. Esses estudos e o compromisso da nossa visão de consumir menos recursos permitiram à equipe potencializar os conhecimentos internos e externos para desenvolver um modelo de melhoria energética e um conjunto de melhores práticas.

O modelo previa ferramentas de medidas, uma implantação integrada e individualizada de ideias e projetos de economia de energia, avaliação anual das melhores práticas energéticas para aferir o progresso, e realização de conferências sobre energia para promover o compartilhamento de conhecimentos. Quando os funcionários de uma fábrica de celulose da GP em Brunswick, na Geórgia, monitoraram o uso de óleo combustível de suas caldeiras com um quadro de pontuação diário, viram uma oportunidade de cortar custos e economizar energia ao mesmo tempo, operando a caldeira de uma forma distinta. O compartilhamento de conhecimentos entre o departamento de serviços, o fabricante da caldeira e o grupo de gestão de risco da GP resultou em uma redução de 70% no consumo de óleo combustível e em uma economia de US$ 1,6 milhão por ano.

Ao longo dos últimos quatro anos, identificamos oportunidades e economizamos mais de US$ 200 milhões por ano em energia. Em toda a Koch Industries, nossas empresas realizaram uma série de importantes inovações em conservação de recursos, ao mesmo tempo que obtínhamos um nível maior de segurança e desempenho ambiental, obtendo licenças que atendiam a exigências cada vez mais complexas e desenvolvendo novas técnicas de construção para compensar a escassez de mão de obra qualificada. Exemplos específicos dessas melhorias orientadas pela nossa visão podem ser encontrados em todas as empresas da Koch.

Por exemplo, a Koch Ag and Energy Solutions desenvolve novos produtos que aumentam a produtividade agrícola melhorando consideravelmente o aproveitamento nutricional das culturas. Estima-se que até 40% de todo o fertilizante nitrogenado que é aplicado no campo não seja aproveitado pelas plantas. Mas, com inovações como a AGROTAIN®, a quantidade perdida é reduzida a menos de 10%. A Koch Ag está aumentando a produtividade agrícola, reduzindo os efeitos dos fertilizantes sobre o meio ambiente e conservando recursos valiosos.

A Koch-Glitsch, uma subsidiária que constrói conjuntos internos de torres, passou a utilizar uma tecnologia de solda robótica muito mais segura e eficiente. A Flint Hills Resources desenvolveu formas inovadoras de transportar, processar e comercializar os grandes estoques de petróleo bruto norte-americano. O departamento de Recursos Humanos da Koch desenvolveu métodos mais eficazes para elaborar a folha de pagamento e recrutar talentos em todo o mundo, beneficiando-se das excepcionais competências globais da Molex nessa área. Essas melhorias demonstram a perspectiva da Koch de consumir menos recursos em todos os nossos negócios.

O capital também é um recurso importante que nos esforçamos para preservar e otimizar, conforme nossa visão, alocando-o da melhor e mais nobre forma possível. Isso se aplica tanto a nossos ativos líquidos quanto aos nossos negócios.

Antes do ambiente atual com taxas de juros artificialmente baixas, nossa filosofia era investir o excesso de liquidez em títulos líquidos de curto prazo e baixo risco. Para conseguir obter um retorno atrativo para a nossa liquidez crescente nesse novo cenário, nossas equipes de desenvolvimento comercial, finanças e gestão de fundos criaram competências para fazer investimentos mais complexos e com maior retorno.

Dentre elas, incluem-se a realização de investimentos minoritários passivos em empresas como a American Greetings e a concessão de empréstimos para empresas de médio porte. Essas novas estratégias vêm dando certo porque ouvimos quais eram as necessidades específicas das nossas contrapartes e depois criamos estruturas que agradassem ambas as partes. Especialmente no cenário atual, em que a Koch pode investir sua liquidez de forma lucrativa e nossas contrapartes podem obter os financiamentos de que precisam em condições favoráveis em comparação às suas alternativas, a situação é vantajosa para ambas as partes. Buscamos oferecer rapidez, segurança, confidencialidade, eficiência e uma análise de oportunidades ágil, segundo termos que são relevantes para o vendedor, mas não menos importantes para nós.

Para otimizar o capital, também é necessário selecionar adequadamente os ativos e negócios do portfólio e saber reconhecer quando se deve vendê-los. Em geral, um ativo deve ser vendido quando um comprador pagar um valor superior ao valor residual estimado pelo seu proprietário. Isso pode acontecer quando o ritmo de mudança de um setor superar a capacidade de inovação do proprietário.

Por exemplo, o rápido aumento no número de fábricas de poliéster em construção na China resultou em inovações radicais que reduziram os custos de construção das fábricas mais novas e melhoraram sua eficiência operacional. Assim, em 2010, a INVISTA vendeu suas fábricas de poliéster para a Indorama Ventures, pois elas eram apropriadas para a estratégia de inovação e consolidação de larga escala na indústria global de poliéster daquela empresa.

Por outro lado, a INVISTA Performance Technologies, líder no setor de licenciamento de poliéster, se beneficiou desse mesmo crescimento e inovação na China, o que a ajudou a ampliar seus negócios de licenciamento para as tecnologias globais de elastano e nylon.

Na Koch Industries, raramente vendemos ativos que estabelecem uma competência central ou oferecem uma plataforma de crescimento. Como a produção de petróleo bruto no sul do Texas diminuiu durante os anos 1990, pensamos em vender nossos sistemas de extração de petróleo bruto de Corpus Christi. Foi uma grande sorte termos mantido os negócios principais, porque mais tarde eles nos deixaram em uma posição muito melhor para gerir as grandes quantidades de petróleo bruto produzido originárias de Eagle Ford.

Naturalmente, toda empresa quer obter o maior valor por aquilo que vende. Para isso, é preciso considerar os vários motivos pelos quais um ativo ou negócio pode valer mais para outra pessoa. Os potenciais compradores talvez não acreditem que o negócio se deteriorará tão rápido quanto o vendedor acredita. Talvez eles vejam sinergias com um negócio complementar que possuem. Ou talvez tenham competências ou inovações relevantes que o vendedor não tem. Resumindo, um comprador quase sempre tem uma visão diferente.

PONTO DE VISTA

Para que uma visão seja eficaz, ela deve se basear nos conhecimentos mais profundos que uma empresa pode desenvolver. Na Koch, isso começa ao compreendermos melhor nossas competências existentes e potenciais, que vai desde entender os clientes e o que eles valorizam, os concorrentes e suas estratégias, até as vantagens das mudanças que podem afetar o setor. Para levantar tudo isso, os líderes devem procurar obter os melhores conhecimentos, tanto interna quanto externamente, e criar uma cultura na qual sejam utilizadas as melhores ideias, independentemente de sua origem.

Antes de fazer uma aquisição grande como a da Georgia-Pacific, cumprimos essa condição porque tínhamos experiência no negócio de celulose, com a GP; em bens de consumo, com a INVISTA; e dispúnhamos de conhecimento adquirido ao comprar outras empresas de produtos florestais e de bens de consumo. Com efeito, conseguimos adquirir a totalidade da GP por um preço aceitável somente porque pesquisamos e descobrimos que estava havendo uma transição de liderança e que o crédito estava limitado após o colapso da bolha da internet. Na verdade, a Koch fez a única oferta.

Um aspecto fundamental da seleção de oportunidades mais atraentes consiste em desenvolver um ponto de vista sobre cenários realistas nos setores de interesse. Como o futuro é desconhecido e ininteligível, essa não é uma tarefa que se possa fazer com qualquer grau de certeza. Afinal, se as empresas pudessem usar uma fórmula para determinar o futuro, o valor do empreendedorismo seria eliminado.

Mas, embora o futuro seja ininteligível, ele não é inimaginável. Como disse Ludwig von Mises: "A ideia empreendedora que persevera e traz lucro é precisamente aquela ideia que não ocorreu à maioria. Não se trata de uma previsão correta daquilo que irá produzir lucros, mas sim de uma previsão melhor do que as outras. A recompensa vai apenas para os dissidentes, aqueles que não se deixam enganar pelos erros cometidos pela multidão".[6]

É claro que uma boa previsão por si só não garante a recompensa. O empreendedor deve ter a convicção, a coragem e a capacidade de *agir* de acordo com essa visão. Foi isso que fizemos quando investimos bilhões para melhorar e expandir nossas refinarias enquanto outros não o fizeram, ou quando adquirimos o negócio falido de fertilizantes da Farmland durante um período de baixa no setor.

Ter um ponto de vista melhor do que nossos concorrentes é um fator crucial para o nosso sucesso, mas ainda podemos melhorar muito. Há inúmeros exemplos em que, se tivéssemos tido um ponto de vista um pouco melhor, poderíamos ter evitado perdas significativas ou obtido lucros ainda maiores.

Um exemplo foi a queda brusca nos preços das fibras sintéticas de poliéster, mencionada anteriormente neste capítulo. Outro foi a intensidade e a duração do colapso da bolha imobiliária de 2008, resultado da combinação das políticas monetárias do Banco Central e das distorções causadas tanto pela Fannie Mae quanto pela Freddie Mac na legislação e nas normas sobre o crédito. Poderíamos ter obtido lucros ainda maiores se tivéssemos previsto a queda abrupta nos preços do gás natural em 2008. Se tivéssemos imaginado isso, nossos negócios de fertilizantes e produtos químicos teriam crescido ainda mais.

Diante da diversidade de negócios da Koch Industries, sua visão deve, por necessidade, ser ampla. Em algumas empresas com competências mais específicas do que as da Koch, a maioria delas pequenas, a visão precisa ser mais específica (como acontece em cada empresa individual da Koch). A amplitude da visão de uma empresa deve variar de acordo com a amplitude de suas competências.

Ao mesmo tempo, uma empresa deve ter uma visão específica o suficiente para orientar suas estratégias, decisões, alocação de recursos e atribuição de funções, responsabilidades e expectativas de todos os funcionários. As visões também precisam ser ambiciosas, a fim de expandir o pensamento dos líderes e funcionários de toda a empresa.

Para criar uma visão eficaz, é necessário desenvolver um ponto de vista que vá na direção certa, o que não pode acontecer sem um estudo intensivo, sistemático e global. É por isso que estudamos não apenas a história de uma empresa ou indústria, mas também as tecnologias existentes e potenciais, os concorrentes, os clientes, a legislação aplicável e a estrutura do setor, e como todos esses fatores estão mudando – tanto nos setores dos quais participamos quanto naqueles em que estamos pensando em entrar.

Em seguida, analisamos as cadeias de valor e as estruturas de custos, a demanda futura pelos produtos da empresa, posições competitivas dos participantes e outros fatores e tendências relevantes. Procuramos compreender os futuros determinantes e o nível de lucratividade dos vários segmentos dos setores pertinentes. Mesmo assim, reconhecemos que a incerteza garante que qualquer ponto de vista só pode, na melhor das hipóteses, estar na direção certa. Realizamos todos esses estudos antes de adquirir a Georgia-Pacific e a Molex, e antes de a INVISTA avançar com o projeto de um grande complexo de nylon em Xangai.

Com base em nosso ponto de vista dinâmico, mudamos de ideias sobre as melhores oportunidades e sobre como captá-las. A partir dessa análise, cada empresa desenvolve uma visão em que manifesta claramente como planeja criar valor superior. Essas visões devem ser baseadas e alinhadas à visão da Koch.

Atingir nossa meta de duplicar o faturamento, em média, a cada seis anos exige que melhoremos continuamente nosso retorno sobre o capital e nossa capacidade de gerar e captar oportunidades de investimento suficientemente lucrativas, o que por sua vez exige que nossos horizontes se expandam à medida que crescemos. Precisamos de inovações que façam a diferença, investimentos que contribuam mais, e de novas plataformas que nos possibilitem crescer.

Todas as empresas podem fazer isso se desenvolverem uma visão baseada na compreensão de suas competências e se comprometendo em melhorar rapidamente sua capacidade de criar valor para os clientes. Isso requer uma cultura de destruição criativa. A Molex, por exemplo, tem produtos com uma vida útil de dois a três anos.

A inovação revolucionária é a força vital de uma empresa, à qual se devem alocar recursos humanos e financeiros expressivos. Gordon Moore, cofundador da Intel, previu corretamente que o desempenho dos semicondutores dobraria aproximadamente a cada dezoito meses. Isso é destruição criativa em seu extremo mais estarrecedor, sendo responsável pela taxa de 90% de fracasso das *startups* de tecnologia. Hoje, mais do que nunca, se você não tem uma cultura de inovação, seus dias estão contados.

NEGÓCIOS SÃO ARRISCADOS

O processo de desenvolvimento de uma visão se aplica tanto aos setores nos quais uma empresa já está inserida quanto àqueles em que ela está pensando em entrar. Existem novas oportunidades nas áreas tradicionais de uma empresa, bem como em novas áreas. É por isso que as empresas da Koch podem aplicar o mesmo processo de desenvolvimento de visão dentro ou fora dos setores em que atuam.

Para iniciar esse processo, devemos levar em conta as competências tanto das empresas individuais quanto da Koch como um todo. A parte mais difícil é fazer com que nossas empresas se concentrem em oportunidades com potencial suficiente de fazer a diferença para a Koch, considerando o seu tamanho.

Com base em sua visão, a Koch (e cada uma de suas empresas) desenvolve e implementa estratégias que maximizarão o valor no longo prazo. Só podemos fazer isso se estabelecermos prioridades. Em qualquer negócio complexo, decidir a ordem em que as coisas devem ser feitas pode ser tão importante quanto decidir o que deve ser feito.

São necessários pelo menos dois conjuntos de critérios para determinar as prioridades. O primeiro conjunto inclui as ações necessárias para simplesmente permanecer no mercado, como cumprir os prazos para atender as exigências de uma agência governamental ou os requisitos de qualidade de um cliente.

O segundo conjunto é determinado pela comparação de uma estimativa do valor presente das oportunidades em função do risco com a soma dos recursos consumidos. Isso significa olhar não apenas para o retorno do capital, mas também para o retorno dos talentos e de outros recursos escassos.

Assim, uma oportunidade com um valor presente ajustado em função do risco de US$ 100 milhões deve ter prioridade sobre outra de US$ 20 milhões, considerando um retorno semelhante sobre o capital e outros recursos. Sem essa metodologia, tende-se a tentar trabalhar com tudo de uma só vez, o que significa que nada será feito com agilidade ou qualidade.

Por exemplo, se estivéssemos pensando em comprar uma nova fábrica de fraco desempenho operacional e de SSMA, poderíamos obter melhorias significativas transferindo talentos de outras posições da Koch. Mas como há sempre um custo de oportunidade, precisaríamos determinar se essas pessoas seriam mais valiosas nas novas funções. O talento verdadeiro é um recurso escasso. Seu uso precisa ser cuidadosamente avaliado antes de ser comprometido.

Ao estabelecer prioridades, uma das escolhas mais difíceis é decidir entre estratégias de otimização de curto prazo e estratégias de crescimento e inovação de longo prazo. A tendência natural das empresas é investir pouco em estratégias de longo prazo. Para contrabalançar essa tendência, elas precisam mobilizar recursos exclusivamente para o crescimento e para a inovação. Como as estratégias de longo prazo não trarão lucros por algum tempo, deve-se pensar em incentivos para recompensar os progressos feitos nesse intervalo (ver Capítulo 10, "Incentivos").

Após estabelecer prioridades com base na visão para a empresa como um todo, devem ser definidas prioridades para as áreas de marketing, vendas, operações (até o nível do chão de fábrica), fornecimento, P&D e áreas de apoio (sobretudo os responsáveis pelos talentos e pela cultura). Cada área deve então atribuir as responsabilidades pela execução de cada prioridade, com base naquilo que melhor promove a visão. Os funcionários devem, então, ser responsabilizados pelos resultados.

A maximização do valor de longo prazo também implica a criação de processos experimentais de descoberta que incentivem novas melhorias, estratégias e inovações. Ao experimentar, podemos fracassar. Como Einstein ensinou, "Alguém que nunca cometeu um erro nunca tentou nada de novo".[7] O segredo é reconhecer quando estamos experimentando – e garantir que nossos experimentos reflitam uma visão embasada na realidade.

A Koch sempre sai prejudicada enquanto empresa quando não conseguimos experimentar com prudência. Nossas perdas no setor de transportes nos anos 1970 e no setor agrícola nos anos 1990 foram exemplos dispendiosos de momentos em que fracassamos ao tentar elaborar uma visão baseada na realidade e falhamos em reconhecer que não tínhamos a capacidade de gerir experimentos de tamanha complexidade e magnitude. Vale ressaltar que ambos os negócios hoje são lucrativos, mas somente após terem sido completamente reformulados.

Em resposta a essas experiências fracassadas e fora de controle, como nosso empreendimento agrícola que tentou ir do "fogão ao pão", no final dos anos 1990, desenvolvemos novas visões para criar valor com base em nossas verdadeiras competências. A Koch Fertilizer hoje concretiza sua nova visão de ser uma empresa global de fertilizantes que opera, negocia, comercializa e fornece tecnologia. Isso só foi possível graças à aplicação consistente e disciplinada do Gerenciamento Baseado no Mercado. Essa mesma linha de pensamento também permitiu que a Matador Cattle Company materializasse sua nova visão. Seu gado Akaushi produz uma carne vermelha deliciosa e saudável, que é muito procurada. Embora a Koch Fertilizer e a Matador Cattle Company já tenham pertencido ao falido Koch Agriculture Group, ambas são hoje empresas muito bem-sucedidas.

Aprendemos que desenvolver produtos de forma sustentada e exitosa requer mais do que P&D de alta qualidade. Requer também uma organização de marketing e produção que enxergue oportunidades e tenha as competências, disciplina, foco, recursos e cultura para captá-las. Independentemente do setor ou setores em que você atue, a inovação e a integração são necessárias em todos os processos de uma empresa, desde a distribuição até a fabricação e o marketing. Deve-se exigir o mesmo dos setores de recursos humanos, contabilidade, jurídico, conformidade e outros serviços de apoio.

NOSSA ESTRELA-GUIA

A visão da Koch nos beneficia de duas maneiras: primeiro, como um conjunto de princípios fundamentais que norteiam nosso comportamento – uma estrela-guia –, e segundo, como um guia estratégico. Em seu papel de estrela-guia, nossa visão é uma constante – ela nunca muda. É uma bússola que nos mantém na direção certa, e não um destino que pretendemos alcançar.

Ela incorpora os princípios fundamentais, como o papel das empresas na sociedade e nossos Princípios Norteadores. Essa expressão de nossa visão só se modifica à medida que aprendemos a explicar melhor seus princípios subjacentes.

Em seu papel de guia estratégico, nossa visão deve mudar à medida que o ambiente de negócios e nossas competências mudam e à medida que aprendemos a captar mais efetivamente as melhores oportunidades disponíveis.

Ao realizarmos nossa visão, não apenas cumpriremos nosso papel como empresa, mas também beneficiaremos a sociedade ainda mais, incentivando outras empresas a praticar o Empreendedorismo com Princípios, para que lucrem apenas por meios econômicos. Ao educar e destacar os elementos-chave de políticas baseadas no mercado que melhorem o bem-estar humano, juntos podemos ajudar a melhorar a vida das pessoas com empregos novos e melhores, novas oportunidades de negócios e comunidades mais seguras, nas quais as pessoas se apoiem mutuamente. Certamente, essa é uma visão que todos podem abraçar.

Uma empresa deve ter princípios fundamentais que orientem seu comportamento e uma visão que lhe permita criar valor real para seus clientes e para a sociedade. É disso que se trata o bom lucro.

CAPÍTULO 7

VIRTUDE E TALENTOS

Valores em primeiro lugar

> Para ganhar, é preciso talento; para seguir ganhando, é preciso caráter.
>
> **- JOHN WOODEN**[1]

Dez títulos nacionais de basquete universitário em doze anos e um recorde de 88 vitórias seguidas em jogos. Esse é o maior recorde de um treinador na história do basquete universitário, e pertence ao falecido John Wooden, da UCLA. Não acredito que a importância que ele dava ao caráter e seu excelente desempenho como treinador fossem meras coincidências. Os melhores treinadores dão tanta ênfase às virtudes quanto ao talento.

Sem dúvidas, o mesmo é válido para Gregg Marshall, treinador do time de basquete da minha cidade natal, o Wichita State Shockers. Para garantir que os convocados do ensino médio tenham os valores ideais, mais do que trazê-los para o campo e observar o comportamento deles perto dos colegas, ele também vai às suas casas para visitar suas famílias. Ele me conta que, se percebe atitudes arrogantes em casa, ou falta de respeito com os pais, isso pode indicar que o convocado não responderá bem ao seu treinamento altamente disciplinador e à ênfase no trabalho em equipe.

O Wichita State geralmente não consegue atrair os jogadores mais talentosos ou os melhores arremessadores – que acabam sendo convocados pelas grandes escolas. E ainda assim, o treinador Marshall levou os Shockers para as quartas de final na temporada de 2012-2013, chegando invictos ao torneio NCAA de 2014, garantindo a primeira posição na rodada seguinte. O que explica isso é seu método de convocação e seu treinamento baseado em virtudes.

É verdade que na Koch Industries não visitamos as casas dos candidatos a emprego, mas ainda assim buscamos um bom caráter e valores compatíveis durante nosso primeiro contato com eles. E fazemos isso com todas as pessoas, não importa o cargo.

Por telefone, nossos recrutadores questionam sobre o comportamento pregresso dos candidatos, passando por diversos Princípios Norteadores. Ficamos de olho em comportamentos, por exemplo, a maneira como os candidatos já lidaram com alguma situação difícil no passado, se são ou não respeitosos quando falam sobre outras pessoas, se são burocráticos ou se têm dificuldade em admitir erros.

Além disso, quando um candidato vem para uma entrevista presencial, suas interações com recepcionistas, estranhos no elevador e funcionários da cafeteria não passam despercebidas. Ao longo do processo de entrevista, avaliamos o comportamento dos candidatos para determinar se eles se enquadram bem nos valores de nossa empresa.

Nosso processo de entrevista normalmente é composto de uma série de entrevistas separadas, com cada entrevistador avaliando o alinhamento dos candidatos a determinado conjunto de características pessoais. Essas características são organizadas em áreas de concentração baseadas nos nossos Princípios Norteadores: (1) Integridade e Conformidade; (2) Criação de Valor, Empreendedorismo com Princípios e Foco no Cliente; (3) Conhecimento e Mudança; (4) Humildade e Respeito; e (5) Habilidades e Conhecimentos necessários para a função. Cada entrevistador tem uma área de concentração para tratar e faz perguntas abertas para avaliar qual a probabilidade de um candidato conseguir demonstrar os traços desejados. Uma vez concluídas as entrevistas, realiza-se uma sessão de desafios entre o recrutador, os entrevistadores e o gerente responsável pela área que está contratando, para garantir que a contratação seja feita da forma mais embasada possível.

Esse processo melhorou muito nossa capacidade de selecionar funcionários de alto desempenho que ficam conosco por muito tempo e se comportam de maneira compatível com nossos Princípios Norteadores.

Enquanto algumas empresas se preocupam apenas em contratar indivíduos com as habilidades necessárias para suas vagas, na esperança de que esses candidatos tenham valores alinhados, a Koch vai além. Nós nos preocupamos *primeiro* com os valores. Nosso objetivo é preencher cada vaga com indivíduos tão virtuosos quanto talentosos, mas, se formos obrigados a escolher entre um ou outro, a Koch escolherá sempre a virtude. Por quê? Porque entendemos que pessoas talentosas com valores ruins podem causar muito mais danos à empresa do que pessoas virtuosas com talentos inferiores.

Se por acaso errarmos (o que é humano) e contratarmos alguém com valores ruins, torcemos para que ele também tenha uma cabeça ruim e uma péssima ética profissional. Pois o pior empregado é um gênio malvado e cheio de energia. Pense no destino de empresas que só valorizavam o talento e negligenciavam as virtudes: Enron, WorldCom, Barings Bank e muitas outras se viram envolvidas em fraudes, falsidades corporativas ou escândalos com os funcionários.

* * *

Nossa experiência prova que, quando uma pessoa tem os valores, as crenças e a inteligência adequados, as habilidades e os conhecimentos necessários geralmente podem ser desenvolvidos. Por conta do peso excepcional que atribuímos ao alinhamento aos Princípios Norteadores do GBM, às vezes fica difícil encontrar um candidato que também tenha as habilidades necessárias. Mas é muito mais difícil mudar os valores das pessoas do que ajudá-las a desenvolver conhecimentos.

Uma jornalista de uma famosa revista de negócios de Nova York, formada pela Ivy League, me entrevistou certa vez sobre a Koch e seus funcionários. A jornalista provavelmente não teve a intenção de ofender quando me perguntou: "Não é difícil para vocês atraírem os melhores talentos estando localizados em Wichita?".

Ela ignorava o fato de que a localização da Koch no interior é um trunfo, e não um obstáculo. Qualquer pessoa criada em uma fazenda conhece o significado dos valores e a importância da ética profissional. Se você decide dormir em vez de se levantar para ordenhar a vaca pela manhã, você não pode simplesmente passar a bola ou encobrir seu erro. Outras empresas talvez prefiram entrevistar candidatos provenientes de faculdades da Ivy League, mas a Koch vem obtendo resultados muito melhores contratando pessoas das faculdades de Wichita ou do estado do Kansas do que de Harvard (meus quatro sucessores na presidência da Koch Industries eram egressos da Escola Universitária Agrícola Estadual de Murray, da Texas A&M, da Universidade de Tulsa, e da Universidade Estadual de Emporia).

Cada organização tem sua própria cultura. Se essa cultura não for criada de forma consciente e proposital, ela pode se corromper e acabar se tornando um culto à personalidade ou um ambiente "vale-tudo". Boa ou ruim, a cultura de uma empresa é determinada pelos valores, crenças e conduta de seus membros, bem como pelas regras e incentivos estabelecidos pelos seus líderes – e moldadas por eles através do comportamento. Os valores centrais da Koch estão incorporados nos Princípios Norteadores do GBM e no nosso Código de Conduta, experiência que nos leva a crer que são determinantes para obter bom lucro em longo prazo.

O GBM requer uma cultura cheia de virtudes que, felizmente, muitas vezes podem ser aprimoradas nos novos contratados, se eles não as tiverem desenvolvido (afinal, alguns desses valores não podem ser incutidos se não existirem). Esses atributos estabelecem os padrões para analisar políticas e práticas, avaliar a conduta e estabelecer as normas de comportamento, os valores e as crenças compartilhados que pautam as ações individuais. Mas é importante reconhecer que *eles são diretrizes, não ordens específicas.*

Estabelecer expectativas em função dos princípios gerais, e não de ordens específicas, não só ajuda os funcionários a compreender a importância do próprio trabalho, mas também os deixa livres para pensar e inovar. Pouco avançamos quando nossos funcionários seguem instruções sem refletir – tenham eles bons valores ou não.

Entrei no mundo dos negócios com uma mente questionadora moldada por uma formação científica e uma relutância de longa data em seguir ordens cegamente. Qualquer grupo de pessoas, seja uma sociedade, seja uma empresa, funciona melhor quando guiado por regras gerais de boa conduta em vez de comandos específicos. Como observou o escritor francês Frédéric Bastiat: "A maneira mais segura de fazer com que se respeitem as leis é tornando-as respeitáveis".[2] Deixar os pormenores para quem de fato realiza o trabalho incentiva a descoberta e aumenta a capacidade de adaptação a mudanças.

Em *A República da Ciência*, Polanyi escreve: "Assim, a autoridade da opinião científica reforça os ensinamentos da ciência em geral, inclusive com o propósito de promover a sua subversão em certos pontos específicos".[3] Nos negócios, isso significa estabelecer alguns padrões (no caso da Koch, nossos Princípios Norteadores). Deixar as pessoas livres para explorar novas perspectivas dentro desses padrões favorece a inovação. Além disso, aplicar a lei da comprovação científica (procurar provas que refutem nossa proposta com o mesmo empenho com que procuramos provas que a corroborem) é um fator crucial para a inovação. Os melhores cientistas são humildes e intelectualmente honestos. E o ambiente mais propício para que eles possam explorar é aquele baseado nos princípios de uma sociedade livre.

Se a Koch não permanecer humilde, nossa empresa será pega de surpresa pela destruição criativa. Nunca devemos pensar que somos grandes demais – ou bons demais – para falhar. Para usufruir de todos os benefícios do GBM, todos os funcionários devem internalizar nossos valores fundamentais e demonstrá-los em tudo o que fazem.

Esses valores, aos quais a Koch se refere como seus Princípios Norteadores, se originam em três campos distintos. O primeiro é a estrutura inerente a uma sociedade livre, em que a inovação e a produtividade prosperam – até o limite em que sua estrutura se mantém. O segundo campo é o das teorias de filósofos e psicólogos cujos ditames comportamentais me parecem verdadeiramente pautados pela realidade – pensadores como Hayek, Polanyi e Maslow.

O terceiro é a minha própria experiência de vida, que passei trabalhando com os mais diversos tipos de pessoas. Sinto-me honrado por ter trabalhado com pessoas que tinham os valores ideais, sobretudo meu pai e Sterling Varner. Mas houve muitas outras cujos valores eu questionava: meu colega de quarto da época em Centennial Valley, Bitterroot Bob; meus colegas de classe em Quanah, que ficaram perplexos por eu ter feito mais do que o mínimo necessário para passar em uma prova de matemática; os revolucionários comunistas que prometeram céus e terras, mas entregaram o inferno; dirigentes de empresas que ao falir magoaram tantos americanos, após prometer tantas riquezas; e os políticos americanos que prometeram acabar com a pobreza, mas em vez disso fizeram dela uma condição permanente na sociedade.

Não sou o exemplo perfeito de valores ideais (lembra que tentei furar uma fila desorganizada para comprar ingressos no cinema e fui um aluno relaxado no MIT antes de meu pai ameaçar parar de pagar as mensalidades?). Ninguém nasce com os valores certos, nem eu mesmo. Tive que *aprender* os princípios que são importantes para o sucesso nos negócios, e como eles se articulam e se aplicam da melhor forma. Todas as pessoas, em todos os setores, e em todos os cargos dentro de uma empresa, podem aprender e fortalecer os valores que conduzem ao bom lucro.

A cada ano, passo pelo mesmo tipo de avaliação que é feita em toda a Koch – uma avaliação do meu desempenho por aqueles com quem trabalho mais de perto. Quero saber como posso contribuir mais – e acabo recebendo ótimas sugestões. (Falarei disso mais adiante.)

PRINCÍPIOS NORTEADORES EM AÇÃO

Para manter e fortalecer uma cultura mais favorável para a Koch, precisamos que todos os funcionários – inclusive o CEO – internalizem e pratiquem estes Princípios Norteadores.

Princípios Norteadores do GBM

1. Integridade
2. Conformidade
3. Criação de valor
4. Empreendedorismo com Princípios
5. Foco no cliente
6. Conhecimento
7. Mudança
8. Humildade
9. Respeito
10. Realização

Segue-se um resumo de como esses princípios são aplicados na prática.

1. **Integridade**: o nosso sistema só funciona com pessoas éticas, e com mais ninguém, parafraseando John Adams.[4] E é assim que acontece na Koch. A integridade é de vital importância para o GBM. Conduzir todos os negócios com integridade é nosso primeiro princípio porque é a base da confiança e das relações mutuamente benéficas com todos os nossos parceiros – funcionários, clientes, fornecedores, sócios, comunidades e governos.

Imagine como os negócios seriam produtivos se todos agissem com total integridade, tendo a palavra como garantia, e jamais fazendo algo que não quisessem expor ao mundo todo. Não seria necessário gastar tanto tempo e dinheiro com controles, contratos, litígios e segurança, e os gigantescos custos de transação seriam reduzidos drasticamente.

Na Koch, integridade significa uma estrita adesão a um código moral, estabelecido em conformidade com nossos Princípios Norteadores e nosso Código de Conduta. É preciso ter coragem, pois agir em harmonia com nossos princípios pode causar desconforto e medo – especialmente quando implica contestar a sabedoria convencional. Mas de que nos servem os princípios se os deixamos de lado quando estamos sob pressão?

2. **Conformidade**: logo depois da integridade, vem a conformidade, ou *compliance*, enfatizada pela nossa meta de "dez mil por cento", em que 100% dos funcionários cumprem tudo, 100% do tempo. Já vimos como basta apenas uma pessoa fazendo a coisa errada, uma única vez, para causar danos irreparáveis à sociedade, à empresa e aos seus colegas de trabalho.

Os princípios e políticas da empresa são estabelecidos com um duplo objetivo: garantir que os funcionários cumpram a lei – quer concordem ou não com ela – e que suas práticas contribuam com o sucesso de longo prazo da empresa. Se algo parecer errado, os funcionários devem "parar, pensar e perguntar".

Um bom exemplo disso ocorreu em 2011, quando os gestores do setor de gesso da Georgia-Pacific perceberam que muitos de seus concorrentes no mercado de painéis de parede estavam enviando aos clientes anúncios com preços significativamente diferentes dos que eram praticados no passado, e cujo conteúdo poderia dar margem a acusações de "fixação de preços". A equipe de gestão da área de gesso trabalhou com os executivos da área jurídica e de *compliance* da Georgia-Pacific para garantir que ficasse claro que os seus preços eram independentes e estivessem anunciados de uma forma que não pudesse ser mal interpretada como uma violação à lei antitruste.

É claro que o Ministério Público logo começou a investigar os preços do *drywall* – mas a GP conseguiu apresentar uma ampla documentação comprovando sua inocência.

Como previsto, vieram em seguida ações judiciais movidas pela inciativa privada contra a indústria de painéis de gesso cartonado dos Estados Unidos. Embora a GP tenha sido originalmente apontada como ré, depois de compartilhar seus registros com o advogado dos autores da ação, demonstrando inequivocamente não estar envolvida em qualquer possível violação da lei antitruste, acabou não sendo acusada. O respeito da GP pelos Princípios Norteadores, principalmente os Princípios 1 e 2 (Integridade e Conformidade), poupou a Koch de incalculáveis horas de litígio custoso e evitou danos à nossa reputação.

Todos os funcionários – especialmente aqueles que fizeram carreira em empresas onde a conformidade não passa de conversa fiada – devem aceitar a responsabilidade de gerenciar os requisitos e riscos associados às suas funções. Isso só pode ser feito se responsabilizarmos todos os envolvidos, sobretudo os gestores. "Mas eu não sabia" não funciona como desculpa.

3. **Criação de valor:** como explicado no Capítulo 6, nossa visão é criar valor de longo prazo por meios econômicos para os clientes, para a sociedade e para a empresa. Os clientes vêm em primeiro lugar nessa lista porque sem eles não há negócios. Para criar valor por "meios econômicos", nossas ações também precisam ser benéficas para as nossas comunidades e para a sociedade.

A aplicação do GBM ajuda os funcionários a tomar decisões melhores, fortalecer a excelência em segurança e meio ambiente, eliminar desperdícios, otimizar e inovar – tudo isso contribui para a criação de valor. Nosso compromisso com esses princípios vai além da conformidade. Para nós, proteger as pessoas é primordial. Ainda que lesões leves ou pequenos problemas ambientais sejam inaceitáveis e devam ser evitados, se há uma única coisa que deve ser priorizada é eliminar o risco de um evento catastrófico, especialmente envolvendo fatalidades. Prevenir lesões sérias (e até mesmo os quase acidentes, que em circunstâncias ligeiramente diferentes poderiam causar danos graves) é nossa prioridade máxima.

Alguns acreditam que a preservação e o lucro são incompatíveis um com o outro. Porém, quando vistos através das lentes dos nossos Princípios Norteadores, fica claro que eles, na verdade, convivem em harmonia. A destruição criativa nos exige descobrir formas melhores não apenas de criar valor para os clientes, mas também de eliminar desperdícios e minimizar o uso de recursos, a fim de criar resultados superiores em longo prazo.

Isso fica bem ilustrado no caso da John Zink Hamworthy Combustion, subsidiária da Koch, que criou um sistema lucrativo que capta o gás queimado pela indústria durante o retorno e o converte em combustível ou matéria-prima. Esse processo elimina a necessidade de queima controlada de gases (ainda mantendo as manutenções programadas e emergenciais) e reduz as emissões que comprometem a qualidade do ar e desperdiçam dinheiro.

A destruição criativa, como esse exemplo demonstra, nos direciona para uma cultura de inovação e empreendedorismo, de que trataremos no próximo princípio.

4. **Empreendedorismo com Princípios:** esse princípio – tão importante para a cultura que se tornou nossa marca registrada – é definido como a "maximização da rentabilidade de longo prazo do negócio, criando valor superior para nossos clientes, ao mesmo tempo que consumimos menos recursos e agimos de forma lícita e íntegra". Para criar valor para a sociedade, precisamos do Empreendedorismo com Princípios – e não do empreendedorismo politizado ou de outras formas, como fraude ou assistência corporativa.

Esperamos que os funcionários tenham senso crítico, responsabilidade, iniciativa, habilidades de pensamento econômico e crítico, além do senso de urgência necessário para contribuir mais, de acordo com a filosofia de risco da empresa (falaremos mais sobre isso em breve).

O senso crítico é o processo de formar opinião, avaliando as alternativas ou selecionando uma linha de ação, por meio de discernimento e comparação.

A responsabilidade traz consigo duas ideias importantes: preferir o certo ao errado e se responsabilizar pela própria conduta e pelas próprias obrigações. Os funcionários são responsáveis e devem responder pelo próprio comportamento e pelos próprios resultados.

Iniciativa significa pensar e agir sem que se peça, e dar origem a novas ideias ou métodos.

As habilidades de pensamento econômico são desenvolvidas à medida que se aprendem os nossos conceitos (conceitos como custo de oportunidade, vantagem comparativa etc.) e nossas ferramentas, que depois são aplicados para obter resultados. Eles devem construir a capacidade de identificar e lidar com questões importantes de uma maneira que nos ajude a decidir qual caminho a seguir é o mais lucrativo.

As habilidades de pensamento crítico envolvem olhar para além do óbvio e antecipar os efeitos de segunda e terceira ordem. Elas são essenciais para a inovação.

A urgência se faz necessária se quisermos progredir a um ritmo mais acelerado que o de nossos concorrentes. Para isso, eliminamos etapas e atividades que não agregam valor suficiente para justificar as despesas e o tempo envolvido, levando em consideração o custo de oportunidade.

Por fim, os funcionários precisam tomar decisões que reflitam a filosofia de risco da *empresa*, e não a sua própria. Qualquer posicionamento a respeito dos riscos nos negócios passa tanto pela preferência (se há uma propensão ou aversão natural ao risco) quanto pela tolerância ao risco (a magnitude do risco que se considera aceitável).

Em geral, como a empresa faz diversas apostas financeiras e tem recursos muito maiores, sua filosofia de risco é bastante diferente da filosofia de um único funcionário. Para que a empresa continue prosperando e crescendo, os funcionários devem assumir riscos financeiros muito maiores e mais altos do que fariam como indivíduos, contanto que tais riscos sejam adequados e lucrativos.

Considere este exemplo: um funcionário deve trabalhar com um investimento que tem 90% de chances de dar retorno de US$ 100 mil em vez de em um com 50% de chances de dar um retorno de US$ 1 milhão? Não, porque, levando em consideração os riscos, a empresa lucrará apenas US$ 90 mil e não os US$ 500 mil que poderiam ser lucrados. Para obter o maior lucro, precisamos que os funcionários superem a aversão ao risco que muitos têm por causa de uma chance considerável de seus esforços não resultarem em nada.

5. **Foco no cliente**: desenvolver relações duradouras com nossos clientes e fornecedores sempre foi uma parte fundamental do nosso sucesso e do deles. Para isso, precisamos manter relações que sejam vantajosas para todos, baseadas em visões alinhadas, valores e incentivos, e uma base sólida de confiança conquistada.

Assim como o rei da Inglaterra George VI, Sterling Varner costumava gaguejar quando falava (a comparação para por aí, pois Sterling nasceu em uma barraca em Ranger, no Texas, nunca terminou a faculdade e trabalhou entregando equipamentos para campos de petróleo em carroças). Essa gagueira o fez falar menos e ouvir mais. Talvez em função disso Sterling tenha se destacado mais do que ninguém no desenvolvimento de relacionamentos com os clientes. Para gerar bom lucro, é preciso não apenas compreender, mas também prever o que os clientes valorizam, suas expectativas, providências, incentivos, necessidades, alternativas e processos de tomada de decisão.

As habilidades de Sterling com os clientes ajudaram a Koch a atingir o objetivo de se tornar um fornecedor preferencial. Qualquer um pode fazer isso desenvolvendo com os clientes um tipo de relacionamento que desperta confiança, prevendo suas necessidades e indo além do que sabem ou dizem. Como discutido no capítulo anterior, reagir às preferências demonstradas pelos clientes é importante, mas devemos fazer mais. Os clientes não têm como saber o que gostariam no lugar das suas escolhas atuais se não souberem o que há disponível no mercado. Consumidores de telefones celulares não previram que gostariam de ter dispositivos que enviariam mensagens de texto ou localizariam a melhor pizzaria em um raio de cinco quarteirões – foram os desenvolvedores de telefones que o fizeram.

6. **Conhecimento**: buscar e usar os melhores conhecimentos e tomar a iniciativa de compartilhá-los, sempre aceitando os desafios. As

medidas devem orientar as ações e criar conhecimentos, resultando em melhores decisões, inovações e ações lucrativas.

Na Koch avaliamos todas as medidas à luz desse princípio e nos esforçamos para desenvolver e utilizar os poucos princípios fundamentais que nos ajudam a melhorar. Encorajamos os funcionários a tomar a iniciativa de buscar as melhores fontes de conhecimento útil – tanto dentro quanto fora da empresa – em vez de se satisfazerem com fontes já conhecidas. Basta pensar em como as fábricas da Flint Hills e da INVISTA podem se beneficiar dos conhecimentos sobre tecnologia de sensores que a Molex está desenvolvendo, ou como a Molex pode se beneficiar dos conhecimentos sobre o mercado de sensores fornecidos pela Georgia-Pacific. Incentivamos com entusiasmo esse tipo de compartilhamento de conhecimentos entre as empresas. É particularmente importante que todos adotem uma cultura de desafio, seja buscando perspectivas e conhecimentos diferentes, seja tendo a coragem de criticar construtivamente quando discordamos de algo.

Como o progresso e o bem-estar se desenvolvem a partir de conhecimentos superiores e sua aplicação, o princípio do compartilhamento do conhecimento será tratado com mais profundidade no próximo capítulo.

7. **Mudança**: vantagens competitivas significativas se acumulam para quem primeiro prevê mudanças e age rapidamente com base nessa visão. Benefícios igualmente vantajosos se acumulam para quem impulsiona a destruição criativa por meio da experimentação contínua e total.

A descoberta experimental é necessária porque não é possível conhecer nosso destino final quando iniciamos a jornada. A inovação geralmente requer diversas mudanças de direção que nos levam a descobrir novos caminhos. (Lembre-se, nem Cristóvão Colombo, nem Lewis e Clark encontraram o que procuravam, mas no processo de busca fizeram descobertas igualmente importantes.) Um bom experimento leva a novos conhecimentos, que, por sua vez, provocam mudanças, mesmo que nossas suposições ou hipóteses se mostrem equivocadas. Naturalmente, a magnitude dos recursos investidos em um experimento deve ser determinada pela probabilidade de sucesso e pelo benefício potencial.

8. **Humildade**: a arrogância é uma das características mais destrutivas em uma empresa. Ela prejudica a produtividade, pois faz com que as pessoas se esqueçam de suas próprias limitações e das contribuições dos outros.

A capacidade de destruição do orgulho é tão grande que levou o papa Gregório, em 590 d.C., a categorizá-lo como um dos sete pecados capitais.

Todos nós precisamos demonstrar humildade e honestidade intelectual como qualidades indispensáveis na nossa cultura. Para criar valor, todos nós devemos procurar compreender e enfrentar a realidade de forma construtiva, para criar valor e crescer como pessoas.

Ter humildade significa compreender e aceitar a si mesmo como você realmente é. Significa admitir seus erros e o que você não sabe, em vez de ficar na defensiva e culpar os outros. A honestidade intelectual está um nível acima da humildade. É a dedicação à verdade – por mais dolorosa que seja. É uma busca sincera de críticas construtivas, e não aquilo que Somerset Maugham identificou como a tendência humana mais comum: "As pessoas lhe pedem críticas, mas só querem elogios".[5]

Assumir responsabilidade, por nós mesmos ou pelos outros, também requer coragem e honestidade intelectual, especialmente quando temos que encarar a tarefa pouco agradável de lidar com questões de desempenho ou comportamento de um colega de trabalho. Uma cultura sem responsabilidade carece de integridade e não pode sobreviver, quanto menos prosperar.

9. **Respeito**: para que uma empresa seja bem-sucedida ao longo do tempo, ela deve respeitar o cliente e o que ele valoriza. Com mais de

cem mil funcionários e presente em 64 países, apostamos na diversidade – e no respeito às diferenças – para que possamos entender e nos relacionar melhor com clientes, fornecedores e comunidades em todos os lugares. Fazemos todo o possível para recrutar de forma diversa, a fim de encontrar pessoas que possam criar mais valor por meio de uma ampla gama de habilidades, conhecimentos, competências, perspectivas e experiência.

Tratar as pessoas com base em seus méritos individuais – e não em função de raça, religião, sexo ou qualquer outro agrupamento – é mais do que a base de uma sociedade livre: é a coisa certa a se fazer. Da mesma forma, as empresas devem tratar as pessoas como indivíduos, segundo suas virtudes, talentos e contribuições. O trabalho em equipe requer honestidade, dignidade, respeito e sensibilidade. Fazer com que as pessoas se sintam valorizadas gera resultados melhores no longo prazo. Se destratamos nossos colegas de trabalho, eles não irão cooperar ou se comunicar de maneira aberta e honesta, e nós perderemos sua confiança, seus conhecimentos e seu compromisso.

Não ter coragem de fazer uma crítica honesta é um desserviço tanto para a pessoa quanto para a empresa. Em nossos negócios, a desonestidade constitui uma falha de integridade e motivo de reprovação no teste de respeito, porque costuma não gerar nada de bom para ninguém. Como alguém pode melhorar se não receber críticas construtivas?

Como Maslow destacou, essa crítica deve ser feita de maneira que não seja considerada um ataque ou rechaço à pessoa. Para que a crítica seja construtiva, a pessoa que a faz deve já ter demonstrado que respeita e se importa e que está tentando ajudar a outra.

10. **Realização:** nenhuma empresa consegue prosperar se seus funcionários apenas passam o tempo sonhando acordados com o que vão fazer depois do trabalho. Na Koch procuramos pessoas que trabalham com tanto entusiasmo e paixão que chegam a acordar à noite com

ideias. Quando desenvolvemos plenamente nosso potencial, criamos mais valor para os outros – e isso, por sua vez, ajuda a dar sentido às nossas vidas.

Não é possível despertar a paixão de criar valor superior se não houver propósito no nosso trabalho. A vida é vazia demais se não tivermos paixão pelo que fazemos. Que tragédia chegar ao fim de sua vida e só poder dizer: "Consegui viver sem ter tido que fazer muita coisa".

COLOCANDO O DISCURSO EM PRÁTICA

Embora esses princípios possam parecer senso comum, desenvolver a capacidade de aplicá-los no dia a dia e instintivamente alcançar resultados requer reflexão e prática constantes. Como Voltaire observou, o senso comum não é tão comum.[6]

Muitas empresas têm princípios que de alguma forma se assemelham aos Princípios Norteadores da Koch, mas raramente são a base de suas culturas. Pouquíssimas empresas adotam uma posição de sistematicamente priorizar a cultura em todos os aspectos do trabalho. Assim, os princípios não passam de *slogans* vazios, chavões ou cartazes nas paredes, e os gestores passam muitas vezes a ser vistos como hipócritas.

Na Koch procuramos contratar e reter somente pessoas que abraçam nossos princípios. Explicamos detalhadamente nossos Princípios Norteadores e seu papel (investindo muito tempo e recursos em mentorias e treinamentos), e comunicamos clara e consistentemente que esperamos que esses princípios orientem o comportamento dos funcionários.

Asseguramos que as oportunidades, a progressão e a remuneração dependem de como os funcionários refletem nossos Princípios Norteadores. Também damos feedback regularmente e, em último caso, demitimos funcionários que não agem de acordo com eles. Isso demonstra a nossa seriedade em garantir que nossa cultura seja baseada em princípios.

Para que o GBM seja bem aplicado, *o foco deve estar nos resultados*. O desafio é ir além do estágio superficial no qual os funcionários compreendem as palavras e conceitos, mas ainda não conseguem aplicá-los eficazmente. Se promovermos funcionários que "falam, mas não fazem", perderemos nossa capacidade de criar valor e prejudicaremos a nossa cultura. Como jogadores de xadrez, devemos aplicar os conceitos e regras básicas de forma a criar estratégias vencedoras. Um talento indispensável para os líderes é a capacidade de identificar pessoas que conseguem aplicar esses princípios para alcançar resultados superiores.

Quer sua empresa tenha ou não princípios norteadores tão claramente codificados quanto os da Koch, os líderes selecionados devem ser aqueles que não apenas demonstrem a capacidade de entender e aplicar esses princípios, mas também sirvam de modelos positivos da cultura no trabalho. Como os líderes estabelecem um padrão – tanto pelo modo como lideram quanto pelo que fazem –, eles são os guardiões da cultura e devem ser responsabilizados por ela. Para serem bons líderes, devem interiorizar e aplicar esses princípios de forma consistente, de modo a produzir resultados.

É impossível criar uma cultura benéfica sem tutoria e sem exemplos positivos. Na Koch os bons líderes, mais do que viver de acordo com nossos Princípios Norteadores, também os revisam regularmente com todos os funcionários. Em qualquer empresa, os líderes mais eficazes são aqueles que dão feedback frequente e honesto, identificando oportunidades de melhoria de forma a estimular o diálogo e a mudança. Eles se responsabilizam e, além disso, atribuem responsabilidades a seus funcionários, colegas e gestores.

A importância da cultura e da liderança são bem ilustradas por outro grande técnico, Jack Clark, treinador de rúgbi da Universidade da Califórnia. Pelo que sei, Jack tem o melhor histórico de longos períodos em esportes interuniversitários. Em 31 anos como treinador, venceu 22 campeonatos nacionais. Para ele, assim como para nós, a cultura é o segredo:

> Nós, enquanto equipe, somos nossos valores. Nós os usamos diariamente como parâmetro para ajudar a embasar cada decisão que tomamos. Todas as partes das atividades da equipe passam por essas crenças. Somos de fato gratos e acreditamos que não nos falta nada. Nossa equipe sempre vem em primeiro lugar, e esse fato fundamenta todas as estratégias e normas. Melhorar, ser melhor, é a força motriz dentro da equipe. Valorizamos o mérito e comemoramos as dificuldades. Acreditamos que a liderança é uma capacidade e responsabilidade de todos. Nossa definição de liderança é a capacidade de tornar as pessoas ao seu redor melhores e mais produtivas.[7]

O TALENTO TAMBÉM CONTA NO RECRUTAMENTO

Embora os funcionários devam ser selecionados e retidos sobretudo com base em seus valores e crenças, eles também devem ter o talento necessário para produzir resultados. Empregados de poucas virtudes já causaram muito mais danos às empresas do que os de pouco talento, mas virtude sem o talento necessário não cria valor.

* * *

Para recrutar os talentos necessários para realizar nossa visão, tentamos prever as necessidades futuras da empresa e sempre buscamos candidatos que, além de demonstrar virtudes, demonstrem a capacidade de ter um desempenho superior.

Em vez de contratar apenas quando temos vagas em aberto, tentamos contratar pessoas talentosas quando as identificamos – mesmo quando parece não haver uma vaga de imediato. Pensamos que essas pessoas encontrarão uma forma de criar mais valor, portanto o risco é justificado.

Para encontrar candidatos que atendam nossos requisitos, incentivamos todos os funcionários a recomendar talentos externos, e dessas indicações de nossos funcionários se originaram algumas de nossas melhores contratações. Também desenvolvemos relações estratégicas com fontes externas, inclusive com empresas de recrutamento familiarizadas com o GBM e com nossos Princípios Norteadores.

Para ajudar a atender nossa crescente demanda por talentos, mudamos nossas iniciativas de recrutamento de estudantes universitários. Um aspecto importante dessa mudança é um programa de estágio bem elaborado, que nos permite avaliar as pessoas pelo que são – e não por apenas um currículo – antes de fazer uma oferta de emprego.

Por meio desse programa, o estagiário e a empresa se conhecem a fundo. Permitimos que os estagiários realizem trabalhos valiosos, e não apenas as tarefas que ninguém quer fazer, o que é bom para eles e é bom para nós. Costumamos recrutar estagiários em universidades onde mantemos relações via bolsas de estudo e outros programas. Isso nos ajuda a identificar estagiários que se alinham aos nossos Princípios Norteadores. O resultado é que cerca de 70% dos estagiários da Koch se tornam funcionários efetivos – comparados a uma média nacional de 50%.

* * *

Descobrimos que é relativamente fácil ensinar nossa cultura para estagiários recém-formados. Ensinar uma cultura para novos empregados vindos de empresas com culturas antitéticas, nas quais eles precisavam jogar um jogo político ou percorrer um labirinto de regras detalhadas e burocráticas para ter uma carreira de sucesso, é muito mais difícil. Em geral, os profissionais que chegaram aos postos mais altos nesse tipo de empresa parecem não se dar bem na Koch.

Substituir velhos modelos mentais por novos modelos baseados em nossos Princípios Norteadores não é tarefa fácil. O funcionário precisa de fato desejar mudar, e a empresa precisa orientá-lo e ter paciência. Mas, enquanto essa transformação não ocorre, não tiramos pleno proveito dos conhecimentos e talentos desses empregados, e eles não se são sentirão tão realizados trabalhando na Koch.

Por mais difícil que seja preencher uma vaga, não podemos baixar nossos padrões. Contratar mal custa infinitas vezes mais, de muitas formas, do que demorar para encontrar o candidato certo.

UNINDO TALENTO E VIRTUDES

Para avaliar se um candidato ou funcionário atende nossas exigências de virtudes e talento, a Koch, fiel às suas raízes na engenharia, utiliza uma matriz.

Como mostrado no diagrama a seguir, o eixo vertical é uma medida subjetiva da adequação de um indivíduo aos valores e crenças desejados. O eixo horizontal reflete nossa opinião sobre as habilidades e os conhecimentos necessários para o cargo daquele indivíduo.

O quadrante I da matriz representa nossa expectativa com um funcionário. Muitos funcionários recém-chegados a um novo cargo ficarão inicialmente no quadrante II, mas essa deve ser uma situação temporária. Se um funcionário estiver no quadrante III ou IV, reconhecemos que cometemos um erro e não o mantemos na empresa, a menos que consideremos que seu problema seja causado por falta de compreensão e ele demonstre vontade de mudar seu comportamento imediatamente.

Um funcionário que, por qualquer razão, não se encontre no quadrante I deve chegar lá rapidamente. Esperamos que todos os funcionários e candidatos alinhem seu comportamento aos valores e crenças expressos nos Princípios Norteadores do nosso GBM. Os funcionários também devem demonstrar potencial para desenvolver as habilidades e os conhecimentos necessários para atender ou superar as expectativas de suas funções e responsabilidades. Competências superiores não podem existir sem o talento para gerar um desempenho superior. É aí que entra o Processo de Gestão de Talentos da Koch.

MATRIZ DE VIRTUDE E TALENTOS

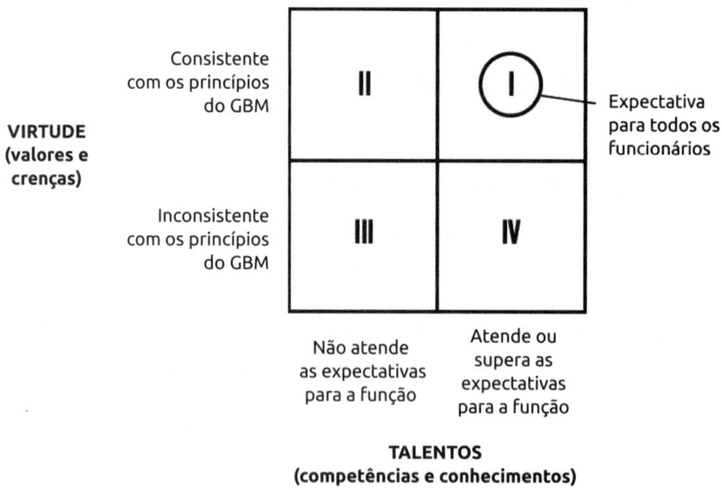

PLANEJAR FUNÇÕES QUE SE ADÉQUEM

Acredito que a capacidade de uma pessoa desempenhar determinada função não é determinada apenas pela sua formação e experiência, mas também pela sua aptidão e pelos tipos de inteligência em que essa pessoa se destaca. Nosso Processo de Gestão de Talentos ajuda a determinar o melhor cargo em que cada funcionário se encaixa, utilizando a teoria de múltiplas inteligências do psicólogo de Harvard Howard Gardner.[8]

A teoria de Gardner postula que existem oito tipos diferentes de inteligência, e nenhum de nós tem todas elas desenvolvidas da mesma forma. São elas: interpessoal, intrapessoal, linguística, lógico-matemática, espacial, naturalista, corporal-cinestésica e musical.

Esse modelo tão subutilizado é de vital importância para as empresas porque, quando internalizado, ajuda os líderes a aplicar melhor o conceito de vantagem comparativa. O potencial que as pessoas têm para desenvolver habilidades e conhecimentos específicos é determinado por suas inteligências individuais. Assim, o desempenho aumenta visivelmente sempre que as funções (uma combinação de responsabilidades) são planejadas para se adequar às aptidões individuais de cada funcionário (ver "Funções, responsabilidades e expectativas", no Capítulo 9 – "Direitos de Decisão").

Pense no exemplo de Michael Jordan. Ele se firmou como um dos maiores jogadores de basquete de todos os tempos, mas ainda assim também queria jogar beisebol. Quando fracassou no beisebol, voltou para o basquete e foi tremendamente bem-sucedido na função que melhor se adequava à sua habilidade natural.

"Descrições de funções" prévias desperdiçam os recursos de uma empresa ao tentar encaixar pinos quadrados em buracos redondos, e vice-versa. A Koch consegue criar mais valor para os seus clientes e para a sociedade, e proporcionar mais realização, ao planejar responsabilidades, expectativas e cargos individualizados, que valorizam e utilizam plenamente as habilidades naturais dos funcionários.

Para maximizar a rentabilidade no longo prazo, cada funcionário – seja ele antigo, seja recém-contratado – deve se comprometer com princípios sólidos, ter o nível e o tipo apropriados de talento e desempenhar a função que mais se adéque a ele.

PLANEJAMENTO DE TALENTOS

Para avaliar a pujança do talento em uma empresa, usamos um processo de Planejamento de Talentos que chamamos de "classificação ABC". Nele pedimos que os líderes avaliem as vantagens comparativas, o desenvolvimento, as oportunidades e a disposição para as próximas tarefas de cada um de seus funcionários e, em seguida, que atribuam uma nota a seus desempenhos: A, B, ou C.

Esse processo é muito diferente da classificação artificial que algumas empresas usam – destacando os 10% de seus funcionários que se saíram pior a cada ano, como um professor determinado a reprovar uma décima parte da turma, mesmo que tais estudantes tenham tido um desempenho aceitável. (Lembro-me de ter tirado 45/100 em uma prova de física na faculdade e de ter ficado preocupado de ser reprovado nessa matéria incompreensível. Mas, como a nota média ficou em torno de 20, acabei ficando acima da média.)

Nosso objetivo é que todos os nossos funcionários tenham alto desempenho – não colocá-los uns contra os outros. Ninguém deve receber um C, e os que recebem devem receber a oferta de ajuda e treinamento necessários para que possam melhorar.

Essas notas são atribuídas utilizando as seguintes diretrizes:

Nível A

Desempenho e contribuição em uma função que oferece uma vantagem competitiva significativa sobre funções similares nos principais concorrentes e, portanto, contribui imensamente com a rentabilidade de longo prazo. Os funcionários com este nível de desempenho geralmente representam os 15% melhores da sua área entre seus pares. Nossos negócios e áreas procuram constantemente contratar pessoas com esse desempenho e garantir que elas fiquem conosco. A Koch está sempre de olho no mercado em busca de funcionários de desempenho nível A e se esforça continuamente para melhorar sua capacidade de identificar, recrutar, reter e motivar esses indivíduos competitivamente favorecidos.

Nível B

Demonstrou desempenho e contribuição em uma função no mínimo tão bons quanto os dos seus pares nos principais concorrentes. Embora não esteja no nível mais alto, está na metade superior entre aqueles que atuam no setor. O desempenho de nível B é bom e o funcionário atende e pode até superar as expectativas em muitas áreas de desempenho de forma consistente. Os funcionários com este nível de desempenho são, juntos, determinantes para o sucesso de uma empresa. Eles não são deixados de lado, vivendo na sombra dos funcionários nota A; no entanto, devem ser desafiados a crescer e melhorar.

Nível C

Seu desempenho e contribuição em uma função colocam a empresa em desvantagem competitiva por ficarem abaixo da média em relação aos seus pares nos principais concorrentes. O desempenho de nível C não atende às expectativas. O funcionário pode estar na função errada, o que significa que poderia chegar a um nível B ou até mesmo um nível A se estivesse em uma função que melhor aproveitasse suas vantagens comparativas. Mas, se seu desempenho não conseguir atingir um nível B, seja encontrando uma função adequada, seja desenvolvendo suas capacidades, ele não deve ficar na empresa.

Como a teoria de Gardner indica, a incapacidade de um funcionário de criar valor em determinada função não significa que ele não poderia criar valor se estivesse em outra função. Na verdade, em muitos casos, é muito pelo contrário. Portanto, o próximo passo após a avaliação é determinar se o fraco desempenho é causado simplesmente pelo fato de o indivíduo estar na função errada. Michael Jordan pode ter sido um B ou C no beisebol, mas ele certamente foi um A no basquete.

Da mesma forma, a incapacidade de criar valor em uma empresa não significa que acontecerá o mesmo em outro lugar. Os funcionários podem ter muito mais sucesso em outra empresa que tenha necessidades distintas ou uma cultura mais adequada aos seus talentos e virtudes.

O propósito do processo ABC não é bajular ou estigmatizar ninguém, mas sim assegurar que estamos atraindo, contratando, desenvolvendo, alocando e mantendo os talentos de que precisamos para ter sucesso no longo prazo. É por isso que evitamos divulgar essas classificações.

Independentemente do processo que você escolha para avaliar talentos, ele não deve ser aplicado como uma fórmula burocrática e rígida, mas deve, sim, ser usado como uma ferramenta para identificar quais funcionários são capazes de atingir um desempenho de nível A, detectar falhas da gerência ao lidar com funcionários de desempenho nível C e ajudar funcionários que estão nas funções erradas a encontrar melhores funções. Os líderes devem agir rapidamente para fechar lacunas, de modo que o desempenho da empresa possa melhorar.

Naturalmente, o desempenho dos funcionários irá variar com o tempo. Alguns irão melhorar muito ao longo dos meses e dos anos, enquanto outros podem ser incapazes de se adaptar a um ambiente dinâmico ou a outros fatores. Como as circunstâncias dos funcionários podem mudar, é importante avaliá-los regularmente e atribuir as classificações A, B ou C ao desempenho atual – não ao desempenho no passado. A classificação não é uma medida imutável do valor que eles podem criar, mas sim uma medida do valor que estão criando agora.

Atrair o máximo possível de talentos de nível A permite que uma empresa construa competências adicionais e vantagens competitivas, capte mais oportunidades de crescimento e se prepare para a sucessão. Perdemos diversas oportunidades porque não tínhamos os talentos necessários disponíveis. Por isso, agora temos uma atitude mais proativa para contratar aqueles que achamos que têm potencial para agregar mais valor, independentemente de preencherem ou não uma vaga existente.

O que fazemos não é "fortalecer o banco de reservas". Nossos melhores funcionários não ficam sentados no banco. Quando contratamos funcionários de alto desempenho para uma vaga aberta, fazemos questão de lhes dar a oportunidade de criar valor de verdade. Há sempre mais oportunidades do que pessoas para aproveitá-las, portanto, vale a pena complementar constantemente o nosso banco interno de talentos.

MELHORANDO O DESEMPENHO

Quando uma situação de desempenho ruim não é tratada (inclusive permitindo que funcionários com desempenho ruim permaneçam em seus cargos – especialmente nos cargos de liderança), uma empresa se torna inevitavelmente disfuncional. Para que um processo de gestão de desempenho seja eficaz, ele deve solucionar esses problemas. Ele não pode permitir que os supervisores apenas cumpram uma formalidade ao dar feedback, deixando de obrigar o funcionário a encarar suas próprias limitações.

Para lidar com a tendência dos supervisores de evitar conversas desagradáveis com seus funcionários, o feedback deve ser pensado de forma a realmente ajudar os funcionários a melhorar seu desempenho. Esse feedback deve ser específico, direto e honesto, e não genérico, vago e agradável. Deve ser baseado em fatos, utilizando uma autoavaliação e uma avaliação global feita pelas pessoas que trabalham lado a lado com o funcionário. Na Koch acreditamos que esse método é muito mais eficaz do que as classificações prontas geralmente prescritas, que são mais fáceis de aplicar.

* * *

A Koch dá aos funcionários um feedback sobre três áreas principais: principais contribuições, pontos fortes e pontos de melhoria. Ao listar exemplos específicos de contribuições para a empresa, encorajamos os funcionários a se esforçarem para fazer ainda mais. Ao resumir os principais pontos fortes, disponibilizamos as informações que irão garantir que as funções dos funcionários sejam adequadas às vantagens comparativas que eles oferecem.

Para que nossa abordagem qualitativa dê certo, os supervisores devem se expressar claramente sobre os pontos fortes e as necessidades de desenvolvimento – sobretudo quando um funcionário não está atendendo às expectativas. Para que os funcionários se aperfeiçoem, o supervisor deve ter a coragem de dizer-lhes no que precisam trabalhar.

Ao mesmo tempo, os funcionários devem estar abertos e receptivos ao feedback honesto (é comum que os novos funcionários comentem que é a primeira vez que recebem um tipo de feedback direto que de fato os ajuda a melhorar. Embora possa ser um pouco difícil de aceitar, é muito benéfico).

Esse processo de melhoria de desempenho dá ênfase tanto ao funcionário quanto ao supervisor. E não se pode esquecer que *todos* podemos melhorar – inclusive os CEOs. Aqui estão algumas das recomendações de melhoria contidas na minha avaliação de desempenho de fevereiro de 2015:

- “Evite dar indicações confusas ao falar sobre riscos a serem assumidos.”
- “Sempre dê feedback quando atenderem seus pedidos de informação.”
- “Mantenha as análises focadas na precisão, e não na exatidão.”

Considero minha avaliação anual de desempenho muito construtiva. Os CEOs devem ser tão abertos e receptivos ao feedback honesto quanto qualquer outro funcionário. Preferimos que nossos egos sejam ligeiramente feridos por um feedback incisivo ou que levem uma grande pancada ao nos depararmos com um grande fracasso?

DESENVOLVIMENTO DE CARREIRAS

Em linha com a filosofia do nosso GBM, os funcionários da Koch devem pensar e agir como empreendedores éticos e tomar as rédeas de suas carreiras. Eles devem estar dispostos a compartilhar suas aspirações profissionais e buscar opiniões para que tracem metas de carreira realistas. Essa é uma informação essencial para os supervisores de todos os níveis, que ajuda a empresa a otimizar seu banco de talentos.

* * *

Ao desenvolver suas competências individuais, os funcionários contribuem mais, encontram maior realização no trabalho e têm maior probabilidade de atingir seu potencial máximo. Em vez de utilizar currículos padronizados ou planos de carreira rígidos (que não conseguem levar em conta as necessidades, habilidades e preferências individuais), esforçamo-nos para criar um mercado interno para os funcionários, oferecendo possibilidades de carreiras baseadas em suas aptidões e interesses, ao mesmo tempo que levamos em conta como eles podem contribuir mais com a empresa.

Espera-se que os supervisores, com o apoio do RH, ajudem nesse processo de desenvolvimento. Para isso, eles devem identificar problemas de desempenho, dando feedback, treinando, modificando as funções atuais para ajustá-las às competências e preparando os funcionários para novas funções. Os supervisores são responsáveis pelo desenvolvimento da carreira das pessoas de sua equipe e pela manutenção de uma cultura que maximize o desenvolvimento dos funcionários e evite que os talentos fiquem escondidos. Para isso, os supervisores devem divulgar aos seus funcionários oportunidades disponíveis em outras áreas da Koch. Caso isso não aconteça, o banco de talentos não será otimizado, a motivação diminuirá e perderemos funcionários de alto potencial.

As pessoas às vezes acreditam que, para crescer na carreira, precisam de uma promoção ou troca de função. Nós fazemos de tudo para que isso não seja necessário, para que elas possam permanecer concentradas na criação de valor, em vez de se concentrarem em seu próximo passo.

Se os supervisores conseguem manter os funcionários engajados e desenvolver suas habilidades, haverá um aumento nas responsabilidades, contribuições e compensações. Os funcionários apresentam melhor desempenho quando podem maximizar suas contribuições sem precisar pensar em promoções, títulos ou algum plano predeterminado para o futuro.

As orientações individuais no local de trabalho são a maneira mais eficaz de ajudar os funcionários a se desenvolverem em qualquer tipo de empresa. Um treinamento formal pode transmitir conhecimentos básicos aos funcionários, e o nosso enfatiza a conformidade, a ética e os conceitos e ferramentas do GBM (nossa competência de GBM, descrita no Capítulo 4, é ótima em ajudar os funcionários a colocar a teoria em prática). Mas nenhum treinamento substitui a experiência do trabalho orientado, portanto, damos mais valor ao relacionamento supervisor-empregado do que aos treinamentos.

Um desenvolvimento individual eficaz beneficia tanto o funcionário quanto a empresa. Os funcionários prosperam e se realizam mais no trabalho, enquanto a empresa satisfaz um requisito básico para o sucesso de longo prazo: o desenvolvimento, a retenção e a motivação dos funcionários altamente produtivos.

Quando entrei em contato com o treinador Clark para pedir-lhe permissão para citá-lo neste livro, ele gentilmente consentiu. Ele respondeu: "Acreditamos que a melhor forma de chegar à essência dos nossos valores é adotando a seguinte mentalidade: gratidão por tudo; direito a nada".[9]

O velho clichê é verdadeiro: boas pessoas são o recurso mais valioso de uma empresa. Elas também são essenciais para se obter bom lucro. Junto-me ao coro de Jack Clark e daqueles que se sentem gratos por tudo, mas sem ter direito a nada. Sou especialmente grato por todo o nosso pessoal incrível.

CAPÍTULO 8

PROCESSOS DE CONHECIMENTO

Usando informações para produzir resultados

> Uma coisa é desejar ter a verdade ao nosso lado, e outra é desejar sinceramente estar do lado da verdade.
>
> **- RICHARD WHATELY[1]**

Eu e meus três irmãos temos em comum algo que eu não desejaria a nenhum homem: câncer de próstata. O caso de David foi o mais grave. Já estava em um estágio avançado quando foi descoberto, em 1992. Depois de ter sido submetido a radiações malsucedidas seguidas de uma cirurgia, ele se casou pela primeira vez aos 56 anos e teve três filhos com sua esposa, Julia. Mas o câncer voltou, e nenhum tratamento médico conseguiu erradicá-lo permanentemente.

A terapia hormonal tem mantido o câncer afastado até o momento. Lutar o mais rápido possível, com o máximo de conhecimento possível, das melhores fontes, é o que tem mantido David vivo há mais de duas décadas.

Como meu pai dizia, a adversidade pode muitas vezes ser uma bênção disfarçada. Por causa de seu diagnóstico e experiência com as limitações dos mais diversos tratamentos, David se tornou um apaixonado financiador de pesquisa sobre o câncer, para o benefício de todos. Uma de suas mais significativas contribuições para o tratamento do câncer foi a criação de um instituto no MIT cuja missão é "desenvolver novos conhecimentos sobre o câncer, além de novas ferramentas e tecnologias para tratar, diagnosticar e prevenir o câncer da melhor forma possível". É lógico que David – um engenheiro nato – se interessaria a fundo pela busca por melhores ferramentas e tecnologias para combater essa doença maligna.

O laboratório do instituto e as áreas comuns foram especificamente projetados para promover a interação e uma cultura de colaboração entre engenheiros e cientistas. Usando uma metodologia interdisciplinar, o instituto reúne biólogos e químicos, com cientistas da computação, médicos e engenheiros biológicos, químicos, mecânicos e de ciências de materiais. Leva o nome de Instituto David H. Koch de Pesquisa Integrada sobre o Câncer do MIT – ou, para abreviar, Instituto Koch. A meu ver, seu princípio de organização o torna um exemplo perfeito de uma das cinco dimensões necessárias para obter bom lucro: os processos de conhecimento.

Os processos de conhecimento são provenientes de uma estrutura e de uma cultura que permitem que os participantes inovem, compartilhem descobertas de forma espontânea, exatamente como acontece no Instituto Koch. Este capítulo trata de como você também pode criar uma organização inovadora a partir do compartilhamento de conhecimentos.

COMPARTILHAMENTO ESPONTÂNEO DE CONHECIMENTOS

A pesquisa no Instituto Koch se concentra em cinco programas considerados imprescindíveis para que se possa controlar o câncer rapidamente: (1) desenvolver um tratamento contra o câncer baseado em nanotecnologia; (2) criar novos dispositivos para detecção e monitoramento do câncer; (3) analisar a base molecular e celular da metástase; (4) promover a medicina personalizada por meio da análise sistemática do desenvolvimento do câncer e da resistência aos medicamentos ligados a cada tipo de câncer; e (5) desenvolver o sistema imune para combater o câncer.

No instituto, a fusão de tecnologias, disciplinas e perspectivas em cada uma dessas áreas, tradicionalmente vistas como distintas, cria uma série de novas oportunidades. Ao reunir engenharia, física e biologia, o Instituto Koch está preparado para fazer grandes avanços a fim de acabar com a terrível praga do câncer.

Não importa se o objetivo é curar o câncer, construir um smartphone menor e mais veloz ou desenvolver uma maneira mais eficiente e ambientalmente correta de produzir nylon, a inovação disruptiva requer criação, aquisição, compartilhamento e aplicação de conhecimentos. Os métodos usados para isso são o que na Koch chamamos de processos de conhecimento. Eles incluem mecanismos que nos informam imediatamente sobre inovações em todo o mundo, e procedimentos que nos dão feedback sobre como melhorar nossa visão e indicar nosso progresso com base nas melhores informações e descobertas.

Quando Liz e eu visitamos o instituto com Julia e David, vi lágrimas nos olhos do meu irmão durante grande parte do evento. Igualmente comovente, para mim, foi perceber que os biólogos e engenheiros do instituto estavam empregando o que é provavelmente a metodologia mais eficaz contra qualquer problema insolúvel – *República da Ciência*, de Polanyi, livro do qual mantenho uma cópia já bastante desgastada pelo uso em meu armário.

Nessa obra, o professor de química e, mais tarde, filósofo idealizou uma "sociedade de desbravadores" que lutavam "por um futuro desconhecido". O centro de pesquisa que hoje fica em Cambridge, Massachusetts, é uma materialização dessa visão que tanto valoriza a vida humana – um lugar pleno de inteligência e dedicação, sediado em um edifício extraordinário viabilizado pelo meu irmão mais novo.

O Instituto Koch, moldado de acordo com os princípios da visão de Polanyi, confirma para mim que aqueles que buscam a excelência – seja na ciência, nos negócios, nos esportes, nas artes ou em outras atividades – irão ao encontro dessa filosofia, que é um tipo de processo de conhecimento.

"Reunimos os melhores cientistas e especialistas em ciência, todos com visões focadas em um objetivo distante e ainda vago", explicou a Dra. Susan Hockfield, presidente do MIT, quando o Instituto Koch foi inaugurado. "Embora eles possam conduzir suas pesquisas de maneira autônoma, estamos certos de que a inteligência e as revelações comunitárias serão mais importantes do que aquilo que qualquer um desses brilhantes indivíduos poderia realizar por conta própria."[2]

Acredito que Polanyi concordaria. A comunidade científica é inovadora porque proporciona "uma organização disciplinada e ao mesmo tempo [estimula] uma rebelião contra ela", escreveu (essa frase também descreve bem minha adolescência, e pode ser um dos motivos pelos quais me sinto atraído pelas ciências). Ela "impõe os ensinamentos da ciência em geral com o simples objetivo de subvertê-los em casos específicos".

O Instituto Koch se encaixa perfeitamente na descrição de Polanyi sobre a ordem espontânea do ajuste mútuo das iniciativas individuais via compartilhamento de conhecimentos. Se pensarmos no problema do câncer como um enigma, a seguinte passagem de Polanyi pode ser lida como uma instrução para encontrar a cura:

> Imagine que recebemos peças de um quebra-cabeças enorme, e suponha que, por alguma razão, nosso gigantesco quebra-cabeças precisa ser montado no menor tempo possível.
>
> Naturalmente, tentaríamos agilizar pedindo ajuda para diversas pessoas; a pergunta a ser feita é como elas poderiam contribuir da melhor forma possível. A única maneira de os ajudantes poderem efetivamente cooperar, e superar com vantagem o que qualquer um deles poderia fazer individualmente, é deixá-los trabalhar para montar o quebra-cabeça diante dos outros, de modo que, cada vez que uma peça for encaixada por um

> ajudante, todos os outros estarão imediatamente atentos ao passo seguinte. Nesse sistema, cada ajudante agirá por iniciativa própria, em resposta às últimas ações dos outros, e a tarefa conjunta será concluída em muito menos tempo. Temos aqui resumida a forma como uma série de iniciativas independentes é organizada para chegar a um objetivo comum, ajustando-se mutuamente, em cada etapa sucessiva, à situação criada por todos os outros que estão agindo da mesma forma.[3]

Para que uma cultura – seja de um centro de pesquisa de última geração, seja de uma organização multinacional, seja de uma empresa recém-criada – crie uma ordem espontânea que contribua para as descobertas, ela deve sempre buscar, cultivar e implementar novos conhecimentos. Nem todas as organizações demonstram essas qualidades virtuosas. É por isso que no GBM a dimensão Virtude e Talentos é interdependente com a dimensão de Processos de Conhecimento – porque as pessoas precisam ser do tipo que está sempre disposto a colaborar (é claro que todas as cinco dimensões são interdependentes, o que enfatizamos na Koch ao aplicá-las holisticamente).

A cultura daí decorrente é o oposto de uma cultura em que os trabalhadores seguem cegamente as ordens. No lugar de um conjunto de instruções, fornecemos aos funcionários um ambiente e uma caixa de ferramentas. Cada funcionário trabalha com seu supervisor para desenvolver uma função, responsabilidades e expectativas. As ideias são estimuladas e confrontadas, e não criticadas de forma negativa. O tipo de comunicação que estimula a criação de valor requer uma discordância construtiva.

Qualquer pessoa que queira maximizar a criatividade deve trabalhar como parte de uma equipe interdisciplinar, compartilhando ideias como se faz no Instituto Koch – e não em grupos isolados –, e seus líderes devem fornecer-lhe os recursos e o tempo suficientes para isso. As pessoas também devem otimizar o tempo, reconhecendo o custo de oportunidade de um trabalho menos importante. Designar um funcionário nível A para resolver em tempo integral um problema particularmente espinhoso costuma ser a chave de uma inovação bem-sucedida.

Em 2004, a INVISTA havia abandonado os planos oficiais para desenvolver um novo processo para produção de um ingrediente importante na produção de nylon em razão de diversas barreiras técnicas aparentemente intransponíveis. Depois que adquirimos a INVISTA, ficamos do lado do líder de pesquisa da empresa, permitindo que sua equipe continuasse trabalhando no processo.

Dois anos mais tarde, eles conseguiram um avanço revolucionário. O líder rapidamente conseguiu aprovação para realizar testes de laboratório e para um programa-piloto. Nesse momento, seu talento para tirar tecnologias do papel e colocá-las em prática foi necessário para construir novos recursos biotecnológicos do zero. Assim, ele mudou de função para assumir a liderança na criação de um centro de biotecnologia de primeira linha no Reino Unido, que, mais uma vez, fez avanços extraordinários em um curto espaço de tempo.

Para que o novo processo de produção de nylon saísse da fase piloto e prosseguisse para a etapa comercial, era necessário ter outro líder de P&D de nível A. Assim, outro talentoso cientista da INVISTA, com experiência tanto na fabricação quanto na comercialização, liderou a equipe ao longo de vários meses de testes teóricos. Juntos, esses líderes resolveram todos os problemas que poderiam acabar com o projeto e realizaram uma série de grandes avanços que permitiram que a nova tecnologia estivesse pronta para comercialização na fábrica da INVISTA em Orange, Texas, em 2014. O processo foi além das nossas expectativas, demonstrando mais uma vez a importância de ter funcionários nível A em funções de liderança com responsabilidades voltadas à criação de conhecimento.

REDES EXTERNAS

O efeito do compartilhamento de conhecimentos por um funcionário nível A que transitou de uma área para outra na Koch me faz lembrar dos exploradores do país natal do meu avô, a Holanda. Os holandeses do século 17 enviavam seus navios comerciais para todo o mundo, com rotas partindo de Jacarta, nas Índias Orientais, até Aruba, nas Índias Ocidentais – um percurso de quase vinte mil quilômetros.

Inovações impulsionadas pelo conhecimento adquirido com esse comércio – como projetos de navios melhores, moinhos de vento e recuperação de terras – impulsionaram um *boom* na economia holandesa, transformando a vida de seus cidadãos tanto econômica quanto culturalmente (Rembrandt e Vermeer floresceram nesse ambiente, que também serviu de refúgio para pensadores revolucionários como Descartes e Locke, e dissidentes honrados como os huguenotes e os peregrinos da colônia de Plymouth).

A lição que fica é que as sociedades são mais prósperas quando o conhecimento é mais abundante, acessível, relevante e barato. Essas condições são asseguradas quando há liberdade de expressão e associação, e quando o comércio é baseado no ganho mútuo. As pessoas fazem trocas – comerciais ou de outros tipos – porque esperam que as transações melhorem sua qualidade de vida. Mas mesmo quando as trocas demonstram ser inviáveis, elas podem gerar conhecimentos valiosos, pois tendemos a aprender mais com nossos fracassos do que com nosso sucesso. Se quisermos nos beneficiar do conhecimento compartilhado em nossas organizações (que são essencialmente pequenas sociedades), devemos estar abertos a mais trocas mútuas, como faziam os holandeses.

Por mais competentes que possam ser seus funcionários, nenhuma empresa pode fazer frente à rápida inovação e às melhorias que surgem em todo o mundo contando apenas com recursos internos. Para entender rapidamente os desenvolvimentos, ameaças e oportunidades relevantes no mundo, uma empresa deve desenvolver redes externas eficazes para acompanhar as mudanças contínuas nas tecnologias, métodos, mercados, políticas, estratégias e valores humanos.

Essas redes podem contemplar parceiros comerciais, clientes, fornecedores, ex-funcionários do setor, especialistas, universidades, desenvolvedores de tecnologia, consultores e outras fontes. Manter boas relações e contato com todos é essencial para que se possam criar visões e estratégias, definir prioridades e antecipar e compreender os avanços que podem afetar os negócios.

Elas também ajudam a identificar, avaliar e captar inovações, aquisições e projetos capazes de criar mais valor. Dada a importância do GBM para o nosso sucesso, a Koch confia em nossas redes para nos ajudar a identificar possíveis oportunidades de aquisições de empresas que tenham culturas compatíveis. Ter uma cultura alinhada com a nossa pode ser tão importante para definir as empresas que iremos adquirir quanto termos competências alinhadas, mas nem sempre é fácil encontrar esse alinhamento.

Foram necessários muitos anos para construir redes de conhecimento que compreendessem nossa filosofia, competências, estratégias e áreas de interesse. Posso dizer o mesmo sobre o que foi preciso para motivar os membros da nossa rede de trabalho a nos ajudar a identificar e captar as melhores oportunidades. Pagamos nossos assessores com base no valor que eles criam para nós, alinhando assim seus interesses aos nossos.

Nossas redes se expandiram e diversificaram muito à medida que agregamos novos negócios e novas competências. Por exemplo, até o final dos anos 1990, o negócio dos biocombustíveis era pouco atraente para nós porque não era viável sem subsídios governamentais (maus lucros gerados por meios políticos não nos interessam). Mas, quando os preços do petróleo bruto subiram e surgiram inovações promissoras no processamento de grãos, a conta mudou. Percebemos que o etanol poderia ser um negócio lucrativo para nós – mesmo sem os subsídios e decretos aos quais nos opúnhamos.

As usinas tradicionais de etanol são terrivelmente ineficientes, uma vez que convertem apenas 33% da matéria-prima em produtos de valor agregado. Compare isso com a taxa de conversão de 96% de uma refinaria eficiente de petróleo bruto. Para avaliar se as ineficiências das usinas de etanol poderiam ou não ser significativamente reduzidas, a FHR desenvolveu outra rede de conhecimentos que reunia inventores, consultores de nutrição animal e fornecedores de equipamentos. Eles nos convenceram de que tal transformação era possível, e agora estão nos ajudando a converter as usinas da FHR em biorrefinarias mais eficientes.

Entre as melhorias já implementadas ou em andamento nas usinas de etanol da FHR estão melhorias do óleo e da proteína do milho, tornando-os adequados para usos que agregam mais valor. Essas melhorias, combinadas com as condições do mercado, induziram a FHR a comprar diversas usinas de etanol. A empresa é hoje a quinta maior produtora de etanol nos Estados Unidos, com produção anual de mais de 820 milhões de galões.

Por ter adquirido usinas de etanol, a FHR ajudou a Koch Supply and Trading a explorar oportunidades de comercialização e distribuição de etanol. As redes são ainda mais importantes para nossas áreas comerciais. Ao combinar suas excepcionais fontes de conhecimento e relacionamentos em todo o mundo com suas competências analíticas superiores e a estrutura patrimonial da FHR, a KS&T (em parceria com a Flint Hills) conseguiu construir um negócio de comercialização de etanol de sucesso.

A KS&T identificou essa oportunidade ao entender em primeiro lugar os problemas de distribuição da indústria, que eram causados pela fragmentação, dependência de ferrovias, dificuldade de escoamento e aversão ao risco por parte dos participantes. Em vez de apenas investir capital, a KS&T se viu no papel de agregador e absorvedor de riscos que poderia aumentar significativamente a eficiência do setor.

Ela construiu relações com parceiros que atuavam no transporte e na distribuição que poderiam ajudá-la a ter acesso às melhores soluções baseadas no acesso privilegiado, no ganho de escala e na opcionalidade. Para que esse trabalho funcionasse, o segredo foi alinhar os incentivos (ver Capítulo 10) de forma que todas as partes saíssem ganhando.

Uma vez estabelecida uma rede, ela nunca estará livre da necessidade de melhorar continuamente. Já encontramos diversos recursos e mecanismos que nos ajudaram a aumentar a efetividade das nossas redes.

Um deles é assegurar que o compartilhamento do conhecimento obedeça ao princípio do ganha-ganha. Os líderes devem assegurar que suas equipes compreendam o valor dos conhecimentos e o que pode e o que não pode ser compartilhado com terceiros. Informações comerciais próprias e propriedades intelectuais – segredos comerciais e detalhes de estratégias comerciais inclusos – são tipos de conhecimento que nunca ou raramente devem ser compartilhados externamente.

CONSULTORES

"Esconde-esconde por US$ 1.000 por semana." Esse era o mantra de um grupo de funcionários terceirizados que trabalhavam para nós durante uma grande reforma que fizemos na refinaria de Pine Bend nos anos 1980. A ideia deles era receber o salário, mas trabalhar o mínimo possível (hoje isso equivaleria a "vários milhares de dólares por semana"). Era revoltante. E caro. Aconteceu porque não tínhamos uma visão poderosa o suficiente para orientar e supervisionar projetos daquele porte. O mesmo tipo de problema pode surgir quando uma empresa contrata consultores.

Tendo trabalhado em uma empresa de consultoria logo após sair da faculdade, sei que consultores podem ser um excelente recurso para agregar conhecimentos a uma empresa sobre seus clientes, concorrentes, indicadores, tecnologias disruptivas, tendências e mudanças no setor público. Se os incentivos oferecidos aos consultores estiverem alinhados o suficiente para motivá-los a maximizar os benefícios para você em vez de maximizar suas taxas, os bons consultores podem agregar muito valor.

Entretanto, quando utilizados de forma inadequada, além de se tornarem um hábito caro, os consultores podem vazar informações sigilosas. Para utilizá-los corretamente, uma empresa deve selecionar somente os que demonstram os conhecimentos e valores corretos, especificar bem toda e qualquer tarefa, ter medidas apropriadas de progresso, manter uma supervisão rigorosa e sempre assegurar que os incentivos estejam alinhados.

As grandes empresas costumam desenvolver uma espécie de dependência excessiva de consultores. Isso apenas aumenta as despesas e prejudica o desenvolvimento das competências internas da companhia. Uma dessas grandes empresas incumbiu seu diretor de planejamento estratégico da tarefa de reduzir os custos com consultorias, que estavam consumindo US$ 2 bilhões por ano. No final das contas, as empresas de consultoria haviam penetrado em todos os cantos da empresa, tornando-a incapaz de tomar decisões por conta própria. Cada estudo concluía que era necessário realizar mais um estudo. Mas, mesmo quando os custos com serviços de consultoria foram reduzidos em 75% dentro de apenas um ano, a empresa nunca perdeu nada.

Da mesma forma, quando adquirimos a GP, ela gastava dezenas de milhões de dólares em consultores que produziam conhecimentos de qualidade e entregavam relatórios impressionantes, mas que raramente resultavam em ações eficazes. Cortamos os gastos da GP com consultores em mais de 80%, substituindo-os por novos funcionários (alguns deles os próprios consultores, que detinham os valores, as habilidades e os conhecimentos necessários). Esse novo arranjo produziu conhecimentos próprios e muito mais úteis que de fato deram origem a ações lucrativas, por um custo muito menor.

TRANSFORMANDO INFORMAÇÕES EM RESULTADOS

Conhecimentos são informações utilizadas de forma lucrativa para melhorar os resultados. Coletar e compartilhar informações simplesmente não traz resultados. Obter informações custa tempo e dinheiro, tanto para quem as fornece quanto para quem as recebe. Assim, precisamos garantir que não estamos perdendo tempo fornecendo informações que são bacanas de ter, mas que não melhoram os resultados (as reuniões são um dos grandes exemplos de violação dessa nota de advertência. Elas precisam ser planejadas de forma a garantir que o valor que criam exceda o custo de oportunidade dos participantes).

Isso é verdade tanto para a tecnologia da informação, ou TI, quanto para os outros produtores de informação. Com essa ressalva, é seguro dizer que a TI desempenha papel fundamental em nosso crescimento, permitindo-nos acumular e compartilhar conhecimentos e melhorar a forma como utilizamos nossas percepções e competências. Cada década trouxe avanços cada vez maiores – do *fax* nos anos 1970, passando pelo correio de voz nos anos 1980, o e-mail nos anos 1990 e os mecanismos de busca na última década, até a proliferação da nuvem e das ferramentas de análise de dados que usamos hoje.

Em nossos empreendimentos comerciais, a tecnologia alimenta dados históricos e em tempo real automaticamente, transformando-os em ferramentas de negociação e comparação e permitindo que os comerciantes identifiquem e reajam rapidamente às mudanças nas condições de mercado.

Em nossas fábricas, os resultados das auditorias ambientais e de segurança são imediatamente inseridos em nosso sistema online, e depois encaminhados ao pessoal responsável, para que possa acompanhar adequadamente e identificar padrões.

Em nosso setor de recursos humanos, o recrutamento se favorece das redes sociais como o LinkedIn e o Facebook, e de novos sistemas que conseguem inclusive encontrar candidatos que não haviam nem se candidatado às nossas vagas abertas.

No desenvolvimento de negócios, bibliotecas privadas online catalogam uma maciça quantidade de dados sobre o setor, bem como avaliações internas sobre projetos e negócios, evitando a repetição de esforços e arquivando análises e conclusões importantes de trabalhos passados.

Diversos aplicativos de busca e relacionamento vêm facilitando o acesso rápido e barato a milhares de funcionários e terceirizados, que ajudam a formar nosso ponto de vista sobre as oportunidades.

Sistemas de análise de engenharia global e de ciclo de vida de produtos ampliam o alcance da colaboração entre nossas equipes de engenharia e de produção em todo o mundo, possibilitando que o design de produtos de fato aconteça 24 horas por dia, 7 dias por semana. Da mesma forma, os sistemas de execução e planejamento de produção fornecem uma visão em tempo real de nossas operações, permitindo ajustes instantâneos aos cronogramas e respostas mais rápidas às mudanças impostas por clientes e fornecedores.

A amplitude, profundidade e potência dos contínuos avanços na tecnologia de informação são surpreendentes. A combinação de sistemas de comunicações sem fio acessíveis e onipresentes, o armazenamento aparentemente ilimitado, o aumento da capacidade de processamento dos dispositivos portáteis e o conhecimento derivado da possibilidade de processar uma quantidade gigantesca de dados resultaram em inovações que transformaram os próprios fundamentos das nossas práticas comerciais e a competitividade de nossos negócios. Quando utilizada adequadamente, essa tecnologia melhora os processos de conhecimento ao aumentar a velocidade e reduzir os custos de aquisição, armazenamento e distribuição de informações.

Em primeiro lugar, a adoção da arquitetura aberta por grandes fornecedores de plataformas como a SalesForce.com e o SAP está causando uma revolução nos novos aplicativos de processos de negócios, acarretando mudanças revolucionárias em nossa eficiência operacional e na eficácia das nossas áreas de vendas e marketing. Para tirar o máximo proveito dessas inovações, nossos negócios trabalham para rever suas visões e contemplar um uso mais transformador da tecnologia da informação.

Um grande exemplo disso é o Negócio de Tecidos Comerciais da GP, que usa novas tecnologias de comunicação para melhorar ainda mais sua eficácia na relação com distribuidores e consumidores finais. Os benefícios incluem uma melhor coordenação dos representantes de vendas dos distribuidores, maior capacidade de chegar a cada consumidor final e redução de custos com ligações comerciais.

Ao mesmo tempo, o negócio de Bens de Consumo da GP está testando a possibilidade de entrega direta ao consumidor via comércio eletrônico, o que acredita poder se tornar uma parte significativa do seu faturamento. Ambas as empresas estão usando mídias digitais e ferramentas analíticas avançadas – que reduzem o custo de distribuição de informações e ajudam a transformá-las em conhecimento – para criar mais valor para seus clientes e consumidores finais.

Outro uso transformador dessa nova tecnologia é a atenção dada por todas as nossas empresas à internet das coisas, que aumenta muito a conectividade – não apenas dentro dos negócios e da própria Koch, mas também em todas as nossas cadeias globais de fornecimento. Na GP essa tecnologia contempla experimentos como o "banheiro do futuro". Todas as nossas empresas utilizam a internet para melhorar a segurança e a confiabilidade das nossas fábricas.

A capacidade de uma empresa – qualquer empresa – de se transformar por meio da tecnologia da informação requer diversos elementos:

- Reconhecer que são os gestores, e não o departamento de TI interno da empresa, os responsáveis pela visão, pela estratégia e pela implementação voltadas à transformação. As organizações de TI tendem a favorecer sistemas de última geração, mas que muitas vezes não são lucrativos. Por outro lado, os gestores não têm uma compreensão adequada da tecnologia para contestar recomendações não rentáveis.
- Criar um departamento de TI que consiga recomendar tecnologias que serão lucrativas na prática – em outras palavras, com pessoas cujos conhecimentos, valores e incentivos estejam alinhados com toda a empresa. O departamento de TI também deve ter habilidades de gerenciamento de projetos, arquitetura técnica e de processos, gerenciamento de dados e segurança.
- Criar um processo de inovação que permita avaliar e dominar os avanços tecnológicos rapidamente sob orientação da própria empresa.

- Reestruturar e requalificar toda a organização empresarial, conforme necessário para que a empresa possa tirar o máximo proveito da nova tecnologia.

Como talvez já seja esperado, o uso extensivo da tecnologia da informação pode favorecer ciberataques. Em 2011, o negócio de toalhas e papéis higiênicos da GP foi alvo de um ataque de negação de serviço – em que os criminosos sobrecarregam o site da empresa, obrigando-a a parar de atender os clientes. Esses ataques – muitos deles até mais destrutivos – nos fizeram mudar de posição sobre segurança de TI. Reconhecemos que, para conseguir enfrentar essa ameaça, precisaríamos expandir nossos conhecimentos.

O que acabou acontecendo foi que a ajuda mais valiosa veio não de consultores pagos, mas sim de outras empresas que haviam sofrido ataques similares – uma prova do benefício mútuo de compartilhar conhecimentos. O fato é que a maioria das empresas não consegue acompanhar sozinha o ritmo acelerado dos avanços nas ferramentas e tecnologias utilizadas pelos *hackers*. Agora trocamos ideias com parceiros da indústria, instituições educacionais e organizações sem fins lucrativos, e ganhamos conhecimentos valiosos em troca.

MEDIDAS

Saber *por que* algo é lucrativo é muitas vezes tão importante quanto saber *o que* é lucrativo. Por essa razão, as empresas também devem desenvolver medidas que as ajudem a quantificar os determinantes da lucratividade. Preços, lucros e prejuízos nos dizem o que as pessoas valorizam e quais são os melhores métodos e recursos para satisfazê-las. Eles são também os principais indicadores de que estamos fazendo o certo enquanto empresa.

Em uma verdadeira economia de mercado, na qual os preços podem se ajustar livremente, os lucros e os prejuízos são a medida objetiva do valor com o qual uma empresa está contribuindo com a sociedade. Para ter sucesso, um negócio deve desenvolver mais do que medidas de lucros e prejuízos; deve também definir quais são seus determinantes implícitos, a fim de entender o que está agregando valor, o que não está, e por quê. Esse conhecimento é a base da visão e das estratégias, conduz a inovações, cria oportunidades para eliminar desperdícios e direciona a melhoria contínua.

Se fosse possível, cada empresa deveria definir como cada funcionário, atividade e recurso contribui para o valor de longo prazo do negócio e o bem-estar social. Infelizmente, é impossível medir essas contribuições com algum nível de certeza ou precisão, uma vez que o benefício em longo prazo da maioria das atividades é incomensurável, e o futuro é desconhecido. Portanto, devemos nos contentar com um conjunto de estimativas indiretas, que levam em conta as oportunidades, as competências e os recursos disponíveis para a empresa, e os riscos que lhe são apropriados.

Lembra-se do nosso consultor no Capítulo 4, cujos custos de oportunidade justificavam a contratação de um gerente e de um zelador? Isso ilustra por que é essencial analisar rigorosamente todas as oportunidades e alternativas. Eliminam-se desperdícios priorizando o que é mais lucrativo, ajustando o risco e o tempo. Trabalhar em uma atividade lucrativa é um desperdício quando há outra atividade ainda mais lucrativa que poderia ser realizada em seu lugar. Mas é impossível fazer esses cálculos sem conhecer os custos de oportunidade.

Parece contraditório, mas, ao considerar os custos de oportunidade, pode-se de fato aumentar os lucros se forem eliminadas algumas atividades lucrativas e de valor agregado, contanto que isso permita que a empresa capte oportunidades de maior valor. Até mesmos os ativos que não fazem parte diretamente de um negócio devem ser mensurados quanto aos lucros e prejuízos que geram, bem como quanto ao retorno sobre o capital, pois isso determinará se mantê-los é a melhor forma de usar esse capital.

Foi o que observamos ao adquirir a Georgia-Pacific. Quando a GP era uma empresa de capital aberto, ela detinha uma seguradora cativa em Bermudas cujos custos de manutenção eram de US$ 275 milhões. Mas, depois que a Koch adquiriu a GP, o GBM ajudou a melhorar seu desempenho em segurança, reduzindo significativamente o retorno desse capital (um bom problema para se ter). Houve uma grande redução no número de pedidos de indenização de funcionários pagos através de seguros, sinalizando que a GP tinha fundos de seguro muito maiores do que outras empresas. O custo de oportunidade de manter a seguradora se tornou muito alto, por isso a fechamos – após uma análise comparativa cuidadosa.

Mas cuidado: esses cálculos só são benéficos se conduzirem a ações lucrativas. É tentador calcular as coisas simplesmente porque o cálculo é fácil; em vez disso, precisamos calcular as coisas que importam, mesmo quando o cálculo é difícil. "Nem tudo que conta pode ser contado, nem tudo que pode ser contado conta",[4] como Einstein observou. As medidas mais relevantes nos mantêm no caminho certo, antecipando nossa visão de forma a nos permitir identificar oportunidades e problemas e estimulando inovações.

Em harmonia com esse conceito, a área de gestão de fundos de pensão da Koch desenvolveu medidas que melhoraram significativamente a rentabilidade dos ativos dos nossos fundos. Entre elas está a capacidade de monitorar e prever diariamente os riscos na nossa carteira. Buscamos um nível de risco tal que, se a volatilidade do mercado aumentar devido a um choque em qualquer parte do mundo, nossas participações possam ser reduzidas dentro de 24 horas.

Em consequência, durante o rebaixamento da nota da dívida americana e o potencial calote de 2011, conseguimos cortar rapidamente nossas posições em investimento em 30%, o que acabou gerando uma imensa economia. Ainda que seja difícil cronometrar o mercado em termos absolutos, pode-se criar muito valor se compreendermos os principais fatores que influenciam as variações no desempenho das ações globais e ajustarmos nossa carteira rapidamente e de acordo com tais variações. Em 2013, o retorno dos nossos investimentos foi mais do que o dobro do que teria sido se esses ajustes não tivessem sido feitos.

Uma organização bem-sucedida deve medir – e fazer de tudo para entender – a rentabilidade (e os fatores de rentabilidade) de seus ativos, produtos, estratégias, clientes, contratos e funcionários, e de tudo mais que seja possível mensurar.

Quando adquirimos a INVISTA ela não tinha medidas de rentabilidade por fábrica ou por produto. Isso impossibilitava que tomássemos decisões operacionais e financeiras bem informadas e impedia que determinássemos com precisão a lucratividade de cada cliente.

Também fez com que os gestores se concentrassem demais nas receitas, já que essa era uma das poucas medidas das quais eles dispunham. O resultado foi uma proliferação de produtos não lucrativos. Os gestores não conseguiam opinar sobre a forma como as despesas gerais eram atribuídas às linhas de produtos, o que os deixava sem uma genuína noção de responsabilidade. Os custos das transferências internas eram determinados por fórmulas, e não por um sistema que incentivasse todos a otimizar a empresa em geral.

Imediatamente, definimos formas mercadológicas de mensurar os lucros e os custos de transferência, para criar responsabilidade sobre cada linha da demonstração de resultados e do balanço patrimonial da INVISTA. Essas medidas ajudaram os gestores a ver quais empresas estavam indo mal e precisavam ser reestruturadas (e por quê), e quais estavam indo bem e justificavam mais investimentos.

Desde então, a INVISTA desenvolveu diversas outras medidas que muito contribuíram para o seu progresso. Agora ela monitora todos os fatores que compõem o preço de seus produtos e das matérias-primas. Isso inclui mecanismos de fixação de preço, tais como oferta/demanda, fluxos comerciais, fatores de custo e os preços e estruturas de custo de produtos substitutos. Além de melhorar a precificação, essas medidas ajudaram a entender melhor a atratividade dos investimentos em infraestruturas internas.

Os líderes devem buscar entender o ritmo das mudanças em seus setores e procurar saber se suas empresas ou áreas de responsabilidade estão melhorando a um ritmo igual ou mais rápido que o dos concorrentes. Mudanças na participação de mercado, percentual de redução de custos, margens e porcentagem de lucros de novos produtos são exemplos de tais comparações.

Ao mensurar, deve-se sempre dar ênfase à precisão, e não à exatidão. Em nossa terminologia, precisão é o grau de correção que cria valor. A exatidão vai além disso, chegando até quase a perfeição. A perfeição, nesse sentido, é a inimiga do progresso.

Em geral, é um desperdício elaborar informações com mais detalhes do que é necessário para tomar boas decisões. Ao avaliar um investimento, detalhes desnecessários apenas desviam do foco principal. Como é impossível prever os resultados com exatidão, tentar alcançar tal exatidão – fazendo, por exemplo, projeções financeiras com várias casas decimais – é um desperdício. Pior ainda, esses esforços podem criar uma falsa sensação de confiança.

Como tendemos a trabalhar naquilo que medimos, medir as coisas erradas gera desperdícios e pode destruir o valor. Um exemplo clássico é a ideia de reduzir *todos* os custos – não apenas os supérfluos ou não lucrativos. Se o seu objetivo é perder peso, você poderia perder cortando a perna, mas dificilmente isso será benéfico.

Cortar custos apenas por cortar às vezes é tão prejudicial quanto gastar demais, podendo inclusive prejudicar seriamente a rentabilidade futura. Muitas empresas vêm enfraquecendo suas franquias altamente lucrativas ao "comoditizá-las" reduzindo custos. Várias cadeias de *fast-food*, por exemplo, "comoditizaram" seus produtos ao baratear os ingredientes usados neles. É tentador esquecer o que os clientes valorizam e passar a se concentrar em melhorar as margens usando ingredientes mais baratos. Uma torta de barro é certamente mais barata do que uma torta de chocolate, mas não tem valor algum para um cliente faminto.

Embora as medidas devam ser quantitativas sempre que possível, componentes qualitativos e intangíveis também devem ser considerados, pois são fundamentais para a percepção criativa. Os gestores devem sempre se perguntar: "Quais são os principais determinantes do valor e dos custos?" e "Como podemos melhorar nossa posição competitiva de forma sustentável?".

Muitas vezes deve-se escolher entre oferecer produtos e serviços a um custo menor aos clientes, ou oferecer produtos e serviços de maior valor. Na Koch descobrimos que o modelo custo-preço-valor pode nos ajudar a medir a importância relativa da redução de custos e compará-la à criação de valor para o cliente, para qualquer produto específico.

Michael Porter, autor de *Estratégia Competitiva*, observa que as empresas tentam ganhar vantagens produzindo a custos baixos ou cobrando um preço *premium* por diferenciar seus produtos.[5] O Triângulo CPV nos ajuda a entender como aplicar essas duas abordagens.

Um produtor com vantagem de custo se concentra em eliminar os desperdícios constantemente, medindo e analisando a rentabilidade de cada atividade, processo, pessoa, recurso, produto e ativo, e comparando-os aos seus concorrentes.

Se, após reduzir os custos, a rentabilidade cai quando não são alterados outros fatores, então sabemos que o que foi eliminado não era um desperdício. Iniciativas lucrativas de redução de custos devem combinar uma análise marginal com o *benchmarking*, análise de custos de oportunidade, análise crítica e bom senso. Trata-se de determinar se vale a pena fazer algo, porque, como Peter Drucker ensinou, "certamente não há nada tão inútil quanto fazer com grande eficiência algo que nunca deveria ser feito".[6]

Pode-se diferenciar um produto ao entender o que os clientes valorizam agora e antecipar o que irão valorizar no futuro – um outro tipo de processo de conhecimento. Com base nessa compreensão, o produtor deve inovar continuamente para desenvolver produtos e serviços que sejam mais valorizados do que os seus concorrentes diretos ou indiretos. Criar mais valor para os clientes e tomar uma parte desse valor produz melhores resultados tanto para os compradores quanto para os vendedores – o bom lucro (vale notar que os clientes valorizarão o produto de acordo com seus valores subjetivos).

Empresas que diferenciam seus produtos ficam menos pressionadas pelas ações dos concorrentes. O preço deixa de ser apenas um denominador comum mínimo e passa então a ser determinado em grande parte pelo valor extra que os clientes estão dispostos a pagar pelo valor a mais oferecido.

Em geral, um empresário deve tentar ditar preços, e não simplesmente se conformar a eles. A melhor forma de fazer isso é descobrir novas maneiras de criar valor que sejam difíceis de imitar. É tanto do interesse do fornecedor/inovador quanto do cliente que o inovador capte a princípio a maior parte desse valor superior, pois isso o incentiva a continuar inovando, já que, por causa da destruição criativa, a porção que ele pode tomar para si diminui ao longo do tempo.

Este simples diagrama demonstra como o livre intercâmbio beneficia ambas as partes com base em suas expectativas. O lucro esperado do vendedor é a diferença entre o preço e o custo de fornecer um produto, enquanto o lucro esperado do comprador é a diferença entre o preço e o valor desse mesmo produto para o comprador. O preço não é apenas uma divisão do *valor total entre o vendedor e o comprador, mas determina também se haverá ou não uma transação. Um preço abaixo do custo geralmente significa que o vendedor não irá mais fornecer esse produto. Se o preço for superior ao valor que um potencial comprador atribui ao produto, então não haverá transação e nenhum valor será criado, nem para o comprador, nem para o vendedor.*

O TRIÂNGULO CPV

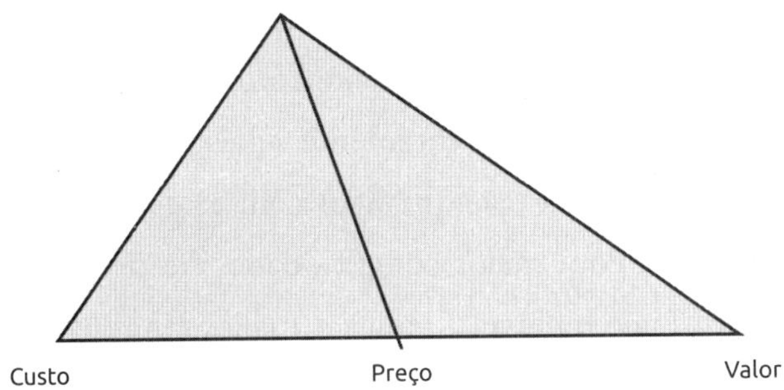

LUCRO DO VENDEDOR **LUCRO DO COMPRADOR**

ANÁLISE MARGINAL

Na análise marginal, pergunta-se: "Qual será a rentabilidade se agregarmos mais uma unidade de produção, mais ou menos uma fábrica, ou se fizermos um investimento mais expansivo, em comparação a um investimento mais modesto?". Para responder essa pergunta, é necessário pesar os custos e os benefícios de uma mudança. Chamamos de marginal não porque não é importante, mas porque é incremental, porque ocorre na margem. A análise marginal observa os benefícios e os custos associados a uma mudança específica. Por isso, geralmente ela é muito mais eficaz do que se usarmos uma média ou um valor total.

A maioria das decisões deveria ser tomada com base em uma análise marginal. Para realizar essa análise, deve-se compreender a diferença entre os custos e benefícios que são marginais e os que não são, tais como custos irrecuperáveis. Um negócio só aumentará consistentemente sua lucratividade e eliminará os desperdícios se tomar boas decisões na margem, que irá variar enormemente dependendo da decisão.

Para produzir mais uma unidade em uma fábrica com capacidade excedente, o custo marginal seria simplesmente o custo incremental incorrido (que pode variar significativamente em relação ao custo médio), mais algum possível efeito do mercado. Entretanto, se a produção de mais uma unidade exigir uma expansão, o custo marginal deve prever também o investimento necessário e os aumentos nos custos operacionais.

Esses aumentos são frequentemente subestimados, especialmente quando a empresa nunca teve que lidar com os custos de operar com maiores volumes e com maior complexidade. Ao decidir o que fazer com uma fábrica não rentável, usamos a análise marginal para comparar o valor líquido atual de continuar operando-a com os custos para desativá-la ou vendê-la. Quando usada corretamente, a análise marginal é uma ferramenta de mensuração indispensável.

BENCHMARKING

Outro tipo de medida que pode ajudar a eliminar o desperdício é o *benchmarking* – o processo de identificar, compreender e adotar as melhores práticas de qualquer parte do mundo. Isso pode ser feito de várias maneiras.

Independentemente de em qual setor estamos operando, todos podemos aprender muito com o melhor da empresa (interno), o melhor do setor (concorrência) e o melhor de qualquer setor em qualquer lugar do mundo (classe mundial). Analisar esse desempenho superior em um departamento específico – como manutenção, vendas, operações, TI, contabilidade etc. – é uma maneira poderosa de aprender sobre o que é melhor e como chegar lá.

No *benchmarking* no ramo de papel higiênico da GP, comparamos nossos custos não apenas com os de outras grandes empresas, mas também com os dos produtores mais eficazes em termos de custos, que se especializaram em apenas um segmento, como converter celulose em papel higiênico de marca própria. As melhores práticas devem ser buscadas onde quer que estejam, tanto dentro quanto fora da empresa ou até mesmo fora do setor.

Um *benchmarking* eficaz requer objetividade, portanto, deve ser feito com integridade. Essa objetividade às vezes é dolorosa, mas é essencial para entender a diferença entre o nosso desempenho e o melhor desempenho – e o que é necessário para eliminar essa diferença.

Embora seja difícil obter essas informações, é fundamental fazer uma comparação não apenas com os maiores concorrentes, mas também com aqueles que mais estão crescendo, os mais rentáveis, ou os que têm os menores preços. Quando percebemos que eles são melhores, nunca devemos chegar à conclusão de que isso se deve a fatores que não podemos controlar. Esse pensamento autoprotetor acontece com bastante frequência e pode ser desastroso porque simplesmente justifica a inação. Ir contra essa tendência exige a humildade de admitir que não conseguimos acompanhar os concorrentes, além de ter gestores seniores que se recusem a aceitar qualquer desculpa.

Uma medida que geralmente não é levada em conta no *benchmarking*, mas que pode trazer benefícios equivalentes, é comparar o desempenho real com o ideal, o que é mais fácil de fazer com processos físicos, usando medidas como a eficiência geral do processo, o rendimento e o consumo de energia. A diferença entre o desempenho ideal e o real indicará quais deles precisam prioritariamente de melhorias.

Há que se observar que em nenhum momento desta seção sobre medidas nós recomendamos o uso de orçamentos. Isto é importante: na Koch descobrimos que orçamentos em geral são ineficazes enquanto ferramentas de gestão. Na verdade, eles se tornam absolutamente contraproducentes quando se permite que criem incentivos perversos, como atrelar o pagamento de algum bônus a bater a meta do orçamento (o que, por si só, raramente representa uma verdadeira criação de valor). No entanto, orçamentos podem ser muito benéficos se utilizados como metas baseadas em referências significativas, como o desempenho ideal ou competitivo.

MEDIDAS DE CENTRO DE LUCRO

A melhor forma para uma empresa determinar onde e como criar valor é desenvolver índices que mensurem os "centros de lucro" – qualquer parte do negócio para a qual se possam desenvolver demonstrações financeiras. Centros de lucro podem ser criados sempre que se puder identificar produtos, preços de mercado, clientes, fornecedores e ativos. Seus demonstrativos financeiros devem refletir a realidade econômica. Nunca se esqueça de que, sempre que os lucros e prejuízos forem mensurados, é necessário também fazer uma análise para entender o que motiva tais resultados.

Identificar e criar medidas de centros de lucro eficientes partindo dos níveis inferiores pode proporcionar uma vantagem competitiva significativa. Inclui-se aqui a necessidade de conhecer a rentabilidade de cada cliente, o que não pode ser feito com precisão quando um negócio simplesmente atribui custos médios, como por volume, por exemplo. Deve-se prestar atenção sobretudo aos clientes que consomem baixos volumes. Eles tendem a gerar altos custos de vendas, e é por causa deles que diferentes especificações de produtos obrigam as fábricas a produzir pequenas tiragens ou manter estoques adicionais. Somente uma análise objetiva determinará o custo real de atender a esses clientes.

Em um cenário ideal, cada fábrica – e cada unidade dessa fábrica – deveria ter medidas que permitissem a ela calcular sua rentabilidade. Se uma fábrica produz mais de um produto, a lucratividade de cada um deveria ser rastreada. Quando uma empresa vende produtos ou serviços a clientes externos, os preços refletem a realidade econômica. Ao transferir os produtos internamente, os preços devem refletir a opção do mercado. Dessa forma, o preço interno deve representar o preço de mercado para o volume marginal correspondente. Se o mercado não for líquido e houver grande diferença no preço de compra e de venda desse volume, os preços de transferência devem ficar no meio do caminho, geralmente na média. Não há como tomar decisões comerciais consistentes sem preços de transferência realistas que permitam medir a rentabilidade de forma precisa.

Transferir produtos utilizando um sistema baseado no custo gera más decisões e impressões equivocadas sobre os lucros. Isso se assemelha a quando o governo subsidia uma empresa em detrimento de outra, distorcendo o processo de mercado e criando desperdícios. Exigir que as unidades de negócios comprem internamente umas das outras, sem que haja uma boa razão para isso – como proteger a propriedade intelectual ou criar economias de escala –, também pode ser prejudicial.

Essas práticas, que distorcem os lucros, são prejudiciais sobretudo quando são usadas para favorecer um negócio ou fábrica em dificuldades. Se uma operação não pode ser lucrativa – ainda que considerando seu efeito sobre os outros negócios da empresa –, ela deve ser vendida ou encerrada, e não subsidiada.

O objetivo dos mercados internos é evidenciar sinais de dentro da empresa, de forma que as decisões sejam tomadas com base na rentabilidade do negócio, assim como acontece nas compras externas. Mercados internos adequados geram conhecimento, embasam decisões, reforçam a responsabilidade e a imputabilidade, incentivam o empreendedorismo e ajudam a eliminar o desperdício.

Os centros de lucro incluem não apenas as atividades necessárias para produzir, vender e entregar produtos a um cliente externo, mas também as atividades de suporte, como contabilidade e serviços de crédito. Dada a dificuldade de medir o valor que os serviços de suporte criam, eles tendem a maximizar os próprios serviços se não forem supervisionados, em vez de maximizar a contribuição para a rentabilidade. Para minimizar esse problema, sempre que possível designamos esses serviços ao negócio pertinente ou a um mercado interno.

Em seguida, estimamos sua lucratividade por meio de *benchmarking* e comparando-o ao custo de terceirização, já levando em conta a qualidade. Mas não apenas a rentabilidade dos clientes, produtos, ativos e serviços de suporte deve ser mensurada. Como trataremos no Capítulo 10, a lucratividade de cada funcionário também deve ser estimada.

Isso pode ser feito rastreando, quantitativamente, quando possível, o valor atual das contribuições (positivas e negativas) do funcionário ao longo do ano e realizando avaliações anuais completas de desempenho. As avaliações devem incluir uma análise de desempenho feita pelas pessoas que trabalham mais próximas ao funcionário durante o ano – desde seus supervisores e colegas até subordinados.

DESAFIO

Assim como um país de livre comércio difunde entre as pessoas conhecimentos de todo o mundo, a liberdade de expressão dentro de uma empresa permite o intercâmbio de informações e ideias que geram inovação e progresso. Essa liberdade de expressão é um processo de conhecimento indispensável. Se a comunicação dentro de uma empresa for reduzida ou distorcida, a quantidade e a qualidade de seu conhecimento serão inevitavelmente afetadas, deixando praticamente todos (exceto a concorrência) em pior situação.

O compartilhamento de conhecimentos é importante não apenas para a inovação. Buscar, compartilhar, discutir ou desafiar ideias e planos é de fundamental importância para o sucesso de uma organização, em todos os aspectos.

Nenhum de nós detém todo o conhecimento necessário para tomar as melhores decisões ou fazer as melhores descobertas o tempo todo. Como o conhecimento é disperso e tem várias naturezas, precisamos de maneiras de assegurar que os conhecimentos relevantes sejam levados em consideração antes de tomarmos decisões importantes.

Quando se promove uma cultura de respeito e confiança no local de trabalho, os funcionários compartilham suas ideias e buscam os melhores conhecimentos para prever e resolver problemas. As trocas verbais dão origem a novas e melhores maneiras de criar valor. Quando essas trocas são dificultadas por tabus, burocracias, sistemas, procedimentos, posse, acumulação de conhecimento, egos ou hierarquia, o compartilhamento de conhecimento é asfixiado.

Os gestores têm que estar cientes de que o que dizem ou fazem muitas vezes se torna uma tradição e, quando for negativo, pode prejudicar todo o esforço. Algumas de minhas reações negativas a certas perdas nos custaram oportunidades por vários anos. Como critiquei muito os grandes prejuízos que sofremos no setor de transporte marítimo nos anos 1970, nosso pessoal nem chegou a considerar qualquer oportunidade nesse setor por mais de uma década. Não deixei claro o suficiente que o erro não era o fato de termos atuado no transporte marítimo, mas sim a forma como atuamos. Assim, destaco a necessidade de garantir que todos entendam o que está sendo criticado, e o que não está.

Na Koch a verdade é o que gera resultados. É ela que resiste aos testes das evidências e das críticas – e não o que alguém na hierarquia diz ser verdade. O questionamento contínuo e a troca de ideias para chegar a uma forma melhor é o que consideramos desafiador. Deve ser visto como uma oportunidade de aprender e melhorar, não como uma chance de destruir a ideia de outra pessoa. Os gestores devem incentivar os desafios fazendo perguntas como "O que não estamos vendo aqui?" ou "Há uma maneira melhor de fazer isso?".

Para funcionar bem, a contestação depende da coragem e da disposição de questionar respeitosamente as crenças, ideias, propostas e ações de qualquer um, em qualquer nível acima, inclusive do CEO.

Quem é contestado precisa participar com honestidade intelectual, com espírito de melhoria construtiva, em vez de se opor a algo só porque "não foi inventado aqui". Também é necessário deixar claro que o que está sendo contestado é a ideia, e não a pessoa.

Os modos formais de contestação são chamados de "processos de contestação". Um modo produtivo de iniciar tal processo é uma "sessão de *brainstorming*", que deve incluir representantes de todos os departamentos e competências que possam agregar valor à discussão, tais como administrativo, vendas, operações, suprimentos, tecnologia, desenvolvimento de negócios e setor público. Talvez também seja interessante incluir pessoas de fora, se elas tiverem conhecimentos superiores ou uma perspectiva valiosa.

Para ser mais eficaz, esse tipo de processo de contestação deve incluir pessoas com diferentes perspectivas, tipos de conhecimento e experiências. Esse é o tipo de diversidade importante para inovar e chegar à melhor decisão; é também o mais significativo e benéfico para a empresa, para os funcionários, para os clientes e para a sociedade.

A qualidade do esquema e da liderança desse processo de desafio formal também é fundamental para a sua eficácia. Os participantes certos, na plataforma certa, com o líder certo trabalhando em uma questão bem definida farão avanços na resolução de problemas que antes pareciam intransponíveis.

Uma versão ainda mais estruturada do processo de contestação é a auditoria de conformidade realizada por especialistas internos ou externos, tanto da área jurídica quanto da de conformidade. Algumas pessoas podem se opor a isso por se sentirem ameaçadas ou preocupadas porque a empresa não confia nelas. Em vez disso, a auditoria deve ser vista como uma oportunidade de aprender e melhorar. Você prefere descobrir que tem um problema por meio de uma auditoria ou após um desastre?

Para impulsionar o processo de destruição criativa internamente, nada e ninguém podem ficar imunes às contestações. Cada um de nós, desde os supervisores da linha de produção até o CEO, deve ajudar a propiciar um ambiente aberto em que a contestação e as mudanças sejam bem-vindas. Caso descubra que suas opiniões raramente são contestadas, é provável que você esteja dando a impressão de que não sabe ser contestado. Mais do que estarem abertos a contestações, os gestores de todos os níveis devem pedir por isso e agradecer a qualquer pessoa contestadora que faça uma contribuição construtiva.

Qualquer que seja o problema, ele deve ser tratado para que não coloque o negócio em perigo. Portanto, não importa o seu papel na empresa, você deve ser proativo para buscar conhecimentos e pontos de vista alternativos. Você deve se oferecer para compartilhar seus conhecimentos e opiniões com aqueles que poderiam tirar proveito deles. Quando todos os participantes de um processo de contestação adotam os Princípios Norteadores do nosso GBM e focam a criação de valor, o resultado é uma ferramenta de descoberta poderosa.

CONHECIMENTO E CRIAÇÃO DE VALOR

Voltando aos processos de conhecimento utilizados na pesquisa sobre o câncer descritos no início deste capítulo, você pode imaginar qual seria o resultado para os pacientes com câncer se as decisões dos pesquisadores fossem baseadas no medo, na resistência, no ego ou em incentivos perversos?

Resultados ruins são tudo o que pode esperar uma empresa em que as decisões se baseiam em influências destrutivas. Os processos de conhecimento exigem um pensamento econômico e crítico, lógica e evidências para produzir os resultados desejados. Todos devem ser claros a respeito dos modelos mentais que estão aplicando e comunicá-los com clareza. Evite qualquer complexidade desnecessária, mantendo as coisas, como Einstein aconselhou, "o mais simples possível, mas não simples demais".[7] Modelos mentais articulados com elegância, mas que pecam na complexidade, argumentos inúteis e ideias que não produzem resultados lucrativos não têm valor. O estilo nunca pode preceder à substância.

Sociedades livres são excepcionalmente eficazes em exprimir o que as pessoas valorizam e como melhor satisfazer esses gostos. Da mesma forma, dentro de uma empresa, ao se concentrar na verdade e nos resultados éticos, utilizando processos de conhecimento baseados no mercado, pode-se tirar proveito dos benefícios dos mercados livres para produzir conhecimentos úteis.

Há sempre maneiras melhores, mais rápidas e mais baratas de criar mais valor para uma empresa, para seus clientes e para a sociedade. A criação de valor requer um bom raciocínio econômico, medindo a lucratividade sempre que possível, buscando e compartilhando conhecimentos, aceitando desafios e utilizando adequadamente as ferramentas e os modelos mentais de eficácia comprovada. Esses são os elementos essenciais dos melhores processos de conhecimento.

Na Koch enfatizamos que a pessoa que detém mais conhecimentos relevantes a respeito de determinada decisão deve ser a pessoa a tomá-la. Embora seja geralmente verdade, é mais exato dizer que a pessoa com a vantagem comparativa é quem deve tomar a decisão, sendo esse o assunto do próximo capítulo.

CAPÍTULO 9

DIREITOS DE DECISÃO

Direitos de propriedade dentro da organização

"

As pessoas prestam mais atenção ao que lhes pertence; elas se importam menos com o que é de todos (...) [Elas] são mais propensas a ignorar suas obrigações quando acreditam que alguém irá cumpri-las.

- ARISTÓTELES[1]

"

A TRAGÉDIA DOS COMUNS

Quando eu era estudante de graduação em Cambridge, aluguei um apartamento na Trowbridge Street, que eu dividia com dois colegas de quarto. Esse apartamento não tinha um único ângulo reto e ficava localizado em um bairro barra-pesada. Certa vez, tive que fugir de uma tentativa de assalto enquanto voltava para casa sozinho à noite.

Cada inquilino do prédio deveria levar seu lixo para as lixeiras, que ficavam no beco na lateral do prédio, pela escada de incêndio. Mas os moradores preguiçosos jogavam os sacos escada de incêndio abaixo, deixando o lixo se amontoar até a altura do joelho.

Mesmo que um inquilino honrado (cof, cof) quisesse descartar seu lixo corretamente, era impossível passar por aquele beco, por causa da pilha de lixo. Nenhum de nós era dono do beco ou conseguia impedir que os outros o entupissem de lixo. Portanto, nenhum de nós se encarregou disso. Esse é um exemplo do que chamamos de "a tragédia dos comuns".

O ecologista Garrett Hardin cunhou essa expressão para descrever o que acontece quando pastores levam os animais para pastar em terras compartilhadas, chamadas de terras comuns.[2] Um pastor racional irá aumentar o número de animais pastando, porque lucra quando há mais animais alimentados e, mais tarde, vendidos, mas não precisa arcar com praticamente nenhum custo pelo pasto – até que a terra comum se esgote. Ele não tem nenhum incentivo para preservar a terra no longo prazo, porque sabe que, se não colocar muitos animais para pastar, alguém colocará. A questão é que, quando não há um dono ou alguém que se beneficie com a preservação de um recurso, ninguém se responsabiliza por ele, que tende então a ser utilizado de forma ineficiente, excessiva, ou até mesmo a ser extinto.

Muitas das coisas que dão errado ou oportunidades que não se materializam nos negócios são resultado da tragédia dos comuns – áreas compartilhadas com uma demarcação pouco clara (ou inexistente) de responsabilidades. Na Koch usamos os direitos de decisão para replicar os benefícios e responsabilidades dos direitos de propriedade na sociedade. Assim como pensamos nos funcionários da Koch como empreendedores, pensamos nos seus direitos de decisão como direitos de propriedade na empresa.

Um exemplo real e pungente da tragédia dos comuns foi o incidente da Deepwater Horizon, em 2010, no Golfo do México, causado por uma explosão no poço Macando, que havia sido perfurado para a British Petroleum por uma plataforma de propriedade e operada pela Transocean (vários funcionários da Halliburton estavam prestando suporte técnico).

Onze trabalhadores da plataforma morreram na explosão, e dezenas de outros ficaram feridos. Os danos resultantes à vida marinha e ao meio ambiente ao longo da costa do Golfo foram enormes.

Diante da mídia naquele dia fatídico, o CEO da BP parecia convencido a respeito de quem era a culpa. "A responsabilidade pela segurança na plataforma de perfuração é da Transocean. A plataforma, o equipamento, o pessoal, os sistemas, os processos de segurança são todos deles", disse ele à CNN.[3]

Mas a explosão poderia ter sido evitada se os direitos de decisão tivessem sido mais bem estabelecidos. Quem entre as três empresas e entre todas as pessoas empregadas por elas tinha a responsabilidade e a autoridade para suspender procedimentos perigosos? Se a BP tivesse percebido a magnitude e probabilidade do risco que estava correndo quando certas decisões foram tomadas, a explosão teria ocorrido?

Como expressa a citação de Aristóteles no início deste capítulo, as pessoas tendem a cuidar melhor daquilo que lhes pertence. Isso acontece porque os donos de um recurso não apenas colhem os frutos do seu uso, mas também arcam com seus custos. Quando não há propriedade ou ela não está clara, o recurso será utilizado de forma irrefletida.

Caso as pessoas não tenham áreas de responsabilidade claramente definidas, é difícil – se não impossível – fazer com que tenham comportamento proativo benéfico ou mesmo responsabilizá-las quando algo dá errado. Quando ninguém detém a manifesta propriedade de um recurso, ninguém pode ser responsabilizado por usá-lo de forma eficiente.

No GBM, direitos de decisão são sinônimos de autoridade. Se você tem direitos de decisão sobre alguma questão, você, além de ter autoridade para decidir, também é responsável e imputável por isso.

Em uma economia de mercado, são os consumidores que acabam determinando como as propriedades são usadas por seus donos. São eles que os recompensam se são bem servidos e são eles que os abandonam se forem maltratados. Assim, se um proprietário satisfaz seus clientes, seus direitos de propriedade aumentam. Se não, seus direitos diminuem. Os direitos de propriedade são continuamente conquistados por aqueles que os usam com mais eficácia para satisfazer as necessidades dos clientes, e perdidos por aqueles que não as satisfazem.

O princípio dos direitos de decisão é semelhante, embora seja importante reconhecer que sejam mais limitados do que os direitos de propriedade. Como é a empresa, e não o funcionário, que detém a propriedade e os lucros, o funcionário tem uma responsabilidade fiduciária perante a empresa, que deve orientar todos os direitos de decisão. Pense neles como um arrendamento. É por isso que os direitos de decisão de nossos funcionários são restringidos pelos nossos Princípios Norteadores, dentre os quais se inclui a obrigação de criar valor para a empresa.

Assim como os direitos de propriedade privada na sociedade, os direitos de decisão em uma organização podem ser subdivididos e se apresentar de muitas e variadas formas. Funcionários com amplos direitos de decisão sobre como fazem o próprio trabalho diariamente podem ter muito menos autoridade sobre os gastos operacionais e de capital ou assuntos relacionados a outros trabalhadores. Ao mesmo tempo, as principais responsabilidades de outros funcionários precisam garantir que essas despesas sejam lucrativas e bem controladas.

Os direitos de decisão devem se alinhar às vantagens comparativas demonstradas por um funcionário. Como discutido no Capítulo 4, as vantagens comparativas ficam evidentes nas atividades em que um funcionário pode criar mais valor em comparação com o custo de oportunidade do seu tempo. Quando isso é otimizado dentro de um grupo, o valor criado é maximizado.

É fácil observar esse conceito entre os vendedores. Por melhores que possam ser fazendo análises de vendas, é fazendo a venda propriamente dita que estarão aproveitando melhor o próprio tempo. Portanto, permitir que os melhores vendedores se concentrem em vender, alocando os analistas de vendas com as maiores competências técnicas para fazer as análises, é um exemplo de como ter ambos concentrados em suas vantagens comparativas. Os funcionários que se concentram em suas vantagens comparativas e tomam boas decisões de forma consistente terão maiores direitos de decisão, independentemente do cargo ou posição na organização.

Ao compreender e aplicar esse conceito – que a pessoa com a vantagem comparativa para tomar a decisão (não necessariamente a pessoa no mais alto nível hierárquico) deve ser a responsável por tomá-la –, cria-se mais valor. Essa é muitas vezes uma lição que pessoas com experiência e altamente especializadas, acostumadas a estar no comando, acham difícil de aceitar. Muitos médicos fariam um favor a si mesmos (e a seus pacientes) se criassem uma cultura de compartilhamento de conhecimento e permitissem que enfermeiros, terapeutas e outros profissionais da saúde exercessem suas vantagens comparativas com mais frequência.

Conceder direitos de decisão bem definidos dessa forma vai na contramão das normas hierárquicas. O uso adequado dos direitos de decisão chama a atenção para a ineficiência das organizações que enfatizam a pompa e o *pedigree* em detrimento da capacidade e dos resultados. Nossa filosofia sobre direitos de decisão é uma das formas marcantes de como o GBM nos diferencia de outras empresas.

IMPLEMENTANDO DIREITOS DE DECISÃO NA GP

Essa dimensão do GBM tem sido um dos fatores que mais contribuem para a melhoria nas empresas adquiridas pela Koch. Um desses casos é a Georgia-Pacific.

A Koch cortou da GP seu antigo sistema de tomada de decisão baseado em escalas de remuneração e cargos, em que, para aprovar um item no orçamento, não era necessário ter tanta autoridade quanto para desaprová-lo. No lugar disso, baseamos as autoridades nas vantagens comparativas demonstradas para a tomada de decisões, sem considerar o orçamento.

Como muitas empresas, a GP tinha uma estrutura de comando e controle que não encorajava ninguém a contestar os líderes. Quebramos essa hierarquia rigorosa na qual os gestores pareciam estar acima e separados dos outros funcionários. Quando adquirimos a empresa, a alta administração da GP trabalhava no último andar de um edifício de 51 andares em Atlanta e contava com um elevador especial. Nenhum funcionário podia entrar no andar se não trajasse terno e gravata – mesmo que o resto da empresa exigisse trajes casuais de negócio. Os que eram periodicamente convocados para o 51º andar guardavam um terno e uma gravata no escritório.

Para reduzir drasticamente a impressão de que a administração era inacessível e intocável, a Koch transferiu esses gestores para os andares de baixo, com suas equipes, e transformou o 51º andar em salas de reunião disponíveis para todos os funcionários. Essa foi uma mudança simbólica, mas importante.

Ainda mais importante, enfatizamos que uma parte essencial do trabalho de cada um era contestar o próprio chefe se algo estivesse errado ou se conhecesse uma maneira melhor de proceder. Na Koch os gestores são obrigados a incentivar e estar abertos a tais contestações dos funcionários.

Antes de a Koch adquirir a GP, os cargos lá se baseavam muito no nível e no tempo de empresa. Mas quando a Koch trabalha com um funcionário para desenvolver suas funções, responsabilidades e expectativas, olhamos para as vantagens comparativas do indivíduo. Portanto, eliminamos descrições de cargos excessivamente detalhadas e outras medidas improdutivas. As responsabilidades e expectativas agora são definidas de maneira clara e simples.

Leva algum tempo para aprender e aplicar esses últimos tipos de direitos de decisão, por isso fizemos uma mudança gradual, ao longo de vários meses, em conjunto com um extenso treinamento. As experiências anteriores nos ensinaram que redefinir responsabilidades e autoridades imediatamente muitas vezes causava confusão e, em alguns casos, podia levar a paralisações ou atrasos desastrosos em projetos e iniciativas.

Conseguimos mudar mais rapidamente outros tipos de direitos de decisão, como não utilizar mais orçamentos preestabelecidos como ferramenta de avaliação de despesas de capital e de compensações por incentivos. Em vez disso, a qualidade das decisões das pessoas e seus níveis de autoridades passaram a determinar esses resultados. De forma geral, não se usam orçamentos como ferramentas de controle – cada decisão é considerada individualmente, por seus próprios méritos.

Em seguida, demos ao departamento de crédito da GP plena autoridade sobre todas as decisões de crédito, o que representou uma mudança significativa em relação à forma como as coisas funcionavam. Anteriormente, embora o departamento de crédito estabelecesse limites, os setores tinham autoridade para anulá-los sem nem precisar de consentimento. Esse desrespeito com o departamento de crédito acabou provocando, como não é de se estranhar, decisões desvantajosas sobre crédito.

Quando as unidades de negócios começaram a se unir ao departamento de crédito, compartilhando seus pontos de vista e conhecimentos, a colaboração alinhou melhor as decisões sobre crédito à rentabilidade ajustada aos riscos. Como a maioria dos departamentos de crédito é mais punida pelas perdas do que recompensada pelos ganhos, eles costumam rejeitar qualquer pedido que tenha determinado limiar de risco de inadimplência. A Koch incentiva seus analistas de crédito a assumir riscos quando as margens são altas o suficiente para justificá-los. Quanto maior a margem de lucro de certo produto, maior é o risco de crédito que estamos dispostos a assumir.

Outra melhoria no desempenho de crédito da GP foi começar a recompensar os membros da equipe com base na forma como suas decisões influenciavam a probabilidade de sucesso do negócio, em vez de simplesmente se basear nas perdas de crédito incorridas ou evitadas. Em um ambiente com direitos de decisão claros, quem toma boas decisões colhe recompensas, assim como acontece com os empresários em uma sociedade livre, quando usam suas propriedades privadas para criar valor para seus clientes e para a sociedade.

OTIMIZANDO DIREITOS DE DECISÃO

O ritmo de inovação da Koch acelerou-se à medida que passamos a aplicar a perspectiva de Direitos de Decisão do GBM em toda a empresa. Definir claramente os direitos de decisão e baseá-los em vantagens comparativas pode favorecer de forma semelhante qualquer empresa, de qualquer tamanho, em qualquer indústria ou setor.

Para uma inovação competitiva, é necessário trabalhar em cima das melhores oportunidades, estabelecer os responsáveis de forma clara, ter as pessoas certas nas funções certas, testar com eficiência, aumentar a escala de forma rápida e eficiente e encontrar o equilíbrio entre inovações revolucionárias de curto e longo prazos. Em outras palavras, a própria natureza da inovação exige que os direitos de decisão sejam tratados por meio de um viés dinâmico, com revisões e ajustes frequentes.

Empresários com princípios acumulam mais lucros – e consequentemente mais propriedades – quando produzem produtos ou prestam serviços que os clientes valorizam mais do que suas alternativas. Caso contrário, sofrem prejuízos, e seu controle sobre a propriedade diminui.

Essa perspectiva satisfaz a função socialmente benéfica da transferência de propriedade para as mãos daqueles que a utilizarão melhor para ajudar outras pessoas a melhorar de vida. "O mercado determina [quem terá a propriedade e quem fará qual trabalho]. Nenhuma dessas decisões é definitiva; elas podem ser revogadas a cada dia. O processo seletivo nunca para", escreveu Ludwig von Mises.[4] Da mesma forma, os direitos de decisão transferem continuamente a autoridade para quem sabe usá-la a fim de criar bom lucro para a empresa.

OS DIREITOS DE DECISÃO SOBEM OU DESCEM

A proximidade a um problema ou processo não determina quem está na melhor posição de tomar uma decisão a respeito dele. Em um mundo caracterizado pelas mudanças rápidas impulsionadas pelo conhecimento, processos de tomada de decisões que são hierárquicos costumam ser criticados por serem extremamente ineficientes.

É verdade que a administração centralizada baseada em ordem e controle sofre dos mesmos inúmeros problemas observados em economias planificadas, em que aqueles que detêm conhecimento local não podem resolver o problema que têm em mãos. Também é verdade que as ideias e a energia criativa de todos os funcionários deveriam ser potencializadas, mas um processo de tomada de decisões totalmente descentralizado também gera problemas. Algumas decisões tomadas localmente podem ser extremamente inadequadas se houver necessidade de uma perspectiva mais ampla.

Aplicar estritamente qualquer uma dessas perspectivas – direitos de decisão totalmente centralizados ou completamente descentralizados – não é a resposta. As melhores decisões sobre como otimizar as operações diárias em uma refinaria, por exemplo, geralmente são tomadas pelos funcionários que trabalham no local. Por outro lado, pessoas mais afastadas, com conhecimento mais amplo, podem estar em uma posição mais favorável para tomar uma decisão sobre qual *mix* de produtos será mais lucrativo dentro de cinco anos (o tempo necessário hoje para projetar, obter as licenças governamentais e construir uma nova unidade de processamento).

Decisões sobre iniciar ou resolver um litígio quase sempre precisam ser centralizadas. Descobrimos que os gestores de cada fábrica ou unidade raramente conseguem prever as consequências de segunda ou terceira ordem dos litígios para a Koch como um todo.

O mesmo é válido para as plataformas de TI. Quando cada fábrica escolhe seus próprios sistemas, torna-se impossível otimizar com eficiência o negócio de maneira geral. A questão é que decisões não devem ser tomadas por aqueles que estão mais próximos da questão, mas sim por aqueles que têm a vantagem comparativa para tomar decisões consistentes, inclusive com os melhores conhecimentos.

A pergunta sobre *onde* deveriam ficar os direitos de decisão pode ser tão importante quanto *quem* são as pessoas a tomar cada decisão. Embora nossas unidades de negócios tenham direitos de decisão em áreas de competências centrais, os padrões de desempenho mínimos são definidos por uma pequena equipe no nível corporativo. Eles fornecem as diretrizes gerais e o suporte – sobretudo em aspectos que poderiam criar riscos para a Koch.

Entre eles incluem-se os grupos de GBM, excelência comercial, excelência operacional, recursos humanos, jurídico, fiscal, setor público, contabilidade, tesouraria, tecnologia da informação e gestão de riscos. Dentre eles, os grupos que lidam com os maiores riscos potenciais são os de conformidade e SSMA (enquanto aspectos da excelência operacional), jurídico, fiscal e setor público.

Definir padrões de desempenho em nível corporativo é essencial, caso contrário uma empresa poderia permitir comportamentos que criam riscos para nossas outras empresas ou para a Koch como um todo. Para ficar claro, o grupo corporativo não fala às empresas como resolver as questões que as afetam diretamente, mas impede que elas definam um padrão mais baixo do que é necessário para a Koch. É assim que determinamos as questões relacionadas aos padrões de SSMA, o escopo da conformidade comercial, como as implicações fiscais dos projetos são analisadas, e como os sistemas de contabilidade e controles deveriam funcionar.

Como tratamos no capítulo anterior, usamos mercados internos como um mecanismo para otimizar as decisões sobre serviços de apoio. A Koch Business Solution é a organização interna que presta serviços de apoio às empresas da Koch para que elas não tenham que resolver tudo por conta própria, como infraestrutura de TI, serviços de transações de recursos humanos e gestão de instalações. As empresas da Koch são livres para optar pela KBS ou não.

Vale a pena fazer a pergunta: se você ou seus funcionários pudessem aceitar ou rejeitar serviços como esses, prestados por um grupo distinto dentro da sua própria empresa, o que fariam?

O fato de que os serviços da KBS não são obrigatórios foi determinante para o seu sucesso. Uma empresa pode optar por usar os serviços fiscais da KBS, enquanto outras ficam livres para resolver essas questões por conta própria. Para justificar seus serviços, a KBS deve demonstrar para todos os seus clientes internos que é competitiva em termos tanto de custo quanto de qualidade. A maior vantagem da KBS em relação aos seus concorrentes externos são os seus funcionários, que estão todos alinhados aos valores centrais da empresa e têm bons incentivos para criar valor para os clientes.

Uma mudança de circunstâncias pode exigir que se mudem os locais onde as decisões são tomadas. Um exemplo disso é nossa recente decisão sobre comprar ou alugar vagões ferroviários. Dos mais de dez mil vagões necessários para transportar produtos para dentro e para fora de nossas instalações, quase 80% costumavam ser alugados. Quando percebemos que as agências de classificação de risco estavam classificando esses aluguéis como dívidas de alto custo, somando-se a isso uma melhoria na nossa liquidez e taxas de juros mais baixas, tivemos que repensar a ideia de comprar os vagões.

O resultado disso foi que o direito de decisão de cada empresa – ou seja, a decisão de alugar ou comprar – foi transferido para o departamento financeiro. Graças aos processos de conhecimento que levam em conta os passivos correntes, nossa porcentagem de vagões ferroviários alugados caiu para menos de 30%, com um bom retorno sobre o investimento adicional.

Outra situação que nos fez mudar os direitos de decisão foi o aumento no número de fraudes internas após nosso rápido crescimento no início dos anos 2000. À medida que adquirimos empresas e expandimos as nossas empresas originais, vimos um grande salto de crescimento, passando de cerca de quinze mil funcionários em 2004 para oitenta mil dois anos depois. Àquela altura, não éramos mais uma empresa pequena com uma cultura compartilhada e de confiança. Começamos a observar comportamentos inaceitáveis por parte de empregados que se estabeleceram como fornecedores, como roubo de estoque, descontos indevidos aos clientes e recebimento de propinas.

Nossas empresas mais antigas não tinham ferramentas para lidar com esse tipo de risco – esse não era um grande problema quando a Koch era menor. As empresas que adquirimos usavam *check-lists* e prescrições rigorosas herdadas da Lei Sarbanes-Oxley, de 2002, que se aplicavam a muitas delas por serem empresas de capital aberto.

Diante dessa tendência incômoda, tivemos que agir. Do nosso ponto de vista, as regras da Sarbanes-Oxley privilegiam a forma, e não o conteúdo. Como é típico de vários programas governamentais, a regulação se destinava mais a marcar um X nas caixinhas do que a usar os melhores conhecimentos, e vinha seguida de uma custosa auditoria externa. Era a antítese do GBM. A Koch precisava de uma terceira via.

A resposta veio do aspecto dos Direitos de Decisão do nosso GBM. Procuramos fazer com que cada unidade se responsabilizasse por determinar quais controles específicos eram necessários para gerenciar seus próprios riscos, garantindo que nenhuma lei fosse violada. Como cada uma de nossas empresas é única, isso permitiu que elas decidissem seus pontos de interesses – em vez de lhes dar alguma ordem vinda de cima.

Em muitos (mas não em todos) casos, os direitos de decisão foram utilizados de forma eficaz. Na maioria das empresas, vimos uma diminuição constante no nível de fraude e abuso.

No entanto, algumas de nossas empresas não reagiram bem. Ou não trataram os riscos adequadamente ou atribuíram os direitos de decisão a níveis baixos demais, confiando-os a pessoas sem o conhecimento necessário. Nessas empresas, vimos um nível ainda maior de fraude e tivemos que trazer alguns direitos de decisão de volta para o nível corporativo.

Decidir onde devem ficar os direitos de decisão é tão importante no nível da fábrica quanto no nível corporativo. Como descrito aqui e no Capítulo 6, os sistemas de trabalho baseados em propriedade em nossas instalações geraram grandes benefícios tanto em termos de eficiência operacional quanto de custos de manutenção. Em uma estrutura operacional típica, o setor operacional e de manutenção tem direitos de decisão separados e às vezes conflitantes.

Em um sistema baseado em propriedade, os operadores são os principais responsáveis não apenas pela eficiência operacional de suas unidades, mas também pelas suas condições em longo prazo. Isso os motiva a desenvolver outras competências, como manutenção de rotina, que melhora a produtividade e a confiabilidade. O mesmo se aplica a qualquer função, em qualquer tipo de empresa.

Iniciativas desenvolvidas por funcionários, se aprovadas e bem-sucedidas, lhes rendem maiores direitos de decisão. Cada funcionário deve demonstrar discernimento, responsabilidade, iniciativa, pensamento econômico e crítico e o senso de urgência necessário para contribuir mais, sempre em linha com a filosofia de risco da empresa. Agir assim, baseando-se em princípios, é o que significa praticar o quarto Princípio Norteador do GBM, o Empreendedorismo com Princípios.

Não importa o tamanho ou o seu tipo de negócio, para criar valor em toda a empresa, é necessário (1) que os direitos de decisão sejam continuamente conquistados, e não conferidos ou outorgados; e (2) que a falta de autoridade nunca seja considerada uma desculpa para a inércia – especialmente quando a empresa se vê diante de um problema que precisa ser corrigido ou de uma oportunidade que deve ser explorada.

Todos têm a autoridade e a obrigação de identificar e tomar a iniciativa de resolver problemas. Todos os funcionários, independentemente da posição na organização, precisam se conscientizar, propor soluções e solicitar aprovações para obter os recursos necessários para resolver qualquer problema ou aproveitar qualquer oportunidade.

Deixar de tomar uma atitude importante ou não compartilhar conhecimentos relevantes – o que acontece com mais frequência em áreas de responsabilidade conjunta – pode ter sérias consequências, como mostrou o desastre na plataforma de petróleo da BP.

Imagine as consequências se um relatório exigido pelo governo não for apresentado a tempo ou não for preenchido corretamente porque o gestor do setor, o supervisor de operações e o especialista em conformidade presumem que há outra pessoa encarregada da tarefa. Em caso de dúvidas, os funcionários de todos os níveis da organização devem parar, pensar e perguntar.

Aqueles que não têm autoridade para tomar certas decisões não devem ser dispensados de ter que exercitar a iniciativa empreendedora. Os empreendedores mais bem-sucedidos são aqueles que não se deixam deter por não ter autoridade para controlar um recurso. Em vez disso, depois de identificar uma oportunidade, eles convencem investidores a financiar seus novos empreendimentos. Se um empreendedor não consegue convencer um investidor, ele deve tentar remodelar seu empreendimento para que possa sair ganhando. Se não conseguir, ele provavelmente está sendo poupado de um grande fracasso

Como um empreendedor em busca de capital, um empregado sem os direitos de decisão necessários pode tirar proveito dessa mesma prática. Funcionários que adquirem direitos de decisão cedo demais acabam perdendo a oportunidade de aprender com um rigoroso processo de controle.

À medida que os funcionários descobrem oportunidades para inovar ou melhorar, deve-se esperar que eles – como empreendedores – busquem outras pessoas que tenham autoridade para agir com base nessas ideias, podendo assim se beneficiar com essa prática.

ESTRUTURA DE TOMADA DE DECISÕES

Na Koch esperamos que os funcionários utilizem criteriosamente não apenas o compartilhamento de conhecimentos, o processo de desafio, a lógica e as evidências, mas também nossa Estrutura de Tomada de Decisões, para que suas ideias sejam aprovadas.

Damos aos funcionários várias ferramentas para ajudá-los a melhorar seus processos de tomada de decisões. Dentre elas, a mais importante é nossa Estrutura de Tomada de Decisões. Essa estrutura foi concebida para permitir que se tomem as melhores decisões, ajustadas ao risco, sejam grandes, sejam pequenas. Para isso, incentiva-se a aplicação dos melhores conhecimentos, para considerar todos os possíveis resultados, identificar maneiras de otimizar os riscos, descobrir a melhor alternativa e definir o caminho a seguir.

A ETD inclui oito elementos (descritos a seguir) que podem ser aplicados a todos os tipos de decisão. O tempo e o esforço gastos em cada elemento devem variar de acordo com a natureza e a complexidade da decisão. E não é essencial passar por todas as oito etapas. Em alguns casos, nem todas as etapas agregarão valor. Devem-se utilizar somente as etapas necessárias para tomar uma decisão inteligente.

As oito etapas da Estrutura de Tomada de Decisão são:

1. Descrever brevemente a autoridade que está sendo solicitada.
2. Dar um contexto e fazer um resumo da proposta de valor.
3. Descrever o objetivo com o ajuste estratégico.
4. Preparar um resumo econômico com fundamentação, além de outros cenários plausíveis que possam melhorar ou piorar o projeto.
5. Identificar os principais fatores de geração de valor.
6. Descrever os principais riscos e as soluções.
7. Enumerar as alternativas levadas em consideração e explicar por que a alternativa apresentada é a melhor.
8. Traçar a linha do tempo para as futuras etapas.

Vamos tomar como exemplo uma decisão simples e óbvia, como substituir um permutador de calor de US$ 1 milhão, necessário para manter uma usina funcionando. Se essa decisão for tratada da mesma forma que uma aquisição no valor de US$ 1 bilhão, a estrutura não está sendo bem aplicada. O processo de decisão para um permutador de calor precisa passar apenas pelas etapas 1 e 2 e não requer mais do que uma justificativa de um parágrafo para a solicitação dos fundos e explicação dos benefícios. Não se deve usar mais etapas ou tornar o processo mais complexo do que o necessário para tomar uma boa decisão.

Complexidade demais não apenas desperdiça o tempo dos envolvidos, mas também cria obstáculos improdutivos no caminho das decisões lucrativas, desencorajando a iniciativa e a inovação. Retardar decisões e torná-las mais onerosas pode fazer com que oportunidades sejam perdidas.

* * *

Cuidado: a perfeição é a inimiga do progresso. Não se devem desperdiçar tempo e recursos em busca de um consenso universal ou na tentativa de prever e resolver todos os problemas possíveis. A quantidade de detalhes e a extensão da análise em uma ETD não deve ir além do necessário para tomar uma decisão informada. O foco deve estar nos principais fatores e riscos que podem fazer a diferença para a decisão. Os supervisores da ETD devem ser apenas as pessoas que detêm os conhecimentos, a perspectiva e a experiência – além da coragem – necessários para garantir que as suposições e os principais fatores de decisão tenham sido adequadamente identificados e contestados.

ARMADILHAS DE DECISÃO

Para aplicar a ETD (e qualquer modelo de tomada de decisão) efetivamente, é necessário evitar as armadilhas de decisão, que são falhas previsíveis e sistemáticas de discernimento que afligem todos os seres humanos. Aqui estão algumas das falhas mais frequentes que já vivenciamos:

- *Excesso de confiança* em nossa capacidade de fazer previsões e estimativas. Ao não considerar todo o espectro de resultados, já fizemos maus investimentos porque subestimamos o lado negativo, ou perdemos oportunidades atrativas porque negligenciamos o lado positivo, como mudanças drásticas (em qualquer direção) nos preços das *commodities*. Outra forma de excesso de confiança é a crença de que podemos fazer grandes melhorias em pouco tempo – sobretudo em uma operação na qual temos pouca ou nenhuma experiência.

- *Estruturar* perguntas de uma forma que nos leve a uma conclusão errônea. Uma causa frequente dessa armadilha é não conseguir otimizar o cenário padrão com o qual o investimento está sendo comparado. Uma vez investimos US$ 100 milhões em melhorias em uma fábrica da INVISTA em Cingapura, na qual estávamos perdendo US$ 10 milhões por ano. É verdade, a fábrica melhorou e começou a lucrar US$ 5 milhões por ano. Mas será que pensamos em fechar a fábrica em vez de investir os 100 milhões de dólares nela? Não, porém deveríamos ter pensado. Nessa situação, agimos como muitas empresas que não conseguem otimizar o cenário (acabamos tendo que fechar aquela fábrica no final das contas, perdendo, portanto, o nosso investimento de US$ 100 milhões).
- A *ancoragem* ocorre quando informações irrelevantes ou as primeiras impressões influenciam indevidamente as nossas decisões. Isso faz com que o gestor expresse uma opinião forte logo no início da conversa. Ideias preconcebidas, tais como supor que o gás natural não pode custar menos de US$ 5 por MMBtus, podem nos impedir de ver o óbvio bem diante do nosso nariz.
- A armadilha do status *quo* distorce as decisões de forma a evitar fazer qualquer coisa diferente, gerando falta de vontade de mudar ou de inovar. A IBM foi vítima disso ao jurar fidelidade aos *mainframes* em vez de entrar agressivamente no mercado dos computadores pessoais.
- Considerar *custos irrecuperáveis* leva a decisões baseadas em gastos passados e não em perspectivas futuras, que não refletem a realidade econômica. "Considerando todo o tempo e o dinheiro que investimos neste projeto de pesquisa fracassado, deveríamos tentar um pouco mais" é um exemplo de pensamento focado em custos irrecuperáveis.

- O *viés de informação ou de confirmação* ocorre quando preferimos procurar evidências que corroborem aquilo em que queremos acreditar, ignorando evidências que mostrem o contrário. Essa armadilha específica foi o que motivou a nossa desastrosa aquisição da Purina Mills durante nossa tentativa de atuar do "fogão ao pão", em meados dos anos 1990, na qual ignoramos perdas inevitáveis nos grandes contratos de compra de suínos.
- Ser excessivamente influenciado por eventos críticos, marcantes ou recentes, tais como margens insustentáveis, é chamado de *viés de atualidade*. Ele nos cega para as perspectivas futuras, e perdemos a noção de onde estamos no ciclo de longo prazo. Um exemplo disso aconteceu com as plataformas de perfuração que compramos nos anos 1980, acreditando que o *boom* do petróleo duraria, e que se tornaram inúteis quando os preços do petróleo bruto despencaram.
- *Confundir eventos aleatórios com padrões* nos leva a acreditar que podemos prever eventos futuros que são, na verdade, imprevisíveis. Um exemplo seria presumir que a demanda por gás natural continuará aumentando de forma semelhante inverno após inverno, ignorando as variações climáticas.
- Permitir que um *indeferimento por um gestor em certo momento no passado* impeça que se considerem boas oportunidades futuras. Após encerrarmos nosso negócio de afretamento de navios nos anos 1970, por termos sofrido grandes perdas, minhas críticas severas à nossa atuação nesse negócio causaram um efeito desanimador na busca de futuras oportunidades de afretamento por parte dos funcionários.
- A armadilha do *conservadorismo*: quando os funcionários permitem que sua aversão pessoal ao risco os impeça de assumir riscos aceitáveis para a Koch, eles não estão maximizando o valor.

Como em todas as armadilhas, o primeiro passo para evitá-las é se conscientizar. Portanto, em primeiro lugar, examine quais foram as maiores causas dos problemas passados na sua organização, e então defina como prioridade fazer uma análise de todas as decisões, para evitar cair nessas armadilhas no futuro.

DIVISÃO DO TRABALHO

Um fator fundamental para o bem-estar humano nas sociedades é a divisão do trabalho e sua contraparte, a cooperação humana. A especialização e o intercâmbio são muito mais eficazes para satisfazer as necessidades humanas do que indivíduos autossuficientes trabalhando isoladamente. A divisão do trabalho é responsável pela significativa melhoria no padrão de vida do mundo, apesar do seu imenso crescimento populacional.

O poder da divisão do trabalho parte da nossa diversidade como seres humanos e da infinita variedade da natureza, e isso é possível graças à propriedade privada e aos mercados. Os benefícios da especialização e do intercâmbio se encontram não apenas nas curvas de aprendizado e nas economias de escala, mas também nas diversas habilidades, conhecimentos, cultura, infraestrutura, geografia, recursos naturais, solo e clima. Se cada pessoa e cada parte da terra fossem iguais em todos os sentidos, a divisão do trabalho apresentaria bem menos benefícios.

Mas, como os valores, conhecimentos, habilidades ou circunstâncias de duas pessoas nunca são iguais, conclui-se que mesmo funcionários que têm funções semelhantes em uma organização devem ter tipos e graus diferentes de direitos de decisão. Também é de se esperar que os direitos de decisão mudem com o tempo, à medida que nossos negócios e nossas vantagens comparativas evoluem e tomamos boas ou más decisões.

Os direitos de decisão são um processo dinâmico que visa assegurar que as decisões estão sendo tomadas pelas pessoas mais capazes de tomá-las. Muitas empresas insistem que as decisões devem ser tomadas pela pessoa de cargo mais alto na hierarquia da empresa. Mas isso só deve acontecer quando tal pessoa tem a vantagem comparativa para tomar a decisão. Descobrimos que mudar essa mentalidade é difícil sobretudo para as empresas que desenvolveram uma cultura preponderantemente hierárquica.

FUNÇÕES, RESPONSABILIDADES E EXPECTATIVAS

Os times de futebol americano da NFL adaptam muito melhor os direitos individuais de decisão do que muitas empresas (ao menos em campo), partindo do momento em que o treinador traça planos de jogo com base nas capacidades específicas de seus jogadores.

Se ele tiver um *quarterback* que fica estrategicamente na área de defesa sem correr muito, uma boa linha de ataque e recebedores superiores, optará por passar a bola a maior parte do tempo. Se tiver grandes corredores, usará uma defesa mais agressiva. Se entrar para o time um novo *quarterback* mais rápido e mais esquivo, o técnico redefinirá os papéis em campo para prever mais jogadas rápidas. Se um defensor central é melhor bloqueando passes do que bloqueando corridas, ele pode ser colocado na defesa lateral, para atacar o lado cego do *quarterback* do outro time. Como as formações da NFL estão em constante mudança por conta de lesões, trocas e outros fatores, os treinadores devem reavaliar frequentemente as funções individuais.

Mas tome cuidado: *uma função não é um cargo*. É apenas a descrição daquilo que deve ser executado por um indivíduo. As funções devem ser determinadas pela natureza do negócio, pela visão da organização, por suas estratégias e pelas vantagens comparativas dos indivíduos responsáveis por executar tais estratégias. Uma função deve ser concebida para se adequar às vantagens comparativas dos funcionários, de modo que eles possam criar o máximo de valor.

Em muitas empresas, as funções são estabelecidas a partir de um agrupamento tradicional de tarefas a serem cumpridas pela pessoa mais adequada para a maioria delas. O resultado disso geralmente é que, digamos, dois terços da função se encaixam nas competências da pessoa, e um terço, não.

Se eu trabalhasse para uma companhia de ópera e me fosse atribuída a função de gerente de negócios, eu poderia me sair muito bem. Mas se o tenor saísse e eu tivesse que assumir o lugar dele, seria um desastre, pois sou muito desafinado. Centenas de horas de aulas de canto e dezenas de sessões de treinamento não fariam diferença, porque tenho pouquíssima inteligência musical. Essas tentativas só me desmoralizariam e talvez me deixassem amargurado, e eu poderia até correr o risco de ser atingido por tomates podres, isso sem mencionar o risco de falir a companhia. No entanto, essa é, infelizmente, a forma como as funções às vezes são atribuídas – tentando encaixar um pino quadrado em um buraco redondo.

Tratar funções, responsabilidades e expectativas dos funcionários de forma padronizada é inaceitável porque ignora as vantagens comparativas individuais. Em conjunto, esses elementos são bastante diferentes das descrições de cargos tradicionais, que tendem a ser um resumo genérico das tarefas e deveres. Em vez disso, as funções, responsabilidades e expectativas de cada funcionário devem se concentrar na maximização de valor e refletir as vantagens comparativas e oportunidades individuais.

Deve-se tomar muito cuidado para garantir que cada função seja concebida de forma a realmente se adequar às competências de cada indivíduo. Como Maslow explicou, as pessoas têm melhor desempenho quando são desafiadas, mas não tanto a ponto de se sentirem sobrecarregadas e derrotadas. Os supervisores em todos os níveis precisam se certificar regularmente de que cada função se adéqua às competências da pessoa que a ocupa.

Se houver necessidade de uma função que nenhum funcionário atual tenha a capacidade de preencher – mesmo depois de as funções serem reformuladas –, deve-se contratar um novo funcionário para preenchê-la. Mas, sempre que alguém entra ou sai, as funções devem ser otimizadas novamente para se adequar ao novo conjunto de vantagens comparativas.

Alguns de nossos piores problemas foram criados por gestores que ignoraram o conceito de vantagem comparativa ao preencher funções. Há algumas décadas, quando a Koch tinha apenas uma refinaria, quase todo o seu estoque de petróleo bruto era proveniente do Canadá. O chefe de abastecimento e transporte de nossa refinaria tinha três subordinados diretos – um responsável pela compra de petróleo bruto, outro pela coleta do petróleo por caminhão e outro pela coleta de petróleo por oleoduto.

Os três estavam indo bem, e a refinaria era abastecida plenamente e com eficiência. Porém, após um desacordo entre eles, o chefe de abastecimento e transporte trocou os gerentes de compras e os líderes de transporte de carga, colocando ambos em funções às quais eles não se adequavam.

O gerente de compras se demitiu imediatamente, montou a própria empresa e passou a comprar vinte mil barris por dia do petróleo que comprávamos. Para convencê-lo a voltar, tivemos que comprar sua empresa por US$ 7 milhões. Depois desse fiasco, o chefe de abastecimento e transporte saiu da Koch. São essas as consequências de ignorar o conceito de vantagem comparativa. Hoje em dia, não permitiríamos que uma situação assim chegasse a esse ponto.

A Koch usa as FR&E (funções, responsabilidades e expectativas) para definir áreas gerais de responsabilidade. Expectativas específicas são atribuídas às responsabilidades dentro de cada função. Duas pessoas com FR&E similares podem, inclusive, ter autoridades decisórias diferentes. As autoridades são decididas de forma independente das FR&E, porque uma pessoa pode demonstrar que é melhor tomadora de decisões, ou que é melhor em outros tipos de decisões.

A responsabilização acontece quando uma pessoa arca com as consequências (boas ou ruins) de uma decisão ou ação. Na Koch a pessoa que toma a decisão e a pessoa que a delega são responsabilizadas. Essa política fomenta uma cultura de propriedade, responsabilidade e delegação, evitando assim a inércia, a recusa ou trocas de acusações. Para que uma organização seja eficaz, toda iniciativa precisa de um proprietário com deveres claros, que seja responsabilizado por sua realização.

As FR&E demandam um diálogo contínuo entre funcionário, supervisor e outras partes interessadas. Cada funcionário deve ser responsável por garantir que suas FR&E estejam atualizadas e sejam precisas e eficazes. Tanto os funcionários quanto os supervisores são responsáveis por garantir que as FR&E mantenham os funcionários maximizando a própria contribuição para promover a visão da empresa ou do grupo. Os supervisores devem dar aos funcionários um feedback honesto e frequente e usar avaliações de desempenho para ajudá-los a compreender e melhorar seu desempenho para atender as expectativas.

Assim como cada desempenho individual varia muito, o mesmo acontece com os níveis de autoridades. Os direitos de decisão tendem a ser menores para os funcionários novos e não testados, sejam eles recém-formados, sejam antigos funcionários de uma empresa adquirida. O tempo de casa, as credenciais ou títulos não são indicadores confiáveis de uma boa capacidade de decisão. O sucesso demonstrado na capacidade de tomar decisões é o que conta, e, mesmo assim, somente para aquele tipo de decisão.

Quando bem-feito, o processo de definir e atualizar continuamente as FR&E e as autoridades de todos gera enormes benefícios para a empresa e seus funcionários. FR&E adequadas estabelecem prioridades claras, propriedades individuais, responsabilidades, uma base sólida para a prestação de contas e para as tabelas de desempenho que irão fundamentar a remuneração com base em resultados.

O processo ajuda a conscientizar sobre mudanças nas vantagens comparativas entre os muitos membros de uma organização. Esse processo é também uma etapa essencial para conectar cada funcionário à visão e às estratégias do seu setor específico, fazendo com que se concentrem nas atividades que mais contribuirão para os objetivos da unidade de negócios ou para o desenvolvimento das próprias competências.

Mais importante ainda, esse processo melhora continuamente a capacidade da empresa de tomar boas decisões que agreguem valor. Encoraja também os funcionários a usar a análise marginal e os custos de oportunidade para monitorar como gastam o próprio tempo. Como os funcionários identificam quais são suas atividades de maior e menor valor, eles podem se concentrar nas mais lucrativas e fazer com que outros funcionários com menores custos de oportunidade executem tarefas menos lucrativas.

Uma função tende a ter um pacote de responsabilidades associado, que define claramente quais são os produtos, serviços, ativos, atividades e funcionários designados para a pessoa que ocupa aquela função. O que precisa ser feito tendo tais responsabilidades é definido na terceira parte das FR&E: nossas expectativas.

Expectativas são declarações escritas que especificam os resultados exigidos dc um funcionário para que o negócio possa atingir seus objetivos. As expectativas devem ser sempre claras, específicas e, sempre que possível, mensuráveis. Elas devem se concentrar nos resultados desejados, e não em atividades que possam ser necessárias para produzir tais resultados.

As expectativas também devem ser flexíveis e desafiadoras o suficiente para expandir a visão de um funcionário sobre como ele pode contribuir. Isso encoraja a experimentação e a inovação.

É crucial que haja uma compreensão clara entre um funcionário e o supervisor (e qualquer outra pessoa envolvida) em relação às prioridades e expectativas. As expectativas são mais relevantes quando mensuráveis, mesmo que as medidas sejam subjetivas e aproximadas.

Pode-se cair na tentação de criar expectativas fechadas (por exemplo, exigir que 67 cargas sejam enviadas todos os dias), em vez de flexíveis (incentivando a maximizar o número de cargas por dia – contanto que isso seja seguro, compatível e lucrativo).

As expectativas fechadas desestimulam a inovação, enquanto as expectativas flexíveis estimulam o funcionário a pensar, se engajar e inovar. A forma flexível promove a criação de cada vez mais valor, estimulando a criatividade. O próximo capítulo, "Incentivos", demonstrará a importância da motivação nesse sentido.

CAPÍTULO 10

INCENTIVOS

Motivando o comportamento correto

> Cada vez mais, as pessoas têm os meios para viver, mas não têm razão alguma pela qual viver.
>
> **- VIKTOR FRANKL**[1]

Por que eu, aos 79 anos, trabalho nove horas por dia no escritório e depois volto a trabalhar em casa após ter jantado com Liz e feito meus exercícios físicos? Não é para pagar a hipoteca da casa nem as mensalidades escolares (pelo menos não mais), já que nossos filhos estão crescidos, educados e casados.

Bem é verdade que não me gabo por levar uma vida ascética, mas também nunca encontrei motivação para o trabalho no acúmulo de bens materiais ou na ideia de amontoar uma enorme pilha de dinheiro.

Minha motivação para trabalhar para valer sempre foi minha necessidade de levar uma vida com sentido – uma vida gratificante. Quero dar o meu melhor para fazer a diferença no mundo. Preferiria morrer a viver à toa. Obter bom lucro – ganhos por meios econômicos, e não políticos – é uma forma de saber que as pessoas valorizam a minha contribuição. Não é de se surpreender, portanto, que seja esse um dos meus incentivos.

Muitas pessoas alegam que os CEOs ganham salários altos demais. Concordo, no caso dos CEOs que lucram com a assistência corporativa. Mas por que alguém desejaria limitar o bom lucro se eles beneficiam a todos? Se os lucros forem gerados a partir do Empreendedorismo com Princípios – criando valor de longo prazo via meios econômicos –, então os interesses da empresa estão em harmonia com os interesses dos clientes, fornecedores, comunidades, funcionários e da sociedade em geral.

Toda empresa deve se esforçar para potencializar os incentivos que motivam seus funcionários a desenvolver e aplicar plenamente suas competências para maximizar o valor em longo prazo para a empresa, agindo com princípios. Assim como o GBM não impõe limites arbitrários às funções, responsabilidades e expectativas dos funcionários, ele também evita impor limites ao que os funcionários podem ganhar. O único limite é o valor que o funcionário cria por meio do Empreendedorismo com Princípios.

O quinto aspecto do GBM se concentra em como alinhar os incentivos de forma benéfica – e não contraproducente. Assim como existe uma diferença entre bom lucro e mau lucro, existem incentivos benéficos e incentivos perversos. Quando os funcionários da Koch criam valor superior para a empresa, nós os recompensamos proporcionalmente a esse valor.

As histórias do meu pai sobre suas experiências na União Soviética, que ele me contou quando eu era garoto, continuam vivas na minha memória até hoje. Nessas histórias, percebi cedo na vida a importância dos incentivos – especialmente ao ver aquela nação se degradando ao longo de décadas.

Ironicamente, o próprio Vladimir Lenin – que afirmou que o lucro era roubo –, não obstante, recorreu a incentivos para alcançar seus resultados desejados. Após a Revolução Russa, Lenin obrigou os camponeses a venderem seus grãos ao Estado a preços baixos e fixos. Quando os camponeses começaram a relutar, ele mandou o Exército Vermelho confiscar os grãos. Isso gerou muita resistência, mas pouquíssimos grãos.

Até Lenin podia ver que a coerção não estava funcionando. "Somente um acordo com os camponeses pode salvar a revolução socialista na Rússia", disse ele em uma conferência do Partido Comunista em 1921. Lenin apresentou então sua Nova Política Econômica, que permitia aos camponeses venderem seus grãos a preços de mercado – uma política que se manteve até o regime de Stalin.

Sociedades com incentivos benéficos – que recompensam a criação de valor – tendem a usufruir de um bem-estar maior e mais generalizado. Sociedades com incentivos perversos sofrem com o desperdício e a corrupção, e a grande maioria de seus cidadãos definha na pobreza.

Em *A tragédia da libertação*, Frank Dikötter escreve sobre os esforços de Mao para controlar os ratos na China dos anos 1950: "Quando as pessoas passaram a receber uma cota pelos rabos dos ratos que entregavam às autoridades, elas começaram a criar os roedores".[2]

Em vez de replicar os incentivos empreendedores benéficos de uma sociedade livre, muitas empresas contam com sistemas burocráticos e padronizados de pontuação ou remuneração, fórmulas detalhadas, participação nos lucros e reajustes inflacionários, apesar de esses, assim como a cota de ratos de Mao, geralmente motivarem os funcionários a fazer as coisas erradas.

Por exemplo, quando uma empresa paga mais ao cargo de gerente do que ao ato de criar valor, os funcionários se esforçam para se tornar gerentes (e aumentar o número de pessoas que gerenciam), mesmo quando a liderança não é um de seus pontos fortes. Com nossa metodologia, quando um funcionário cria mais valor do que seu líder, ele ganha mais do que o líder, independentemente do título que carregue. Essa é a mesma filosofia utilizada pelas equipes esportivas profissionais, nas quais os atletas de melhor rendimento ganham mais do que o treinador.

Para gestores acostumados com culturas hierárquicas, pode ser difícil engolir isso. Também causa grande desconforto para aqueles que esperam que os títulos ou o tempo de casa, e não os resultados, determinem seus salários. Em nossa experiência, as culturas corporativas que combatem a nossa filosofia de remuneração são geralmente as mesmas que têm dificuldade em aceitar desafios. Ambos os conceitos ameaçam o status *quo*.

A maioria dos funcionários da Koch quer fazer contribuições positivas e dar o melhor de si, pela empresa, pelos clientes e pela sociedade. Como discutido no Capítulo 7, essa é a razão pela qual selecionamos e recrutamos com base em um conjunto bem definido de valores e crenças. Muitas empresas não têm valores e crenças estabelecidos com tanta clareza, nem o rigor para selecionar e contratar com base neles.

Pior ainda, muitas oferecem incentivos que, na verdade, gratificam funcionários que *enfraquecem* o valor de longo prazo. Entre eles estão os aumentos automáticos (como reajustes inflacionários) e fórmulas de pagamento baseadas em cargos, certificados, diplomas, tempo na empresa ou experiência. Eles são não apenas burocráticos, mas também prejudiciais para a motivação e a criação de valor. Assim como são os bônus que levam em conta se todo o grupo ou empresa cumpriu o orçamento, e não o valor criado pelas pessoas. Somente uma pessoa excepcional pode resistir a tais incentivos perversos por muito tempo.

Nas empresas que a Koch adquiriu, políticas de remuneração baseadas em orçamento levavam funcionários a ações contraproducentes, como deixar de aproveitar oportunidades lucrativas para esperar até o próximo ciclo orçamentário. Muitos desses sistemas gratificam cargos, em vez de indivíduos, e impõem estruturas salariais rígidas para funções semelhantes. Eles combinam fatores como número de subordinados diretos, certificados de treinamentos e cursos, complexidade do trabalho e níveis de autoridade em uma fórmula que resulta em uma faixa salarial sugerida para determinado cargo.

Isso costuma desestimular a verdadeira criação de valor gerada pela inovação, pela descoberta e pelo comportamento empreendedor. Em vez disso, fomenta a construção de um império, uma mentalidade de direitos adquiridos, um comportamento burocrático ou político, e afasta os riscos, em vez de aproveitar oportunidades.

Na Koch Industries, não gratificamos funções ou cargos. Gratificamos indivíduos por suas contribuições e resultados específicos, não por algum resultado generalizado ou médio. O comunismo ficou famoso como um sistema que toma "de cada um de acordo com sua capacidade" e redistribui "a cada um de acordo com suas necessidades". O GBM, por outro lado, exige de "cada um de acordo com sua capacidade, e dá a cada um de acordo com sua contribuição".

MOTIVANDO PESSOAS REALIZADAS

O psicólogo Abraham Maslow ensinou: "Todos os seres humanos preferem um trabalho significativo a um trabalho sem sentido".

"O problema dos gestores", no entanto, é "criar condições sociais em qualquer empresa de modo que as metas individuais coincidam com as da organização". Ele continua: "Isso inclui a necessidade de ter um trabalho significativo, responsabilidades, criatividade, ser justo e leal, fazer o que vale a pena e preferir fazer bem-feito".[3]

Maslow define a realização pessoal como o mais alto nível de satisfação e felicidade que um indivíduo pode alcançar. De acordo com sua teoria, para que as pessoas se realizem pessoalmente, suas necessidades mais básicas devem ser satisfeitas: fisiológicas (sede e fome), de segurança (estabilidade, proteção, ordem), de pertencimento e amor (família, amigos, aceitação) e de estima (autoestima e respeito dos outros). Somente quando todas essas necessidades forem satisfeitas é que as pessoas podem atingir seu potencial.

Para as pessoas realizadas, o trabalho se torna parte de como elas se definem. Elas precisam sentir que estão trabalhando por uma causa digna ou para uma boa empresa e que estão beneficiando os outros e também a si mesmas.

"Mesmo quando todas essas necessidades [básicas] já estão satisfeitas, podemos ainda assim esperar que logo surgirá um novo descontentamento ou inquietação, a não ser que o indivíduo esteja fazendo o que lhe cabe", disse Maslow.

"Para ser feliz, um músico deve fazer música, um artista deve pintar, um poeta deve escrever. O que o homem *pode* ser, ele *deve* ser. Essa necessidade é o que podemos chamar de realização pessoal (...) Refere-se à tendência de realizar seu próprio potencial. Essa tendência pode ser entendida como nosso desejo de nos tornarmos cada vez mais aquilo que somos, de nos tornarmos aquilo que somos capazes de ser."

A teoria de Maslow sobre as condições para a realização pessoal nos foi muito útil quando desenvolvemos nossa metodologia de motivação dos funcionários. Como Maslow define, pessoas realizadas são essenciais para o sucesso de qualquer organização, pois elas não apenas atingem seu potencial, mas também compreendem e aceitam a própria natureza e a natureza dos que estão ao seu redor. Elas enfrentam a realidade, têm reações emocionais positivas e são criativas, autônomas, resolvem problemas e mantêm boas relações interpessoais.

O GBM busca criar uma ordem espontânea de realização pessoal, contratando, retendo e motivando pessoas que internalizem e coloquem em prática os dez Princípios Norteadores – que tenham integridade e humildade e queiram mesmo criar valor. Para isso, é importante que os gestores compreendam o potencial e os valores subjetivos de seus funcionários, o que é impossível se não for estabelecida uma comunicação aberta e honesta visando conhecer os funcionários suficientemente bem, inclusive em nível pessoal.

Para alguns funcionários, os incentivos não financeiros – como ser elogiado por um bom trabalho – podem ser tão importantes quanto os financeiros. Mas é preciso se atentar para que tais elogios sejam realmente merecidos. Como disse Maslow, "Um elogio por algo não merecido ou uma reação exagerada diante de uma realização podem, na verdade, gerar um sentimento de culpa".[4]

Falsos elogios também tendem a abalar o respeito e a confiança. Esse é um problema crescente na sociedade como um todo, especialmente quando vemos que as crianças têm sido condicionadas a esperar elogios e recompensas apenas por participarem de algo, e não pela qualidade ou resultado de sua participação. Nunca ouvi falar de nenhum feedback desonesto que tenha funcionado como incentivo eficaz, embora muitos gestores prefiram evitar qualquer conversa difícil nesse sentido.

INCENTIVOS NA KOCH

Todos os incentivos, financeiros ou não, devem motivar os funcionários a desenvolver plenamente sua aptidão para criar valor, inovar e impulsionar a destruição criativa. Mesmo que nunca se possa determinar com precisão a remuneração ideal, o valor com o qual um funcionário contribuiu deve ser determinado da forma mais precisa possível. Deve-se então adotar um critério para decidir quanto à melhor forma e valor da remuneração.

Na Koch usamos incentivos para tentar alinhar os interesses de cada funcionário com os interesses da empresa, dos nossos clientes e da sociedade. Como buscamos lucrar criando valor para os nossos clientes e para a sociedade, nossa filosofia é pagar aos funcionários uma parte do valor que eles criam para a empresa. Acreditamos que essa perspectiva nos ajuda a atrair e reter as pessoas certas e as motiva a serem empreendedoras com princípios.

Quando digo criar valor "para a empresa", quero dizer para *toda* a Koch – não para determinado grupo ou negócio dentro dela, ou em uma tabela de desempenho pessoal individualizada que o funcionário mantém para si. Se um time de basquete da NBA remunerasse os jogadores apenas de acordo com os pontos marcados, o resultado seria uma mentalidade de "cada um por si", e o trabalho em equipe sairia prejudicado.

É necessário remunerar um jogador pela sua contribuição geral para a equipe como um todo para gerar incentivos benéficos, em vez de incentivos perversos. Pode-se avaliar essa contribuição comparando o desempenho da equipe quando o jogador está em campo com os resultados quando ele não está.

Todas as grandes empresas que adquirimos vieram com programas de incentivos que destoavam dos princípios do GBM. Alguns deles eram sistemas extremamente estruturados e mecânicos que atrelavam a remuneração ao cumprimento dos orçamentos, não diferenciavam de maneira suficiente e relutavam em reduzir substancialmente os incentivos quando os lucros ou perspectivas futuras caíam.

Na GP, por exemplo, os incentivos eram vinculados ao cumprimento do orçamento, mesmo quando os gestores e dirigentes das empresas haviam acertado um lucro muito baixo para o orçamento. A remuneração era determinada sobretudo pelos cargos e níveis salariais, e não pela contribuição individual. Os bônus dos incentivos eram fixos, independentemente do nível de contribuição, e quase nunca eram cancelados – mesmo quando o desempenho era insatisfatório.

Os incentivos da GP, como os de todas as outras empresas da Koch, agora são baseados nas contribuições individuais e nos resultados. Isso melhorou muito o desempenho dos funcionários da GP e, consequentemente, o desempenho dos negócios da GP.

Os bônus agora são pagos com base na contribuição marginal, e não no cargo ou no tempo de casa, com uma diferenciação muito maior (mesmo para alguns funcionários sindicalizados). Todos os incentivos levam em consideração a contribuição geral para o valor de longo prazo. A remuneração básica agora é tratada como um adiantamento do pagamento total da contribuição, e não como um direito.

É desafiador elaborar incentivos que gerem um comportamento produtivo sem consequências adversas imprevistas. Os incentivos devem não apenas demonstrar o que é mais valorizado, mas também motivar os funcionários a criar valor de uma maneira ética.

Repito, o que cada funcionário valoriza é uma questão muito subjetiva e reúne componentes financeiros e não financeiros. Os incentivos não financeiros incluem acreditar naquilo que se está fazendo, desafios, competição, orgulho, reconhecimento, satisfação, prazer, ajudar os outros a prosperar, fazer parte de uma equipe bem-sucedida e obter desenvolvimento pessoal que gere oportunidades futuras.

As empresas devem buscar motivar seus funcionários por meio de uma combinação de incentivos financeiros e não financeiros. Nosso rancho Beaverhead, em Montana, é um bom exemplo disso. A maioria dos vaqueiros vai trabalhar nas fazendas não apenas pelo dinheiro. Eles gostam do estilo de vida, grande parte do qual se relaciona ao trabalho em família. É por isso que abdicamos de nossas diretrizes de nepotismo no rancho. Fomos ainda mais longe e construímos casas nas fazendas para todas as famílias. Quando criamos esses incentivos, o rancho atraiu uma força de trabalho mais capacitada e mais motivada.

No GBM os incentivos ideais são aqueles que mais motivam cada funcionário a maximizar o valor que criam para a empresa ao longo da carreira. Sempre que possível, a remuneração deve ser adaptada ao valor subjetivo de cada funcionário, gerando o mais alto valor para o funcionário a um certo custo para a empresa.

Na Koch nossa teoria de remuneração não é uma fórmula fácil de aplicar. Mas, em essência, ela determina como um funcionário contribuiu estimando, em primeiro lugar, quanto o valor da Koch aumentou em um ano – com base não apenas nos ganhos daquele ano, mas também nas perspectivas futuras. Se pudéssemos calcular isso com certo grau de precisão, estimaríamos então quanto o funcionário contribuiu para esse aumento de valor e pagaríamos a ele uma parte disso (levando em consideração a complexidade de sua contribuição e a escassez das habilidades necessárias para isso). Isso nos permitiria determinar sua remuneração total, da qual deduziríamos seu salário-base, para calcular a remuneração que funcionará como incentivo.

Considerando o tamanho e a complexidade da Koch, é impossível determinar com precisão tudo isso. Então, fazemos de tudo para que seja o mais próximo possível, usando os seguintes pequenos passos:

- Determinamos o valor criado pela unidade, instalação ou grupo ao qual o funcionário pertence, considerando os ganhos atuais e o retorno sobre o capital, as mudanças nas competências, a posição competitiva e o valor ajustado ao risco das inovações e iniciativas de crescimento – isto é, a perspectiva de ganhos futuros.
- Depois de avaliar minuciosamente todas as contribuições do colaborador para o valor criado pela unidade (seja positivo, seja negativo), comparamos esse resultado com a contribuição necessária para chegar ao seu salário-base. Se sua contribuição exceder esse valor, oferecemos um bônus ou outra compensação como incentivo, baseados nessa diferença.
- São descontados valores relativos a problemas de conformidade ou SSMA para os quais o funcionário tenha contribuído (a depender da gravidade do problema, ele pode até mesmo acabar com todo o bônus do funcionário). Também são feitos acréscimos

(ou subtrações) à remuneração do funcionário se ele tiver causado um efeito positivo (ou negativo) na cultura da sua unidade.

A compensação por incentivos é feita sob medida para garantir que seja compatível com a mensagem que queremos transmitir ao funcionário sobre suas contribuições e pontos de melhoria necessários. Para que essa compensação consiga motivá-lo, seu superior deve justificá-la com clareza.

Uma remuneração por incentivos que esteja na direção certa (ela nunca conseguirá ser perfeita) é crucial para o funcionamento do GBM. Se mudamos radicalmente de direção, enviamos uma mensagem errada e perdemos a moral. É por isso que os gestores de toda a empresa se esforçam muito não apenas para acertar os valores, mas também para conseguir explicar o raciocínio por trás deles.

O DESCONTENTAMENTO COMO MOTIVAÇÃO

Recompensas monetárias são incentivos poderosos, mas muitos outros fatores são decisivos para criar incentivos que melhorem o bem-estar social. Ludwig von Mises acreditava que existem três requisitos para que os seres humanos ajam: (1) insatisfação com o atual estado de coisas, (2) visão de uma situação melhor, e (3) crença de que se pode chegar a essa situação melhor. Se não houver algum desses requisitos, as pessoas não agirão.

Ao aplicar esse modelo, tivemos que reestruturar muitas das fábricas da GP. A insatisfação partiu da constatação de que as margens da GP estavam se estreitando por causa da forma como a empresa gerenciava e contratava funcionários para suas fábricas. Quando reconhecemos que as práticas da GP a estavam direcionando ao destino das principais empresas siderúrgicas e automobilísticas dos EUA, começamos a buscar uma situação melhor, comparando os custos e as práticas dos seus concorrentes mais rentáveis (não necessariamente os maiores), o que nos permitiu identificar as diferenças de custo e suas causas. O caminho para uma situação melhor passava por mudanças na organização da fábrica e por uma reavaliação das práticas de contratação e remuneração da GP.

Ao falar sobre nossa falta de competitividade com os funcionários, os líderes da GP conseguiram fazer com que muitos trabalhadores da fábrica reconhecessem a necessidade de mudanças na estrutura de pessoal e de remuneração.

Se o objetivo é desenvolver uma cultura que seja competitiva em longo prazo, a empresa precisa dar ao seu pessoal um grau de responsabilidade que lhes permita buscar uma situação melhor. Se as responsabilidades forem excessivas, os funcionários fracassarão e se sentirão desmoralizados. Se não forem suficientes, eles não se sentirão desafiados o suficiente para aprender, desenvolver, crescer e agir com energia. A empresa então pagará por não colher o pleno benefício das competências de cada funcionário.

Esperamos que os gestores orientem e estimulem os desafios para que os funcionários se sintam livres para pensar e aplicar espontaneamente suas ideias e conhecimentos a fim de buscar uma situação melhor. Em nossa experiência, usar um modelo baseado no aprendizado é eficaz para desenvolver os funcionários. Na Koch esse modelo envolve quatro fases: eu faço, você observa; eu faço, você ajuda; você faz, eu ajudo; você faz, eu observo.

Aplicar os três requisitos do modelo de ação humana de Mises é essencial para os negócios. As empresas que não conseguem propiciar tais condições criam uma cultura de inércia. Para impulsionar a destruição criativa por meio de uma cultura de Empreendedorismo com Princípios, as empresas mostram como criar valor, facilitando a tomada de decisões e remunerando adequadamente seus funcionários.

ALINHANDO INCENTIVOS

Incentivos benéficos motivam a maioria das pessoas a trabalhar mais, ser mais criativas e produzir mais valor para os outros. Fazendo isso, elas beneficiam a si próprias.

Esses não são, no entanto, os únicos motivos para utilizar incentivos. Mesmo quando pessoas bem-intencionadas e motivadas estão dispostas a prosperar, elas ainda precisam enfrentar o desafio de entender onde e como concentrar tempo e esforços. Empreendedores de sucesso usam os incentivos do mercado para determinar qual caminho a seguir é o mais produtivo. Da mesma forma, os empregadores devem usar incentivos para direcionar funcionários a áreas em que suas competências, atenção e esforço possam criar mais valor, ao mesmo tempo que conseguem obter maior realização pessoal.

Um bom sistema de incentivos deve alinhar os interesses individuais dos funcionários com os interesses gerais da empresa. Se um resultado for bom para o funcionário, ele também deve ser bom para a empresa. Por outro lado, se o resultado for ruim para a empresa, ele também deve ser ruim para o funcionário.

Isso é verdadeiro sobretudo para as áreas de *compliance*. Agir de qualquer outra forma nos negócios é um convite ao desastre. A eficácia do nosso programa de *compliance* aumentou drasticamente quando começamos a responsabilizar todos (especialmente os gestores) de um setor em que ocorre algum problema de conformidade – e quando passamos a ajustar as remunerações em função disso.

Alguns anos atrás, mesmo depois de eu ficar insistindo sobre a importância da conformidade em todas as nossas conversas, o gerente de uma de nossas unidades menores decidiu que não era preciso realizar os testes necessários no asfalto que fornecíamos a um governo estadual (ele tinha décadas de experiência nesse trabalho específico, mas às vezes uma experiência de longa data pode ser mais perigosa do que a inexperiência – se com ela vierem o comodismo e a arrogância). Assim que descobrimos, demitimos o gerente, informamos o problema ao estado e descobrimos maneiras mais eficazes de monitorar a conformidade.

Ainda assim, o que essa experiência me ensinou foi que meus esforços para convencer os outros da importância da conformidade não tinham sido suficientes. Isso me perturbou profundamente. Então convoquei o gestor desse grupo para determinar por que aquilo havia acontecido e como poderíamos evitar que acontecesse novamente no futuro. Esse gestor argumentou que não poderia ter evitado a situação, pois nem sequer conhecia o gerente em questão. Perguntei: "Se você não é responsável, quem é então? Você é quem controla e decide quem é contratado e demitido, e é o responsável pelos sistemas e pela cultura de seu grupo".

Após esse diálogo, deixamos claro – fosse cortando, fosse eliminando os bônus dos gestores de acordo com seu grau de responsabilidade – que todos eram inteiramente responsáveis por quaisquer problemas de conformidade, segurança ou meio ambiente em suas organizações, e que qualquer evento dessa natureza resultaria – na melhor das hipóteses – em grande redução em sua remuneração de incentivo. O valor da redução dependeria da gravidade real e potencial do problema.

Quando nossos gestores perceberam que sua remuneração poderia reduzir-se drasticamente ou que poderiam perder seus cargos, passaram rapidamente a se concentrar mais na conformidade e na SSMA, e nosso desempenho melhorou consideravelmente. Se não responsabilizarmos os funcionários (especialmente os gestores) pelos resultados e continuarmos a recompensá-los da mesma forma independentemente de seu desempenho, prejudicamos todo o sistema.

Seja o objetivo melhorar a conformidade, seja aumentar o retorno do capital ou qualquer outra coisa, o propósito maior dos incentivos é harmonizar os interesses do indivíduo com os da empresa, reforçando o desejo de cada funcionário de fazer a coisa certa e ajudar a empresa a prosperar.

Em segundo lugar, a remuneração deve ser compatível com a ideia de que não há dois funcionários iguais. Assim, a remuneração pode variar consideravelmente a depender do valor de cada contribuição individual. Diferentes visões, desejos, valores e competências criam várias formas de as pessoas aproveitarem as oportunidades quase ilimitadas de criar valor. É por isso que dois funcionários que desempenham funções semelhantes podem muito bem ser remunerados de formas distintas.

Em terceiro lugar, não se deve colocar nenhum limite na remuneração de um funcionário, de modo que os funcionários não coloquem limite no valor que criam. Por fim, os incentivos devem ser estruturados de forma tal que a empresa possa efetivamente atrair, motivar e reter empreendedores com princípios.

Esses objetivos são alcançados se recompensamos as contribuições para o valor de longo prazo, que incluem não somente os ganhos atuais, mas também a captação de oportunidades que podem não ser imediatamente lucrativas, como projetos de pesquisa plurianuais, desenvolvimento de competências e melhorias na nossa cultura. Da mesma forma, se nos recusamos a recompensar atividades que não produzem resultados, cria-se um processo que direciona de forma benéfica os comportamentos e motiva as pessoas a fazerem o que é certo.

Para alinhar interesses, a remuneração global deve ser maior quando as margens e os lucros são melhores, e deve ser menor quando forem piores. De modo geral, se os lucros deste ano aumentarem 20% (sem nenhum declínio nas perspectivas futuras) e a contribuição de um funcionário for a mesma do ano passado, aumentaríamos a remuneração de incentivo desse funcionário em cerca de 20%. Se sua contribuição fosse maior ou menor do que a do ano anterior, sua remuneração variaria de acordo com esse valor.

Qualquer que seja o nível, a remuneração precisa refletir as contribuições de cada indivíduo. Mesmo que uma empresa não registre ganhos correntes, deve-se pagar algum tipo de compensação de incentivo àquelas poucas pessoas que conseguiram reduzir significativamente as perdas ou que melhoraram as perspectivas para o futuro. Se uma empresa estivesse prestes a perder US$ 10 milhões, mas alguém encontrasse uma maneira de reduzir essa perda para US$ 6 milhões, ela seria recompensada por economizar esses US$ 4 milhões.

Gestores eficientes pensam na criação de valor de maneira ampla. Eles percebem que os funcionários criam valor não apenas inovando ou captando uma única oportunidade, mas também ajudando a manter todo o processo de criação de valor funcionando harmoniosamente.

Por exemplo, fornecer informações financeiras úteis para embasar decisões comerciais de forma oportuna e econômica pode ser tão importante para a rentabilidade no longo prazo quanto manter uma fábrica funcionando corretamente. Essa competência deve ser devidamente reconhecida e recompensada.

INCENTIVOS E FRACASSOS

Após quase dez mil experimentos infrutíferos tentando desenvolver uma nova bateria, certa vez perguntaram a Thomas Edison: "Que pena, você não conseguiu chegar a nenhum resultado?".

"Eu cheguei a muitos resultados", respondeu ele. "Conheço milhares de maneiras que não vão funcionar!"[5]

Por mais confuso que possa parecer, fracassos e resultados não são mutuamente exclusivos. Em uma descoberta experimental dentro de uma empresa, não é desejável fracassar, mas deve-se esperar que isso aconteça. Às vezes, os resultados positivos de hoje só podem ser decorrentes das lições dos experimentos fracassados de ontem. Como Einstein observou, "O fracasso é o sucesso em progresso".[6]

Para deixar claro, não estou sugerindo que uma empresa deva recompensar os fracassos. Embora devêssemos esperá-lo ocasionalmente, devemos, ainda assim, nos esforçar para evitá-lo. E, além de aprender com nossos fracassos, devemos aprender com aquele *tipo* de fracasso. Precisamos reconhecer se um fracasso foi motivado por uma ação mal pensada ou impulsiva, ou se ele pertence a essa parcela de fracassos esperados ao assumir um risco moderado, como em alguma aposta ou experimento bem planejado.

Esses diferentes tipos de fracasso devem ser tratados de forma muito distinta quando uma empresa está criando incentivos. Ao não penalizar sem motivos os experimentos bem planejados que fracassam, alimentamos um mecanismo de apostas pequenas e frequentes que pode gerar muito aprendizado e descobertas poderosas. Isso é vital para a inovação, o crescimento e a rentabilidade de longo prazo.

Ao incentivar a experimentação, devemos reconhecer que é raro que os benefícios venham de imediato. Assim, devem-se conceber incentivos que recompensem os avanços rumo à comercialização, bem como o valioso conhecimento criado para outras áreas da Koch.

A ideia básica deve ser pagar pelo valor à medida que ele é criado, e que os avanços que levarão por fim à comercialização criam valor. Empresas como a Enron, que pagaram bônus sobre lucros estimados a partir de um negócio assim que ele foi feito (e não quando os lucros foram obtidos), incentivaram comportamentos desastrosos. Os funcionários da Enron se esforçavam para fazer negócios duvidosos simplesmente porque podiam projetar grandes lucros. Em oposição, na Koch pagamos apenas um valor modesto ao fechar um negócio, como se fosse um adiantamento baseado na aparente atratividade. Paga-se, então, uma remuneração adicional à medida que o valor se concretiza. Para isso, há que se remunerar inclusive as pessoas que mudaram de função desde que o negócio foi fechado.

É decerto difícil (mas muito importante) alinhar incentivos para além das fronteiras da própria empresa. Na Koch isso pode significar transações dentro de uma empresa da Koch ou entre empresas, como transferências da área de combustíveis para a área de produtos químicos na refinaria Corpus Christi, ou uma venda de petróleo bruto da Koch Supply & Trading para a Flint Hills Resources. As transferências devem ser feitas de forma tal que nos ajude a maximizar o valor no longo prazo para a Koch Industries como um todo, e não apenas para uma unidade de negócios específica. Entre os fatores determinantes, incluem-se o preço de mercado de determinada qualidade e volume e o custo de oportunidade tanto para o comprador quanto para o vendedor. A remuneração dos funcionários envolvidos em tais transações é ajustada de acordo com a maximização desse valor global.

CONTRIBUIÇÃO MARGINAL

Para obter bom lucro, as empresas devem pagar às pessoas de forma a motivá-las a criar o máximo valor em longo prazo, seguindo fielmente nossos Princípios Norteadores. Uma das melhores maneiras de fazer isso é pagar a elas uma parte do valor que elas criam para a empresa, assim como um empreendedor recebe uma parte do valor que cria para a sociedade. A remuneração total deve refletir a contribuição total.

Avaliar a contribuição total (criação de valor) de um funcionário serve de base para as decisões sobre incentivos. Um gestor deve perguntar: que resultados ou valores específicos se devem às ações ou decisões desse funcionário? O funcionário deu a ideia ou iniciou a ação? O valor virou realidade para a empresa? Como esse indivíduo influenciou outras pessoas a criarem valor? A contribuição do funcionário para a cultura foi positiva ou negativa?

Pode-se obter mais clareza sobre a contribuição de um funcionário aplicando a ferramenta da análise marginal. Conseguir estimar a contribuição marginal de um funcionário – isto é, a parcela de valor criada que pode ser atribuída a uma mudança, fator ou indivíduo específico – é um elemento importante em um sistema eficaz de remuneração.

O processo de Planejamento de Talentos da Koch (ver Capítulo 7), que aplica a análise marginal, prevê que iremos reter os funcionários que contribuem na média ou acima da média de todos os seus pares que fazem um trabalho similar (especialmente em nossos principais concorrentes). Podemos nos referir a esses colaboradores médios como colaborador típico.

Tendo o padrão definido, estima-se a contribuição marginal de um funcionário observando se sua contribuição fica acima ou abaixo da média esperada de um colaborador típico. Os funcionários que criam mais valor do que o colaborador típico criam uma vantagem competitiva para a empresa e produzem uma contribuição marginal. Funcionários que contribuem menos colocam a empresa em desvantagem competitiva, e pode-se até dizer que produzem uma contribuição marginal negativa. Se forem muitos os funcionários desse tipo, a empresa falirá.

Os gestores devem acompanhar o desempenho dos funcionários durante todo o ano, e não apenas no final do ano. Usamos uma análise econômica e o feedback 360° (em que o funcionário é avaliado pelos colegas que trabalham mais próximo dele, não apenas por seu supervisor imediato) para entender a contribuição de um indivíduo para os resultados no longo prazo.

Pede-se também que os funcionários realizem uma autoavaliação, demonstrando o que acreditam ser suas contribuições marginais. Isso serve para garantir que sejam usadas as melhores informações disponíveis para reconhecer devidamente tanto as contribuições positivas quanto as negativas. A avaliação deve incluir contribuições anteriores que não foram totalmente recompensadas, como uma contribuição para uma aquisição em um ano anterior que agora começou a dar frutos. Transferências positivas e negativas como essas costumam ser resultado de projetos postos em prática há um bom tempo.

Na Koch o salário-base é visto como um pagamento antecipado pelo valor que se espera que um funcionário crie para a empresa. Então o que acontece quando um funcionário agrega mais valor do que foi originalmente refletido no seu salário-base? O funcionário recebe esse valor extra, assim como aconteceria com um empreendedor no mercado.

Há várias ferramentas para colocar isso em prática, como ajuste da base de pagamento, remunerações anuais de incentivo, bônus imediatos, remuneração retroativa e outros incentivos. Uma responsabilidade fundamental dos gerentes é reter e motivar os funcionários que mais estão agregando valor. Ao pagar pelo valor criado, ajudamos a assegurar a competitividade da empresa.

Até mesmo os funcionários que geram lucros podem melhorar ainda mais. Não considero nenhum dos meus trabalhos como "bom o suficiente" – porque o comodismo e uma eventual deterioração estão enraizados nesse modelo mental. Não importa se a contribuição marginal de um funcionário já é bastante alta, seu supervisor deve continuar informando tanto a empresa quanto o funcionário sobre como seria possível criar ainda mais valor. Os funcionários que aceitam e internalizam esse feedback aumentarão sua contribuição marginal e, logo, a própria remuneração.

Por outro lado, funcionários não rentáveis – aqueles que criam menos valor do que seu salário e outros custos (ou até mesmo menos do que a média de seus pares na concorrência) – estão desperdiçando recursos da organização e destruindo valor. Se seu desempenho não melhorar ou se não for identificada outra função na qual eles possam criar mais valor, eles devem sair da empresa.

Reconhecemos que é mais complicado administrar nosso sistema de incentivos do que administrar sistemas baseados em orçamento, fórmulas ou na hierarquia. Entretanto, nossa experiência demonstra que o esforço que a Koch despende fazendo os funcionários entenderem como podem criar mais valor – e recompensando-os por isso – resulta em um aumento significativo na contribuição de cada um.

INCENTIVOS PERVERSOS

Muitos planos comuns de bonificação criam incentivos perversos. Alguns deles são planos homogeneizados de bônus e participação nos lucros que representam uma porcentagem fixa ou modestamente variável do salário-base (independentemente da contribuição) – se a empresa atingir certas metas financeiras.

Um problema com esses métodos é que, uma vez que as pessoas com melhor desempenho recebem pouco ou nada mais do que as pessoas com desempenho ruim, elas têm poucos incentivos para contribuir mais (em sociedades livres, os empresários que criam mais valor recebem mais recompensas, e isso é um fator motivador importante. O GBM reconhece isso).

Outro problema é que os funcionários vão sacrificar atividades que geram criação de valor de longo prazo para atingir essas metas de curto prazo, deixando, por exemplo, de correr atrás de oportunidades que não serão lucrativas por vários anos.

Algumas empresas instituem orçamentos fixos como forma de controlar custos. Sob esse sistema, oportunidades lucrativas são muitas vezes perdidas, pois os gerentes recusam propostas lucrativas que iriam além de seus orçamentos. Também é comum que uma empresa tente reduzir custos impondo uma redução geral de 10% nos orçamentos ou no pessoal. Essa prática geralmente faz com que se removam despesas e funcionários lucrativos com os não lucrativos, reduzindo assim a lucratividade geral da empresa. Ambos os erros criam incentivos perversos.

É muito comum haver incentivos perversos nas relações empresa/empregado. Um dos mais frequentes é conhecido como o problema do principal/agente, que pode ocorrer sempre que um principal (proprietário) contrata um agente (consultor, corretor ou funcionário). O principal deseja que o agente aja em prol dos seus interesses, enquanto o agente normalmente quer o que é melhor para si mesmo.

Esse conflito de interesses se manifesta de várias maneiras. Nos casos em que o principal e o agente têm perfis de risco diferentes, o problema costuma assumir uma das duas formas: na primeira, os agentes são extremamente avessos ao risco, em geral devido à falta de recompensas por assumir riscos que podem ser rentáveis e a penalidades excessivas por perdas decorrentes de riscos assumidos de forma bem calculada. O resultado é uma cultura de cautela excessiva.

Você se lembra da pergunta que vimos no Capítulo 7: um funcionário deve trabalhar em um investimento com 90% de chances de faturar US$ 100 mil, em vez de trabalhar em outro com 50% de chances de ganhar US$ 1 milhão? Como nesse caso, oportunidades mais arriscadas costumam ser interessantes para a empresa, portanto, sua estrutura de incentivos precisa encorajar os funcionários a assumirem riscos prudentes.

Para combater a aversão excessiva ao risco, recompensamos pelo valor total criado e só deduzimos algum valor da remuneração extra de incentivo se as perdas tiverem sido mal planejadas ou mal administradas. Além disso, os lucros perdidos com uma oportunidade desperdiçada são considerados semelhantes às perdas decorrentes de um empreendimento fracassado – mas em menor grau.

O valor das oportunidades desperdiçadas e outras falhas deve ser estimado e incluído ao determinar a remuneração de um funcionário (e informado ao funcionário ao receber sua remuneração). Durante os anos 1990, surgiu uma aversão ao risco de fazer aquisições, e alguns gestores deixaram de aproveitar oportunidades de adquirir ativos de boa qualidade. O custo de oportunidade dessas chances perdidas foi calculado e incluído em suas avaliações – o que os fez mudar rapidamente de conduta.

Da mesma forma, considerar os custos de oportunidade ajuda a eliminar desperdícios e atrasos em nosso processo de aprovação de projetos. Quando os participantes do processo de aprovação procuram compreender e mitigar os riscos além do ponto de retorno decrescente, o excesso de etapas e de análise atrasa as coisas, podendo comprometer as oportunidades e impossibilitando uma aprovação rápida e eficiente. Ao considerar oportunidades perdidas, alinha-se melhor os interesses dos envolvidos no processo de aprovação com os interesses da empresa.

Considere, por outro lado, um funcionário que assume riscos imprudentes ou mesmo não autorizados – outro tipo de conflito de agência. Esses indivíduos esperam ganhar muito dinheiro correndo riscos, mesmo que isso ameace a empresa. Funcionários desonestos assim, agindo por interesse pessoal à custa dos interesses gerais, destruíram empresas inteiras – como vimos diversas vezes ao longo da história.

Esse comportamento destrutivo pode ser minimizado se os funcionários forem selecionados e retidos sobretudo com base em seus valores e crenças (ver Capítulo 7), e em seguida estabelecendo devidamente os direitos de decisão com controles efetivos (ver Capítulo 9), e alinhando o sucesso do funcionário com o sucesso de longo prazo da empresa.

Outro tipo de incentivo perverso é endêmico em empresas de capital aberto: o balanço trimestral. A administração de uma empresa de capital aberto sofre muita pressão para atingir as previsões de lucros trimestrais, pois, se não forem atingidos, ainda que por pouco, isso pode significar uma queda significativa no preço das ações da companhia. Consequentemente, a administração é motivada a tomar decisões que otimizem os lucros de curto prazo à custa da maximização do valor real de longo prazo.

Nessa categoria de decisões, incluem-se investir pouco em oportunidades atrativas que sejam cíclicas ou de longo prazo, ignorar as depreciações necessárias ou até mesmo manipular os registros contábeis. Administrar uma empresa de capital aberto se torna muito difícil por causa de incentivos perversos como esses. É por isso que a Koch Industries preza seu status de empresa privada, e é por isso que eu aconselharia todos os empresários a fazerem o possível para manter suas empresas privadas, não importa quanto cresçam.

ALINHANDO INCENTIVOS EXTERNAMENTE

Embora este capítulo se concentre nos incentivos dados aos funcionários, incentivos também são importantes para alinhar os interesses dos outros componentes da empresa, como clientes, fornecedores, terceirizados, acionistas, distribuidores, agentes, comunidades e governos. Ao alinhar adequadamente os incentivos oferecidos a todos esses grupos, compreendendo seus valores subjetivos, melhoramos muito nosso potencial de sucesso.

Imagine, por exemplo, que você quer incentivar os revendedores a destacar seus produtos. Compreendendo seus incentivos e valores subjetivos, você pode motivá-los a recomendar seus produtos e abrir um espaço privilegiado nas prateleiras, se demonstrar que, ao fazer isso, o fluxo de pessoas em suas lojas aumentará.

Motivar grupos externos a apoiar a empresa também exige que os funcionários internos negociem com eles de uma maneira que seja interessante para a empresa como um todo. Se apenas uma das nossas empresas desenvolver um relacionamento ruim com um fornecedor, cliente, agência governamental ou outro grupo, isso provavelmente prejudicará outras partes da Koch.

Descobrimos que, ao se alinharem incentivos ao desempenho, quase sempre os resultados melhoram. É por isso que tentamos alinhar os incentivos dados aos nossos consultores externos – assim como fazemos com nossos funcionários, embora nem sempre seja fácil. Bancos de investimento, corretoras imobiliárias e outras firmas de consultoria frequentemente argumentam que trazem vantagens comparativas a um projeto, mas a maioria delas hesita em aceitar um sistema de remuneração baseado em desempenho. Costumam argumentar que os incentivos já estão alinhados, porque, se um cliente não realiza a transação, não há exigibilidade de pagamento. Não aceitamos esse argumento.

Em nossa opinião, para que uma consultoria seja benéfica, ela deve obter um valor melhor do que poderíamos ter obtido por conta própria. Assim, queremos um acordo de remuneração no qual a consultoria receba parte desses ganhos. E como acontece com um vendedor, quando uma transação fica em um valor inferior ao esperado, queremos que esse pagamento seja inferior ao preço de mercado. Incorporamos esse sistema aos nossos contratos de assessoria, seja na posição de comprador, seja na de vendedor.

Em certa operação, estávamos convencidos de que tínhamos identificado os únicos compradores possíveis para uma pequena empresa do grupo Koch Chemical Technology. Porém, quando um banco nos convenceu de que poderia aumentar o valor da operação expandindo o número de compradores potenciais, concordamos que sua remuneração seria corrigida para mais ou para menos a depender de sua afirmação se provar verdadeira. Acabou se confirmando, e obtivemos um resultado muito melhor do que poderíamos ter alcançado por conta própria. O banco empreendedor foi remunerado de acordo.

Os bancos normalmente buscam uma taxa que varia de 1% a 2% da operação, a depender do volume. Pense em um exemplo em que o banco cobre 1% pela venda de um negócio que avaliamos em US$ 100 milhões, e que ele tem certeza de que consegue pelo valor garantido de US$ 100 milhões. Se o preço final de venda for US$ 120 milhões, o banco receberá US$ 1,2 milhão.

Embora seja melhor do que US$ 1 milhão, a maioria das consultorias de negócios não arriscaria errar nessa operação – ainda que as probabilidades de erro sejam relativamente baixas – e buscaria um valor maior no mercado. O operador só ganharia US$ 200 mil a mais se vendesse o negócio por US$ 120 milhões, mas o risco de o negócio não dar certo por esse preço poderia subir para 30%.

Assim, para recompensá-los pelos riscos assumidos, poderíamos oferecer uma comissão de 5% sobre os primeiros US$ 10 milhões acima dos US$ 100 milhões, e uma comissão de 10% sobre os US$ 10 milhões posteriores. Nesse cenário, a chance de fracasso de 30% é atenuada pela oportunidade de ganhar US$ 2,5 milhões em comissão, em vez de US$ 1,2 milhão. Os incentivos são dessa forma alinhados porque temos 70% de chance de aumentar nosso valor em US$ 20 milhões, deduzindo as comissões.

De igual importância para a empresa é alinhar os incentivos com as comunidades nas quais ela atua. Na Koch tentamos fazer isso entendendo o que essas comunidades valorizam. A maioria delas quer bons vizinhos que se esforcem para fazer daquele um lugar melhor, operando com segurança, protegendo o meio ambiente e criando bons empregos. É por isso que esperamos que nossos funcionários não apenas alcancem a excelência em SSMA, mas também sejam bons cidadãos que contribuam para a comunidade, por isso a empresa também apoia instituições beneficentes locais que vão ao encontro de nossos valores.

Utilizamos o mesmo pensamento com todos os níveis de governo que têm jurisdição sobre nossas operações. Em nossas negociações com representantes do governo, fazemos o máximo para agir com total integridade e para sempre honrar nossas promessas. Quando temos um problema ou cometemos um erro, assumimos a responsabilidade, reconhecendo e corrigindo rapidamente a situação, e depois tentamos evitar que ela ocorra novamente.

Fazemos isso não apenas porque é o certo, mas também porque é mais provável que as comunidades e os governos permitam que as empresas cresçam e prosperem quando elas agem com integridade e com responsabilidade em questões de meio ambiente, segurança e conformidade. Todos, exceto os concorrentes de baixo desempenho, se beneficiam quando se criam empregos novos e melhores por meio do Empreendedorismo com Princípios.

Sistemas de incentivos benéficos fazem mais do que alinhar nossos interesses e demonstrar o que é valorizado. Eles ajudam os funcionários a compreender a verdadeira criação de valor. Fazer um trabalho relevante significa contribuir para a geração de bom lucro, criando valor na sociedade. Incentivos benéficos estimulam todos nós não apenas a levar uma vida produtiva, mas também a realizar nosso pleno potencial e encontrar satisfação e realização em nosso trabalho – o que é, aliás, meu incentivo para trabalhar com afinco.

3

CAPÍTULO 11

A ORDEM ESPONTÂNEA EM AÇÃO

Quatro estudos de caso do Gerenciamento Baseado no Mercado

A ordem espontânea gera uma 'alocação de recursos sociais mais eficiente do que qualquer planejamento poderia conseguir'.

- F, A. HAYEK

"E por fim, *monsieur,* uma finíssima folha de hortelã."

Todos os fãs de Monty Python irão se lembrar dessa fala de John Cleese em *O sentido da vida*, em que Cleese, um *maître* espertalhão, empurra um último prato a um cliente glutão que acabou de fazer uma refeição grotescamente exagerada e que, por fim, acaba explodindo.

Os filmes da série Monty Python são frequentemente alegorias brilhantes das consequências desastrosas de as pessoas não usarem modelos mentais baseados na realidade para conduzir suas ações. Como observado no Capítulo 3, qualquer empresa cujo comportamento seja baseado em modelos mentais falhos acabará fracassando.

Só porque nós – assim como o comilão que pensava que poderia comer só mais um pedaço – queremos que algo seja verdade, não significa que seja assim. "Todo homem tem direito à própria opinião, mas não aos próprios fatos", disse o falecido senador Daniel Patrick Moynihan.[2]

Outra cena absurda clássica de Monty Python que trata dessa tendência é o julgamento das bruxas em *Monty Python – Em busca do cálice sagrado*, no qual um futuro cavaleiro estúpido professa a lógica medieval a uma multidão de cidadãos decididos a encontrar uma bruxa para queimar.

As bruxas queimam porque são de madeira, ele raciocina. Outra propriedade da madeira é que ela flutua na água. O que mais flutua? Os patos. Portanto, ele conclui triunfante, se ela tem o mesmo peso de um pato, é uma bruxa, e os habitantes da cidade podem então queimá-la.

Não é preciso ter uma genialidade cômica para expor as consequências de não se basear na realidade para resolver problemas. Mas ajuda.

Como vimos, o GBM é uma ferramenta baseada na realidade que permite a cada funcionário inovar e resolver problemas sem receber instruções específicas. Seu objetivo é criar uma ordem espontânea, proporcionando aos funcionários um conjunto simples de princípios e modelos mentais baseados na realidade para guiar suas ações e decisões. Os modelos são posteriormente organizados em um conjunto de ferramentas para que possam ser utilizados como um processo de resolução de problemas. Nos capítulos anteriores, falei de cada uma das ferramentas. Pense neste capítulo como a caixa de ferramentas.

A ABORDAGEM DO GBM E O PROCESSO DE RESOLUÇÃO DE PROBLEMAS

Einstein acreditava no deus que se revela na "harmonia ordenada do que existe".[3] Se pensarmos que o mundo natural funciona harmoniosamente sem um regente ou um planejamento central, conseguimos visualizar a ordem espontânea com facilidade – uma ordem que opera milagres na natureza.

A intenção do GBM é estabelecer as condições para uma empresa – uma abordagem que estabeleça uma estrutura, um modo de pensar e uma cultura – para produzir uma ordem espontânea que opere seus próprios milagres.

Uma empresa pode criar tal ordem quando seus integrantes se dedicam a uma visão consistente e as pessoas certas estão nas funções certas, agindo com os valores, conhecimentos, autoridades e incentivos certos.

Aplicar as cinco dimensões da estrutura do GBM para provocar tal ordem espontânea é uma das inovações mais importantes da Koch.

Como ocorre com todas as inovações, ela foi desenvolvida e refinada ao longo do tempo por meio de descobertas experimentais.

Quando usadas para resolver um problema, as cinco dimensões nos permitem identificar mais rapidamente as causas e soluções. Quando aplicadas como uma lente para vislumbrar um novo modelo de negócios, a estrutura pode ser transformadora. Desde o seu avanço nos anos 1960, descobrimos que estudos de casos são a melhor forma de ilustrar como se podem obter resultados com o GBM. A seguir, trago quatro casos reais de dentro da Koch. Cada exemplo ilustra a aplicação de todas as cinco dimensões.

Observe que estes casos ilustram como a estrutura do GBM pode funcionar para qualquer tipo de empresa, área ou tipo de problema.

Primeiro estudo de caso

Bens de consumo da Georgia-Pacific

Em 2005, a Koch fez a maior aquisição da história da empresa. Para adquirir a Georgia-Pacific, nós a endividamos ao ponto que, se seu desempenho não melhorasse, a Georgia-Pacific estaria violando as condições contratuais dos seus empréstimos (compromissos com os credores sobre a condição financeira da empresa), que se tornavam cada vez mais rígidas.

Naquela época, o setor de bens de consumo – o maior da Georgia-Pacific, responsável por quase 40% de seus negócios – enfrentava dificuldades. Algumas de suas marcas estavam perdendo participação de mercado e correndo o risco de serem abandonadas por grandes clientes. Em 2007, a empresa ficou em último lugar em um ranking de parceiros estratégicos, elaborado pelos próprios clientes, que a comparava aos seus maiores concorrentes. A estratégia declarada da Georgia-Pacific de ser um "seguidor veloz" – não investindo em pesquisa, mas sim imitando os produtos de sucesso e vendendo-os a um preço mais baixo – não permitia que ela se mantivesse competitiva.

Adquirimos a Georgia-Pacific porque acreditávamos que o GBM e nossas competências básicas aplicáveis poderiam criar valor nos seus negócios. O fato de termos adquirido o negócio de celulose da GP no ano anterior não apenas validou essa suposição, mas também nos convenceu de que a empresa contava com pessoas talentosas, excelentes ativos e uma cultura com alguns aspectos muito benéficos. Para revitalizar e transformar o negócio, aplicamos as cinco dimensões do GBM, a começar por uma mudança na visão.

Visão

Antes da aquisição, a visão da GP era converter pinheiros em produtos de valor, a um baixo custo. Para manter os custos baixos, a GP precisou agir no mercado como uma empresa seguidora, e não como uma inovadora ou líder.

Infelizmente, com os concorrentes inovando cada vez mais – inclusive em novos produtos, marketing mais eficiente baseado em dados analíticos, novas tecnologias de fabricação e estratégias logísticas –, o setor de bens de consumo da GP estava ficando para trás não apenas em termos de qualidade de produto, mas também em capacidade de promover e vender seus produtos. Isso acarretou uma perda na participação de mercado e na sua posição com os distribuidores.

Para transformar a empresa, acreditávamos que era preciso mudar a visão de "seguidor veloz" para "líder inovador". Somente assim o setor de bens de consumo da GP ofereceria ao seu cliente final, o consumidor, produtos preferíveis aos dos concorrentes.

Como a visão anterior não permitia que se destinassem fundos à inovação, a GP precisou começar a investir quantias consideráveis para suprir o déficit. Em outras palavras, precisou construir a competência de identificar e compreender as necessidades não atendidas do consumidor, e depois desenvolver produtos e serviços que os satisfizessem.

Outro tipo de inovação era visualizar como os vendedores conseguiriam obter mais valor trabalhando com vários produtos da GP. Para isso, tivemos que desenvolver novas capacidades vitais, como a de demonstrar aos revendedores que, ao comprar toda a linha de produtos da GP, eles atrairiam um maior fluxo de clientes. Era aí que entravam as outras quatro dimensões do GBM.

Virtude e Talentos

A GP como um todo, e seu negócio de bens de consumo em específico, tinha muitos funcionários talentosos e trabalhadores. Porém, assim que a visão mudou, tornou-se evidente que precisaríamos de outros líderes e mais talentos para as mais diversas funções.

Também ficou evidente que os valores positivos que havíamos observado na cultura da GP deveriam ser ampliados de forma a incluir a inovação, o empreendedorismo e o compartilhamento de conhecimento. Assim como a GP como um todo, o setor de bens de consumo precisava adotar a nossa cultura de contestação.

Seguindo os conceitos e práticas de GBM que você aprendeu no Capítulo 9, muitos funcionários da GP foram realocados para diferentes funções que se adaptavam melhor às suas vantagens comparativas, permitindo-lhes colocar em prática a nova visão. Mas, considerando todas as competências necessárias para concretizar a nova visão, muitas habilidades tiveram que ser trazidas de fora.

Em primeiro lugar, a GP precisava de uma equipe de vendas que conseguisse vender e cooperar com os revendedores que, mais do que consolidando, estavam centralizando a tomada de decisões e se tornando muito mais sofisticados na forma de gerenciar suas lojas (conjunto de marcas relacionadas). Além disso, era necessário ter uma equipe de planejamento comercial unida que conseguisse conectar nossa marca e os produtos de marcas próprias com o valor que cada um criava tanto para os consumidores quanto para os revendedores.

Mais ainda, precisávamos de uma competência que ajudasse os revendedores a compreender e atender os desejos dos seus clientes e que mostrasse aos varejistas como os produtos da GP atrairiam mais e mais clientes. Finalmente, o setor de bens de consumo precisava de competência analítica para entender melhor os mercados e a concorrência, e mensurar e melhorar sua precificação, bem como todos os outros aspectos do marketing – promoções, anúncios na televisão, mídia impressa e marketing digital. Em outras palavras, precisava de muitos outros processos de conhecimento melhores que os que já detinha.

Processos de Conhecimento

Quando adquirimos a GP, o seu setor de bens de consumo havia ficado para trás em relação aos produtos e à tecnologia empregada, bem como em sua compreensão dos seus clientes e dos mercados. Toda a organização pecava por não experimentar e não compartilhar conhecimentos, e havia uma aversão à contestação em todos os níveis. As decisões eram tomadas de forma hierárquica. Havia diversos indicadores financeiros, mas poucos deles de fato ajudavam a criar valor em longo prazo.

Após a aquisição, o setor de bens de consumo começou a investir pesado para gerar mais conhecimentos em áreas como eficiência de mercado e vendas. Também melhorou as estratégias e as operações de precificação. Em vez de desenvolver essas competências separadamente em cada categoria, a GP as desenvolveu em toda a empresa, para que se compartilhassem mais conhecimentos sobre as melhores práticas e experimentos que beneficiariam toda a empresa e seriam expansíveis à medida que crescessem.

Antigamente, o setor de bens de consumo havia conseguido crescer com grandes varejistas de rápido crescimento e clubes de compras. Ao compartilhar e aplicar conhecimentos oriundos de toda a empresa e de fora dela, o setor de bens de consumo começou a crescer também nos supermercados, revendedores de material de construção e bricolagem nunca antes explorados, e nos emergentes canais de comércio eletrônico.

Como nosso método de compartilhamento de conhecimentos era novo para a GP, levou algum tempo e foi necessário um pouco de esforço para que ele funcionasse. A introdução do processo de planejamento comercial conjunto é um bom exemplo. Concentrava-se em levar aos varejistas os melhores conhecimentos sobre como compreender o comportamento do consumidor, alcançar resultados positivos a partir da escolha dos produtos e de investimentos em *merchandising* e marketing, e melhorar o retorno tanto para os revendedores quanto para a GP – uma tarefa nada fácil. Mas, assim que os problemas foram eliminados, esses sistemas de conhecimento ajudaram o setor de bens de consumo a virar o jogo e melhorar a percepção da marca entre seus grandes clientes do varejo, como Costco, Walmart (e Sam's Club), Kroger, Dollar General, Publix, Target e Family Dollar, para citar alguns.

O resultado disso foi que a imagem da GP passou de "pior" parceiro para "valioso colaborador", que trazia conhecimentos importantes sobre como melhorar os negócios dos revendedores.

Direitos de decisão

Ao trabalhar para aplicar as dimensões do GBM ao setor de bens de consumo, ficou claro que muitos funcionários da GP ocupavam funções que não se adequavam às suas vantagens comparativas. Não se delegava autoridade a quem detinha os melhores conhecimentos, e muitas vezes as decisões eram tomadas de acordo com o que era orçado, e não fazendo uma avaliação consistente do valor marginal das despesas. Itens não orçados eram objeto de mais verificações antes de serem aprovados, apesar de muitas vezes serem menos importantes.

As FR&E não eram claras, causando uma verdadeira tragédia dos comuns. Muitas decisões estavam sendo compartimentalizadas pensando apenas no que era melhor para cada parte, e não no que era melhor para toda a empresa.

Enquanto esses problemas não fossem corrigidos, seria impossível que os funcionários pudessem contribuir espontaneamente da melhor maneira para a empresa como um todo. Para corrigir isso, o setor de bens de consumo começou a trabalhar para garantir que as funções fossem ocupadas pelas pessoas certas. Isso deixou claras as responsabilidades e modificou as autoridades para que as decisões pudessem ser tomadas por quem detivesse os melhores conhecimentos do assunto.

Esses esforços incluíam estabelecer direitos de decisão para os líderes de categoria (aqueles que supervisionavam várias marcas) e gerentes de marca, capacitando-os para tomar decisões que pudessem maximizar o negócio como um todo. Os líderes de categoria foram responsáveis por aprimorar os conhecimentos sobre o mercado e compartilhá-los com os gerentes de marca e com as áreas de operações, vendas, marketing, distribuição, P&D e todos os grupos de apoio.

Tudo isso pode parecer simples e sensato, mas na realidade exigiu uma transformação completa nos modelos mentais dos líderes seniores, que vinham tomando a maioria das decisões. Eles aprenderam que poderiam criar maior valor e tomar melhores decisões se tivessem a pessoa certa, fizessem as perguntas certas, promovessem um ambiente desafiador e então capacitassem e gratificassem seu pessoal.

Incentivos

Antes do GBM, a GP costumava recompensar as pessoas por cumprirem objetivos orçamentários e projeções trimestrais, e não pela contribuição de cada uma para a criação de valor em longo prazo. As pessoas eram pagas de acordo com escalas de remuneração, e os bônus eram invariáveis e baseados em fórmulas.

Os funcionários eram penalizados quando não conseguiam atingir o orçamento, e as recompensas eram poucas quando eles se saíam bem. Os incentivos de curto prazo os desestimulavam a experimentar e inovar.

Hoje os funcionários são recompensados de acordo com sua contribuição para o valor de longo prazo da empresa, o que inclui não apenas os resultados atuais e o retorno sobre o capital, mas também a contribuição de cada um para o desenvolvimento de competências no longo prazo. Os gestores, sobretudo, são recompensados se conseguem melhorar a cultura aplicando os Princípios Norteadores do GBM. As escalas de remuneração foram eliminadas, e os bônus – que não são mais limitados – são determinados por elementos tanto objetivos quanto subjetivos. Antes os incentivos da equipe de vendas eram baseados no volume. Agora baseiam-se na rentabilidade de longo prazo, na melhoria das relações com os clientes e no valor criado para esses clientes.

Por mérito dos funcionários que abraçaram o GBM, a aplicação desse processo de transformação tornou o setor de bens de consumo mais produtivo e dinâmico. O negócio tem um futuro muito mais brilhante agora, pois as pessoas de toda a empresa estão fazendo a coisa certa sem precisarem ser mandadas.

Essa transformação é uma lição valiosa para todos nós. O comodismo e o apego ao status *quo* são receitas infalíveis para o fracasso empresarial, porque a destruição criativa está sempre à nossa volta. Mesmo depois de mudar sua perspectiva, o setor de bens de consumo da GP ainda tem muito a fazer, porque novos concorrentes que oferecem boa qualidade a custo mais baixo estão constantemente entrando no mercado.

É claro que, para criar valor, a inovação requer mais do que apenas boas ideias. É preciso também que a execução seja tempestiva, e, para isso, todas as cinco dimensões do GBM precisam trabalhar em conjunto.

Empresas com boas ideias, mas execução incorreta, acabam falhando. Como sempre, ou inovamos rapidamente para atender ou superar o desempenho de nossos concorrentes, ou seremos expulsos do mercado. Como demonstrado por este estudo de caso, usar o poder transformador das cinco dimensões do GBM é um método comprovado para garantir que estamos no lado certo desse processo inevitável.

O papel higiênico Quilted Northern ultramacio da GP foi considerado o principal lançamento de produto não alimentar de 2008, gerando mais de US$ 135 milhões em seu primeiro ano de vendas. Em 2009, outro papel higiênico, o Angel Soft, se tornou a primeira marca da GP a obter uma receita líquida de US$ 1 bilhão em um período de cinquenta semanas. Nesse mesmo ano, o lucro líquido do setor de bens de consumo (antes dos juros, impostos, depreciação e amortização) foi 85% maior do que em 2005 – superando muito as metas que a GP havia estabelecido antes da aquisição.

O negócio de bens de consumo da Georgia-Pacific está hoje em uma situação muito melhor porque aplicamos o GBM. Agora ele é mais lucrativo, e seus gestores e funcionários compreendem muito melhor o que precisa ser feito para criar valor de longo prazo para os clientes, a empresa e a sociedade.

Segundo estudo de caso
Seguros na Koch

Desde o início dos anos 2000, o processo de resolução de problemas do GBM tem trazido muitos benefícios às nossas operações de seguros – com ele, economizamos centenas de milhões de dólares em prêmios (descontando as perdas não seguradas).

O seguro é de grande valor para as empresas na medida em que cria uma rede de segurança de capital para eventos de baixa probabilidade, mas que podem custar caro. Assim, ele é mais benéfico para empresas com riscos concentrados, capital limitado, alto endividamento ou outros elementos que exigem menor volatilidade dos lucros. No entanto, seguros raramente são um investimento lucrativo no longo prazo.

Isso se deve em parte ao fato de que as empresas de seguros definem os preços com base nas perdas esperadas somadas às despesas gerais, custos de transação e margem de lucro. Em média, estima-se que os prêmios de seguro sejam cerca de 40% mais altos do que o custo das perdas (um percentual que prevê o fato de que os prêmios são normalmente investidos vários anos antes do sinistro). Então, como nós na Koch aplicamos o GBM para alinhar nossas operações com seguros à nossa filosofia sobre riscos, transformando algo que poderia ser visto como um mal necessário em um excelente gerador de bom lucro?

Visão

Ao mudar nossa visão e deixar de contratar níveis básicos de seguros de terceiros e passar a contratá-los somente quando os seguros nos beneficiavam no longo prazo ou quando exigido por lei (ou por um cliente ou fornecedor), a Koch criou um programa lucrativo de seguros muito diferente da prática comum do setor.

Em primeiro lugar, a ênfase na prevenção de perdas por meio da nossa filosofia de gestão de riscos também ajudou a reforçar a necessidade de excelência operacional, melhorando o desempenho de segurança, meio ambiente e das operações em nossas instalações. Por causa do melhor desempenho operacional, nossas taxas de incidentes caíram significativamente, ficando abaixo da média das empresas do fundo de seguros, reduzindo ainda mais a atratividade de uma visão tradicional sobre seguros.

Também aplicamos a mesma visão para identificar e avaliar formas de seguro "embutido" – mitigação de riscos econômicos ocultos derivados da modificação dos negócios em geral –, tão presente em tantas empresas. O seguro "embutido" inclui o transporte de peças de reposição, estoque adicional ou outras redundâncias para prevenir qualquer indisponibilidade, além de compensar as contrapartes por compartilhar os riscos conosco.

Sempre que incorremos em um custo ou abrimos mão de um rendimento a fim de reduzir a probabilidade e as consequências de certos riscos, estamos tomando uma decisão que, de uma perspectiva econômica, é semelhante a comprar um seguro. Em alguns casos, esse seguro embutido pode ser lucrativo; em outros, não. Nossa visão de seguros estimula os funcionários a fazer essa análise.

Virtude e Talentos

Foram necessários anos de muito trabalho para captar o valor de nossa visão reformulada sobre seguros. Alinhar uma equipe diversificada de funcionários em torno de uma visão e de uma filosofia de risco comuns era necessário, mas não foi fácil.

Nossa visão reformulada é, em grande parte, uma aposta na excelência operacional e na capacidade de otimização de riscos dos nossos líderes.

Como estamos envolvidos em vários grandes projetos de capital, é de especial importância identificar e avaliar os custos de seguro embutidos nos contratos com as empreiteiras. Descobrimos que a maneira mais eficaz de minimizar esses custos é não selecionar tais empreiteiras com base no risco que irão absorver.

Em vez disso, priorizamos contratar a empreiteira mais capaz de realizar um projeto de qualidade dentro do prazo e do orçamento estabelecidos. Quando selecionamos empreiteiras com base em quem está disposto a absorver o maior risco no contrato, normalmente pagamos um "custo duplo": primeiro, no preço cobrado para compensar os riscos extras que estão absorvendo; e novamente quando sofremos perdas com os atrasos e excessos com os quais eles não podem arcar por nós.

Portanto, é melhor aceitar os riscos com uma boa empreiteira do que fingir que estamos protegidos usando uma empreiteira menos capaz que concorda em embutir o preço do seguro no contrato.

Processos de Conhecimento

O que nos ajudou a otimizar nossos programas de seguro foi de fato entender os riscos da Koch e saber onde seguros externos podiam ser valiosos. Usando uma análise marginal, conseguimos entender os princípios econômicos associados a vários programas de seguro e identificar as estruturas que criavam valor de longo prazo para a Koch.

Descobrimos que o valor do seguro é reduzido pelo fato de que (a) as perdas não seguradas são geralmente dedutíveis nos impostos; (b) apenas uma quantidade limitada de cobertura está disponível; (c) os ressarcimentos dos seguros frequentemente ocorrem anos após o pagamento do prêmio; e (d) pedidos de indenização de grande valor costumam ficar abertos a negociação e ser objeto de litígio. Por conta desses fatores, é possível que o valor realizado do seguro seja de apenas 50% do valor nominal da apólice.

Embora tenhamos suspendido todos os seguros de terceiros, exceto aqueles que acreditamos serem lucrativos considerando os riscos reais, ainda mantemos redes externas de conhecimento para reavaliar continuamente os méritos de nossa abordagem. Isso nos ajuda a identificar e aprender com os incidentes e tendências do setor para que possamos melhorar continuamente nosso perfil de risco.

Direitos de decisão

Como cada gestor da Koch conhece perfeitamente os riscos em seus negócios e se encontra na melhor posição para compreender a relação de custo/benefício, são eles os responsáveis por otimizar os riscos adequadamente.

Entretanto, quem detém os direitos de decisão para a aquisição de seguros tradicionais são normalmente os executivos ou os conselhos de administração das empresas Koch. Isso garante que qualquer contratação de seguro seja baseada em análises do perfil de risco da Koch como um todo. O seguro deve beneficiar a Koch, não cada negócio individual, portanto, alinhamos esses direitos de decisão levando isso em conta.

Quanto aos seguros embutidos, os direitos de decisão estão distribuídos entre todos os negócios. Dessa forma, é necessário que haja maior instrução e compreensão, caso contrário não conseguiremos identificar e avaliar as situações de forma a garantir que as decisões tomadas sejam sempre lucrativas.

Incentivos

Como cada funcionário e cada gestor geralmente têm uma tolerância ao risco diferente daquela da Koch Industries como um todo, fazemos questão de ensinar a todos sobre a filosofia de risco da empresa. Esse assunto é importante porque, embora decisões individuais inconsistentes com a filosofia de risco da empresa possam parecer irrelevantes, no conjunto não são.

Todas as perdas financeiras decorrentes de um incidente, como um incêndio, são de responsabilidade da empresa da Koch em específico – portanto, a remuneração de incentivo dos seus gestores é proporcionalmente reduzida. Isso alinha os incentivos, assegurando que cada empresa compreenda seus riscos e os gerencie adequadamente. Por outro lado, fazer com que cada empresa arque com o custo de um incidente é mais lucrativo ao longo do tempo, então os funcionários, no longo prazo, também se beneficiam do aumento da lucratividade.

Aprendemos que contratar seguros pode proporcionar uma falsa sensação de segurança, que deteriora a avaliação e a mitigação apropriada dos riscos. Tirando esse sistema de segurança e responsabilizando os gestores pelos resultados, criam-se incentivos para entender bem os riscos e mitigá-los de forma lucrativa.

Nossa filosofia sobre seguros é benéfica não apenas para a Koch, mas também para nossos clientes, nossos funcionários e nossas comunidades. Ao trabalhar ativamente para evitar a ocorrência de eventos adversos – como um incêndio ou acidente –, em vez de confiar em um instrumento financeiro que não reduz a probabilidade de ocorrência, melhoramos o bem-estar de todos e ganhamos mais.

Terceiro estudo de caso
Complexo de Corpus Christi

O complexo de refino e petroquímica de Corpus Christi, da Flint Hills Resources, constitui um estudo de caso particularmente didático sobre o GBM, uma vez que se transformou não uma, mas três vezes, desde que a Koch o adquiriu, em 1981. Hoje suas vendas são dez vezes maiores, e seus lucros são vinte vezes mais altos do que eram nos anos logo após nossa aquisição. Corpus Christi de fato passou por uma transformação notável, que consistiu na aplicação das cinco dimensões para impulsionar mudanças diante de três desafios distintos.

Nem sempre foi um mar de rosas. Por um tempo, nos anos 1990, pensamos em vender Corpus Christi, porque não era mais lucrativo depois que as margens da atividade de refino ficaram iguais ao – ou abaixo do – ponto de equilíbrio para as refinarias menores.

Felizmente, os gestores da unidade adotaram uma nova abordagem que possibilitou que a refinaria permanecesse lucrativa mesmo nos piores cenários. E agora ela está em posição de se beneficiar do rápido desenvolvimento do campo petrolífero vizinho de Eagle Ford, sendo mais lucrativo para Corpus Christi simplesmente processar o que é produzido ali.

Visão

A visão da Koch de expandir suas operações de refino e estabelecer uma plataforma de crescimento na indústria petroquímica nos motivou a comprar a fábrica de Corpus Christi da Sun Company, em 1981. Acreditávamos ter as competências para melhorar muito e expandir tanto a parte de refino quanto a parte petroquímica da unidade. Durante os dezessete anos seguintes, tivemos muito sucesso em colocar essa visão em prática, agregando uma infraestrutura de grande porte em 1982 e uma segunda refinaria em 1995.

Contudo, quando as margens de refino despencaram, em 1998, o complexo de Corpus Christi começou a sofrer prejuízos. Isso obrigou nossa equipe a criar uma nova visão que passava por mudar a forma como o negócio havia sido configurado – era preciso aumentar a produtividade de produtos de maior valor, melhorar a confiabilidade e reduzir os custos.

Conseguimos fazer tudo isso. O complexo se tornou lucrativo mais uma vez, mas ainda estava em desvantagem se comparado a outras refinarias da Costa do Golfo que haviam feito investimentos necessários para processar petróleos brutos pesados e ácidos.

Então, em 2008, o acelerado desenvolvimento de um novo campo de petróleo de grandes dimensões no sul do Texas (viabilizado por meio de perfuração horizontal e fraturamento) transformou a desvantagem de Corpus Christi em uma vantagem. Isso porque o novo petróleo bruto cru que chegou ao mercado era leve e puro – mais adequado para a nossa fábrica do que para os nossos concorrentes.

Sem demora, atualizamos a visão do complexo. O primeiro passo para chegar a essa visão foi construir a organização e a infraestrutura necessárias para comprar e transportar aquele petróleo bruto desejável. O segundo passo foi maximizar o volume que estávamos comprando, desenvolvendo a capacidade de transportar os possíveis excessos para refinarias em outras partes dos Estados Unidos. O terceiro passo era modificar a refinaria para que ela conseguisse processar ainda mais petróleo bruto de Eagle Ford, em vez de usar opções estrangeiras menos lucrativas.

Virtude e Talentos

Quando a FHR adquiriu o complexo Sun, em 1981, certificamo-nos de que tínhamos na refinaria gestores comprometidos com o caminho que estávamos tomando. Para isso, quando adquirimos a unidade em Corpus Christi, entrevistamos novamente todos os funcionários, como se eles estivessem indo para uma nova unidade ou novo negócio.

Também fizemos reuniões regulares com os gestores da fábrica para discutir formas de melhorarmos e expandirmos. Quando começamos a pedir ideias, obtivemos pouca ou nenhuma resposta. Por fim, um ex-funcionário da Sun explicou que os donos anteriores, além de se recusarem a financiar quaisquer melhorias, nunca sequer respondiam aos pedidos. Como resultado, os funcionários passaram a acreditar que era inútil solicitar verbas para melhorias.

Assim, nas reuniões seguintes, sempre que alguém recomendava um investimento atrativo, eu aprovava imediatamente, para promover a mudança cultural necessária. Isso serviu como um catalisador, que começou a revigorar a organização com melhorias e crescimento.

Em 1998, para que a reconfiguração que fizemos fosse eficaz, tivemos que nos certificar de que os gestores de todos os níveis compreendessem a nova visão e se comprometessem com ela, além de terem a capacidade de colocá-la em prática. O resultado foram mudanças significativas na liderança.

Mais tarde, quando o porte do campo de Eagle Ford ficou evidente, começamos imediatamente a trazer os talentos necessários para comprar o petróleo bruto, construir e operar as instalações necessárias para transportá-lo. Por termos reduzido de tamanho diante das dificuldades impostas na década de 1990, ficamos muito enxutos, e não conseguiríamos aproveitar a oportunidade sem tais incrementos.

Processos de Conhecimento

Em 1981, descobrimos, ao realizar a *due diligence*, que a Sun não havia desenvolvido sistemas de conhecimento para monitorar a rentabilidade das unidades, da matéria-prima e dos produtos do complexo. Para que Corpus Christi pudesse melhorar e crescer, tivemos que corrigir isso. Em seguida, tivemos que transmitir continuamente essas informações aos gestores, engenheiros e operadores, para que eles pudessem começar a tomar decisões informadas e apresentar ideias.

Esses sistemas de conhecimento se mostraram essenciais para lidar com o colapso do mercado em 1998 e para provocar as transformações necessárias no complexo. Para nos orientar nessa missão, começamos não apenas a avaliar a rentabilidade de cada unidade, cada matéria-prima e cada produto diante dos preços atuais, mas também a considerar o pior cenário de preço possível. Essas medidas nos ajudaram a planejar a reestruturação, para que o negócio fosse rentável diante de qualquer situação no mercado.

Como você deve se lembrar do Capítulo 8, criar bons sistemas de conhecimento muitas vezes exige que se construam relações com parceiros externos com o objetivo de obter e compartilhar informações valiosas. Quando o campo de Eagle Ford foi descoberto, não sabíamos como avaliar as opiniões otimistas dos produtores sobre sua alta produtividade. A fim de nos prepararmos para uma produção futura realista, contratamos um terceirizado que entendia do assunto, para verificar tais projeções.

O otimismo se revelou correto. Esperávamos que a Eagle Ford conseguisse produzir até um milhão de barris por dia, mas na verdade ela conseguia produzir até o dobro dessa quantidade. Saber disso nos ajudou a nos prepararmos para lidar com esse volume antes que os concorrentes o fizessem.

Outra questão importante na época era a extrema leveza do petróleo bruto de Eagle Ford. Embora Corpus Christi tivesse sido projetada para processar petróleo bruto leve, o de Eagle Ford era muito leve para que a fábrica pudesse processá-lo sem precisar misturar com petróleo mais pesado. Se não forem manuseadas corretamente, essas misturas podem causar a formação de sólidos que prejudicam o processo de refino.

Para evitar isso, os funcionários da nossa refinaria de Pine Bend compartilharam conhecimentos e experiências com problemas similares envolvendo outras misturas. Depois de descobrir que os métodos analíticos existentes para detectar a potencial formação de sólidos eram inadequados, nossos laboratórios desenvolveram métodos próprios que resolveriam o problema.

Direitos de decisão

A Sun havia estruturado Corpus Christi de forma que a administração tomasse todas as decisões sem grandes contribuições dos funcionários. Mudar a estrutura dos direitos de decisão para aproveitar os melhores conhecimentos de cada fonte foi um dos nossos primeiros passos. Para tornar isso possível, fizemos de tudo para garantir que a pessoa certa estivesse na função certa ao longo de toda a empresa.

Com o colapso do mercado de produtos refinados em 1998, repetimos todo o exercício de avaliar a adequação dos funcionários às suas funções, já que as necessidades da empresa haviam mudado significativamente. Atualizamos as FR&E em toda a fábrica para alinhá-las à nova visão. Também reduzimos as autoridades para gastos de capital, dada a baixa rentabilidade do setor.

Uma década depois, tendo a Eagle Ford já se desenvolvido, nossa maior prioridade era identificar um líder qualificado cuja única responsabilidade seria maximizar nossas compras de petróleo bruto e garantir que as instalações estivessem preparadas para transportá-lo até Corpus. Dada a importância dessa tarefa, selecionamos a pessoa que estava conduzindo o abastecimento de petróleo bruto e a venda de produtos para toda a FHR. Em seguida, estabelecemos direitos de decisão claros para ela e todos os demais envolvidos nessa oportunidade.

Incentivos

A última peça da transformação cultural que mudaria de vez a forma como as coisas eram feitas sob o comando da Sun era estabelecer recompensas financeiras para aqueles que contribuíam para alcançarmos nossa visão de melhorar e expandir o complexo e de usá-lo como uma plataforma para a construção de um negócio petroquímico de grande relevância.

Rapidamente idealizamos incentivos e remunerações com base no desempenho para recompensar aqueles que ajudaram a concretizar a nova visão. Como resultado, quando a crise bateu, em 1998, todos estavam dispostos a fazer o que fosse necessário para tornar o complexo viável sob as condições adversas do mercado.

Hoje, os funcionários de toda a empresa compreendem a magnitude da oportunidade que a Eagle Ford representa e o que ela pode fazer no longo prazo dos negócios, de modo que todos estão trabalhando arduamente para colher plenamente seus benefícios.

Lembre-se, o objetivo do nosso sistema de incentivos na Koch é motivar os funcionários a serem empreendedores, a criar valor para os clientes, para a sociedade e para a empresa, e a entender que gerar lucros de longo prazo para a Koch irá beneficiá-los como indivíduos. Quando o sistema de incentivos ajuda a atingir esses objetivos, toda a estrutura do GBM produz resultados.

Por termos aplicado o GBM (três vezes) e por causa do desenvolvimento do campo de Eagle Ford, essa unidade hoje depende muito menos do petróleo bruto estrangeiro (abaixo de 15% hoje, em comparação com 65% apenas cinco anos atrás). Isso, combinado a todas as outras melhorias, aumentou muito a rentabilidade do negócio.

Quarto estudo de caso
Usina Green Bay Broadway da Georgia-Pacific

"Ah, não, lá vem outro."

Foi assim que reagiram os funcionários da usina Broadway, em Green Bay, quando o GBM lhes foi apresentado, em 2008. Desde sua fundação, em 1919, sob o nome de Fort Howard, essa unidade localizada no estado de Wisconsin havia passado por inúmeras mudanças de proprietários – cada um com seu estilo de gestão e sua própria cultura – antes de se tornar a Green Bay Broadway, da GP, no ano de 2000.

Desde que adquirimos a GP, a equipe da Broadway Mill passou a dedicar bastante tempo, assim como todas as unidades da GP, a trabalhar para reduzir o número de lesões no local de trabalho. Embora houvesse uma melhoria constante, a equipe não estava satisfeita com o índice de melhoria nem com o nível de desempenho geral.

Depois de se tornar parte da Koch Industries, a equipe de gestão passou a dedicar algum tempo para aprender sobre o GBM e como aplicá-lo. Dois anos mais tarde, no outono de 2008, um funcionário da fábrica sofreu uma lesão grave, mostrando que todos os progressos feitos até o momento não eram suficientes nem razoáveis. Tragicamente, um estudante universitário que trabalhava na usina perdeu a ponta de um dos dedos. Sua mãe também trabalhava na usina, e toda a equipe de trabalho se mobilizou para ajudar a família.

Após o incidente, a equipe concluiu que seria melhor começar a aplicar o GBM na segurança, mais especificamente no Processo de Resolução de Problemas. Eles começaram identificando os perigos e, em seguida, passaram a priorizar a prevenção de acidentes antes que ocorressem. Os resultados foram notáveis. De 2007 a 2010, o número de lesões anuais registráveis diminuiu de 37 para 9.

Por mais impressionante que isso tenha sido, as habilidades que eles aprenderam ao aplicar o Processo de Resolução de Problemas trouxeram outros benefícios. As falhas nos equipamentos caíram 50%, e a quantidade de papel produzido por cada funcionário aumentou em 20%. Isso não deveria ser nenhuma surpresa, já que a segurança das pessoas está diretamente relacionada a outros aspectos da criação de valor.

Quando os funcionários viram o aumento na segurança proporcionado pelos Princípios Norteadores do GBM e pelas suas cinco dimensões, começaram a aplicar esses conceitos de outras maneiras. Eles viram como o GBM também poderia ser aplicado para melhorar a qualidade, a confiabilidade, os custos e a produtividade.

Eles assumiram as responsabilidades pelas suas áreas de trabalho, pelos ativos e pelo próprio desempenho pessoal, responsabilizando a si mesmos e aos colegas de trabalho. Os benefícios logo ficaram evidentes. Para eles, foi uma prova cabal de que o GBM era de fato diferente, e não apenas mais um mantra da moda na administração.

Visão

Foi uma mudança na visão de segurança da Green Bay que deu início a tudo isso.

A equipe da Green Bay decidiu se propor a construir um ambiente no qual ninguém jamais se ferisse. Essa foi uma mudança radical. Na antiga visão, os funcionários simplesmente aceitavam que trabalhavam em um ambiente perigoso. Eles assumiram que os acidentes eram inevitáveis, portanto, seu objetivo era ser o melhor do setor, e não zerar o número de acidentes. Entretanto, após o ocorrido, ficou claro que ser "o melhor do setor" simplesmente não era um padrão suficiente para proteger os funcionários.

Não demorou para perceberem que o segredo para deixar de ser "melhor do que os outros" para, de fato, "zerar os acidentes" era não apenas permitir, mas também *exigir* que os funcionários parassem de tentar consertar uma máquina enquanto ela estivesse funcionando. Antes de implementar essa visão, desligar uma máquina às vezes era malvisto, por causa dos custos envolvidos na interrupção da produção. Agora a produção deixou de ser a coisa mais importante, dando lugar à segurança. Assim, os funcionários podiam ter certeza de que paralisar as operações era a coisa certa a fazer.

A mudança em nossa visão de segurança resultou não apenas em mais segurança, mas também em uma mudança na visão geral, ajudando a melhorar tudo.

Virtude e Talentos

Os gestores da usina reconheceram que seria um desafio fazer com que todos internalizassem o GBM, mas o processo acabou se tornando ainda mais difícil e demorado do que eles esperavam. Muitas de suas tentativas não deram certo, e eles cometeram muitos erros.

Uma das principais lições foi a necessidade de garantir que todos os funcionários agissem sempre de acordo com os Princípios Norteadores. Assim, os gestores seniores realizavam reuniões regulares com os supervisores da linha de frente para incumbir-lhes essa responsabilidade. Por sua vez, os supervisores levaram o GBM para o chão de fábrica sob a forma de aplicações no dia a dia. Eles reconheceram que era necessário dar o exemplo e definir as expectativas para os seus funcionários.

Verdade seja dita, esse processo foi dificultado pelo fato de que alguns gerentes não se incomodavam de ter um sistema de ordem e controle em vigor, um no qual o gerente sempre sabe o que é melhor e no qual se espera que o funcionário faça o que lhe é dito.

Para mudar isso, todos os funcionários foram convidados a contribuir. Os subordinados diretos finalmente conseguiram fazer com que o chefe soubesse exatamente o que eles pensavam. Essa foi uma parte importante, embora difícil, da transformação da cultura.

À medida que os supervisores melhoravam, os funcionários se comprometiam uns com os outros de que iriam usar e praticar o GBM todos os dias e de que iriam trocar feedbacks sobre como estavam se saindo.

Processos de Conhecimento

À medida que os funcionários assumiam mais responsabilidade pelas operações, foram disponibilizadas outras ferramentas de melhoria. Entre elas, incluía-se o *benchmarking* interno – para aprender o que funcionava ou não em outras fábricas da GP em toda a Koch. Então os funcionários começaram a acompanhar o próprio progresso para garantir que estavam evoluindo no mínimo tão rápido quanto os outros.

Outra fonte de progresso foi a criação de uma cultura que incentivava a contestação, além da implementação do processo de contestação. Antes, os funcionários não ousavam contestar ninguém que tivesse autoridade sobre eles. O que o chefe dizia era a lei – fazendo sentido ou não.

Mudar esse tipo de pensamento não era fácil. Era necessário que os líderes de todos os níveis não apenas tolerassem as contestações, mas também as celebrassem e encorajassem, incentivando que outras pessoas se manifestassem cada vez mais.

Os muros e barreiras começaram a ruir quando os funcionários perceberam que podiam, de boa-fé, contestar livremente as decisões e as práticas – não só sobre segurança, mas sobre qualquer outra coisa.

Direitos de decisão

Outro avanço foi quando as FR&Es foram esclarecidas para cada pessoa que trabalhava no chão de fábrica. Aos funcionários, foi então delegada a devida autoridade para tomar decisões relacionadas à segurança e outros tipos de decisões.

Os funcionários da Green Bay foram incentivados a empreender e a tomar medidas para melhorar os resultados em suas áreas de trabalho. Antes, quando uma máquina estragava, o operador chamava um mecânico. Agora, na maioria das vezes, os operadores têm autoridade e são capazes de consertar as coisas por conta própria.

Transmitir os direitos de decisão para cada operador acarretou uma mudança de cultura que ia muito além de o operador consertar avarias mais rapidamente. Os operadores começaram a tomar a iniciativa de melhorar todos os aspectos de seus negócios, incluindo a segurança, a confiabilidade, a qualidade e os custos – e, portanto, a rentabilidade.

Incentivos

Como melhorou o desempenho, melhoraram também as recompensas financeiras.

Mas os incentivos estabelecidos na Green Bay iam muito além. Na segurança, evitar se machucar ou machucar os outros costuma ser um incentivo suficiente. Mas, além de pensarem na segurança, as pessoas se tornaram muito mais inovadoras e produtivas. Elas estavam fazendo algo que queriam fazer. Obtinham mais direitos de decisão e eram responsáveis pelos resultados. Elas eram reconhecidas e recompensadas por suas realizações. Em conjunto, essas mudanças ofereciam incentivos poderosos.

Os funcionários agora percebem que são respeitados e ouvidos e que foram eles que fizeram as melhorias. Não é de se surpreender, portanto, que o trabalho deles tenha se tornado muito mais gratificante.

Muitos se orgulham ao compartilhar suas histórias de aperfeiçoamento com os outros. Muitos chegam até a dizer que estão se divertindo.

A paixão dentro da usina ficou evidente quando fiz questão de visitá-la para entender o que estava por trás do seu progresso excepcional. Além de visitar a usina e conhecer muitos dos funcionários, passei várias horas reunido com os supervisores da linha de frente.

No final da reunião, um deles mencionou que a usina havia mudado de dono várias vezes no passado, sempre dando início a uma nova filosofia passageira. Ele disse que o GBM era diferente e alinhado à sua própria filosofia, e estava disposto a se dedicar a ele, mas primeiro tinha que saber se *eu* estava realmente comprometido.

"Eu deveria abraçá-lo", respondi sorrindo, "porque dediquei a maior parte de minha vida a isso."

A história da Green Bay é característica da transformação possível quando uma organização abraça e aplica o GBM de forma sistemática. É preciso ter foco, disciplina e persistência para produzir uma cultura dedicada a obter resultados superiores. Quando se cria uma ordem espontânea na qual todos querem fazer a coisa certa e sabem o que ela é, o GBM funciona tão bem em um chão de fábrica quanto na sala de reuniões do conselho. E, por esse motivo, consegue melhorar a vida de todos – condição necessária para o bom lucro.

CAPÍTULO 12

CONCLUSÃO

A verdadeira moral da história

Fazer bem para fazer o bem.

- LEMA DO CLUBE DO AVENTAL DE COURO DE BEN FRANKLIN[1]

A conclusão da minha filosofia de negócios pode ser resumida da seguinte forma: só conseguiremos obter bom lucro se criarmos valor para os clientes. É a manifestação do respeito do empresário por aquilo que o cliente valoriza.

Espero que este livro tenha esclarecido isso quase tão bem quanto Sterling Varner fez certo dia, nos anos 1970, quando estourou durante uma reunião administrativa em Wichita. Sua explosão – ou, mais precisamente, a razão de sua explosão – virou folclore na empresa.

Alguns de nós estávamos nos reunindo para analisar nossos negócios de extração de petróleo bruto. Foi então que percebemos que obteríamos mais lucro que o de costume em um determinado negócio, e alguns funcionários à mesa começaram a brincar e a rir de como tinham se dado bem à custa do cliente.

Sterling, então presidente da Koch, ficou furioso. "Parem com isso! Vocês passaram dos limites! Nossos clientes são nossos amigos. São eles que nos mantêm no mercado. E nós não tiramos sarro nem rimos dos nossos amigos. Não está certo. E se mantivermos essa atitude, não teremos mais amigos e não teremos mais negócios. Se quisermos ter amigos e negócios, temos que criar confiança, tratando-os com respeito."

Àquela altura, qualquer coisa que eu dissesse teria acabado com o clima. Então mantive a boca fechada em admiração silenciosa, aplaudindo mentalmente: "Vai em frente, gigante!". Sterling, como sempre, tinha dito exatamente o que precisava ser dito, *no momento* em que precisava ser dito.

Sterling era o homem certo para falar aquilo, por tudo que havia feito para criar tantas amizades maravilhosas para nós. Embora tenha começado a vida em uma barraca em um campo de petróleo no Texas, como o filho gago de um pastor de mulas, Sterling se aposentou como presidente da Koch Industries e morreu como acionista e membro da diretoria. Ele era profundamente grato a seus amigos nos negócios, e pelo bom lucro que a Koch obtivera com eles. E eu era profundamente grato por Sterling.

Não havia razão para tal conflito em relação ao negócio e a nós mesmos – a Koch havia agido honesta e abertamente, e nosso cliente se beneficiara com a transação porque conseguimos prestar o melhor serviço pelo menor preço. Portanto, não foram os detalhes da transação que enfureceram Sterling – foi a falta de respeito e gratidão, a ideia errada de que o negócio foi o resultado da genialidade de quem o fechou, e não das competências que havíamos construído ao longo dos anos para criar valor para nossos clientes.

Quem acredita que só se acumula riqueza por meio da exploração reage com exagero ao bom lucro, mas na realidade não há razão para se sentir mal. Por definição, o bom lucro não é obtido mediante exploração, mas sim mediante a entrega de valor para os outros.

Obtém-se bom lucro a partir do Empreendedorismo com Princípios – ajudando as pessoas a melhorar as próprias vidas. Não é diminuindo o bem-estar de alguém, mas sim melhorando-o, por meio de transações voluntárias mutuamente benéficas, baseadas no respeito ao que o cliente valoriza. Nessas transações, todos saem ganhando – não é um jogo de soma zero.

Algumas pessoas se concentram em perguntas como "Quanto vale a Koch Industries?". Mas essa linha de questionamento não chega àquilo que importa: a Koch está criando valor para as pessoas de uma forma ética? Nosso mérito como empresa – e o mérito de *qualquer* empresa, no final das contas – deve ser determinado pela resposta a essa pergunta.

Quando os funcionários utilizam seus melhores conhecimentos para inovar e tomar boas decisões, e quando a Koch utiliza o GBM como filosofia e conjunto de ferramentas para nos ajudar a criar mais valor para nossos clientes e para a sociedade, os resultados e o bom lucro são excepcionais.

NO CAMINHO DOS MILAGRES

Ao longo de décadas desenvolvendo e aplicando o Gerenciamento Baseado no Mercado, ficamos par a par com Thomas Edison em número de descobertas de "coisas que não funcionam". Para criar o GBM, deparamo-nos com muitos becos sem saída e poucas passagens livres.

Um desses becos sem saída foi que algumas pessoas não conseguiram entender que o GBM é um sistema holístico, cujo verdadeiro poder está em uma filosofia subjacente e em sua aplicação integrada, e não na sua forma ou nas suas partes separadas. Quem só entendeu o conceito ou os procedimentos do GBM costuma, além de entender mal essa questão, aplicar o sistema de maneira equivocada.

Por esse motivo, antes que uma empresa possa aplicar bem o GBM, seus gestores devem desenvolver conhecimentos, comprometendo-se e dedicando-se a compreender e aplicar o GBM de maneira *holística* para alcançar resultados. Esses conhecimentos começam a partir da compreensão dos conceitos subjacentes – e depois vem a respectiva mudança de hábitos e de processos de pensamento.

Essa é uma tarefa difícil. Considerando a natureza humana, os gestores e praticantes frequentemente não conseguem agir de forma coerente com suas próprias filosofias. Esse problema sempre existiu ao longo da história, em organizações de todos os tipos – governos, religiões, ONGs e empresas. Essas falhas conduzem ao cinismo, à valorização da forma em detrimento da essência, a burocracias, hierarquização ou comportamentos destrutivos e egoístas. As pessoas que tentam aplicar o GBM não estão isentas desses fracassos.

Outro erro é tentar aplicar o GBM em etapas prescritas e detalhadas, e não ensinando e reforçando seus princípios gerais e fornecendo as ferramentas úteis (modelos). Más aplicações desse tipo nos conduzem à mesma armadilha dos excessos do governo em relação à regulamentação, obrigando que sejam usados exatamente os mesmos métodos, em vez de estabelecer e aplicar requisitos de caráter científico e deixar que os indivíduos descubram formas cada vez melhores de cumpri-los.

Em desacordo com a nossa filosofia, alguns gestores ocasionalmente trataram divergências relativamente inofensivas em algum procedimento interno como se fossem o mesmo que uma violação de conformidade. Esse é um erro fatal, uma vez que o GBM só é eficaz quando os gestores o compreendem e aplicam como um conjunto de princípios, e não como regras rígidas. Quando isso ocorre, o GBM pode servir como um antídoto para o crescimento natural da burocracia em uma organização.

Devido à ampla influência e visibilidade dos gestores, é quase inevitável falhar quando uma empresa tem a pessoa errada como líder de um negócio, grupo de serviços ou unidade. Alguns de nossos maiores problemas foram causados por manter na liderança alguém que não colocava em prática os Princípios Norteadores do GBM.

Cria-se um tipo diferente de problema quando uma empresa desenvolve uma visão que não é suficientemente específica ou bem entendida a ponto de ser aceita como um guia da empresa. Para criar uma visão adequada, o gestor deve engajar pessoas, tanto de dentro quanto de fora da empresa, que tenham os diversos conhecimentos necessários para desenvolver um ponto de vista construtivo, entender o que o cliente valoriza e quais competências são necessárias para criar mais valor.

É por isso que nosso processo de análise de projetos, a Estrutura de Tomada de Decisão, deve ser aplicado da maneira mais simples possível, mas não mais simples do que isso. Infelizmente, em certos momentos essa estrutura ficou tão sobrecarregada e complicada que acabou prejudicando bons projetos. Portanto, embora coletar e analisar conhecimentos seja de vital importância, ir além do que é necessário para tomar uma decisão precisa e consistente é um desperdício e pode nos custar oportunidades. Isso pode ser facilmente corrigido pelo gestor, que deve assegurar que seja eliminado todo o trabalho que não seja importante para tal decisão.

Quando o GBM é aplicado burocraticamente, como uma fórmula rígida ou um processo prescritivo, ele deixa de ser o GBM. Para evitar essa armadilha, devemos ter em mente que o seu objetivo é criar uma ordem espontânea, estabelecendo e impondo apenas regras gerais para que os funcionários possam inovar enfrentando as situações específicas.

Outro desvio de aplicação é transformar o GBM em um conjunto de chavões sem sentido – ou, pior, usá-lo para justificar o que alguém já faz ou quer fazer. Além dessa, outra distorção é transformar os conceitos passados pela gerência em fins em si mesmos, e não em ferramentas que ajudam a melhorar os resultados, como no caso dos "gráficos para Charles".

Para evitar essas armadilhas, e para que o GBM de fato funcione, envidamos todos os esforços para selecionar gestores que tenham a percepção e o entendimento necessários para detectar e corrigir essas aplicações errôneas desde cedo.

Quando as pessoas são apresentadas pela primeira vez aos fundamentos e à filosofia geral do GBM, a tendência é que se concentrem demais nas palavras, na terminologia e nas definições. O que funciona muito melhor (após uma introdução geral) é convencê-las a dedicar tempo para entender alguns conceitos que são particularmente relevantes para sua função, e depois fazê-las aplicar esses conceitos a problemas reais, seguido de um feedback imediato.

Quando novos funcionários que já trabalharam por muito tempo em outras empresas são apresentados pela primeira vez ao GBM, eles costumam concordar rapidamente com os conceitos e partir para a conclusão de que seus pensamentos e suas ações já são consistentes com o GBM. Essa tendência retarda a internalização e a aplicação do GBM. Esses funcionários evoluem muito mais rápido quando se concentram nas diferenças entre o GBM e suas experiências anteriores.

A melhor forma de aprender é fazendo. Sim, treinamentos são importantes, mas apenas a princípio. Treinamentos não podem tomar o lugar do aprendizado contínuo por meio de tentativa, erro e feedback. Não evoluímos se tivermos medo de cometer erros. A experiência do mundo real é o que cria um conhecimento profundo e tácito a respeito da aplicação eficaz do GBM.

ERROS A EVITAR AO INTRODUZIR O GBM

Ao aplicar o Gerenciamento Baseado no Mercado nas empresas que adquirimos, aprendemos muitas lições da maneira mais difícil. Como outras empresas normalmente têm filosofias e abordagens gerenciais muito diferentes das nossas, converter uma empresa ao GBM é um desafio muito maior do que melhorar um negócio que a Koch já tem.

Logo após comprar uma empresa, geralmente há tantas lacunas e oportunidades de melhoria (somadas à necessidade de aprendermos sobre o negócio e conhecermos os funcionários) que costumamos querer consertar tudo de uma só vez, o que sobrecarrega as pessoas que ocupam cargos de liderança.

Nessa situação, como em qualquer outra, precisamos lembrar que é tão importante saber a ordem em que as coisas devem ser feitas quanto saber o que fazer. Se você estiver tentando aplicar o GBM em sua própria organização – seja em uma equipe, em uma fábrica, em uma unidade de negócios ou em toda a empresa –, considero esta regra de três passos muito útil: quantificar, simplificar e priorizar.

Primeiramente, trace e quantifique (por ordem de magnitude de valor) todas as oportunidades e problemas que você vê. Em seguida, use essa quantificação para reduzir a lista a um número administrável. Por fim, priorize de acordo com a urgência e a magnitude.

Depois disso, tenha em mente o seguinte método para introduzir o GBM:

- Realize um seminário de introdução ao GBM para os gestores seniores.
- Distribua exemplares deste livro por toda a organização para responder perguntas, estimular debates e preparar os funcionários para o engajamento.
- Quando possível, coloque um gestor com experiência na aplicação do GBM nas empresas, áreas e unidades nas quais você esteja pronto para introduzir o GBM, e inclua a implementação do GBM em suas FR&E. Isso acelerará muito o processo. Os setores de recursos humanos, área de conformidade, jurídico, desenvolvimento de negócios e vendas podem ser extremamente úteis na implementação do GBM.
- Promova treinamentos e sessões de *coaching* para os gestores seniores, a fim de que eles entendam o suficiente para introduzir

o GBM. Você pode inclusive oferecer uma mentoria personalizada aos funcionários sobre os Princípios Norteadores.

- Realize uma avaliação da cultura para identificar lacunas e estabelecer prioridades para remediá-las.
- Reforce constantemente a ideia de que a criação de valor é o objetivo do GBM. Não esqueça que ficar eternamente aprendendo conceitos sem aplicá-los não é benéfico.
- Aplique o GBM a alguns desafios e oportunidades notadamente importantes. Os primeiros sucessos geram confiança na relevância e no poder dos conceitos.
- Faça com que os gestores de RH participem ativamente na construção e na aplicação das práticas de melhoria de desempenho.
- Certifique-se de que a implementação da filosofia de remuneração do GBM seja feita de forma a inspirar e despertar o desejo de fazer a diferença.
- Apresente os modelos mentais do GBM – tais como desenvolvimento de visão, vantagem comparativa, destruição criativa, contestação, custo de oportunidade, valor subjetivo e FR&E – seletivamente para quem de fato pode aplicá-los nas próprias atividades.
- Por mais difícil que seja, afaste gestores que não tenham valores consistentes com os Princípios Norteadores do GBM. Não conseguir dispensar esses indivíduos rapidamente não só é perigoso, como também cria confusão entre os funcionários e impede o progresso da implementação do GBM.
- Faça ajustes constantes no ritmo e nas prioridades à medida que o GBM é introduzido, e reconheça o valor da insistência.

Concluo este livro respondendo a algumas objeções dos céticos, como: “O GBM é mesmo um sistema de gestão que pode ser exportado?” e

"É de fato o GBM o responsável pelo sucesso da Koch, ou o desempenho da empresa depende do seu CEO?".

E essas são as perguntas educadas.

Em resposta à segunda pergunta, deveria ser óbvio que eu não me envolvi pessoalmente na solução de todos os problemas descritos no Capítulo 11. Na verdade, em vários deles, só apareci depois e aplaudi os sucessos. Muitos exemplos neste livro, especialmente os estudos de caso do Capítulo 11, demonstram que o GBM funciona independentemente de Charles Koch, dos honestos cidadãos do Meio-Oeste, da rica herança ou de qualquer outra teoria falaciosa que circula por aí sobre o sucesso da Koch Industries.

Uma única pessoa não consegue transformar a cultura de uma grande empresa. São necessárias muitas pessoas, que devem ser persistentes e estar dispostas a estudar e experimentar. O compromisso absoluto com a integração da teoria à prática é essencial (esta é a essência do lema da universidade em que me formei: *Mens et manus*, que em latim significa "Mente e mão").

Em resposta à primeira pergunta, direi apenas que, embora possa ter sido eu a reunir os elementos do GBM com base em meus estudos, minhas experiências de vida e algumas categorias particulares de inteligência, não há dúvidas de que gestores plenamente comprometidos em *qualquer* empresa também podem fazer o GBM funcionar. Já vi gestores em todos os tipos de função, em todos os tipos de empresas, fazerem isso centenas de vezes, e fico encantado e honrado quando acontece.

Recebo muitas correspondências (incluindo ameaças de morte – 153 delas somente em 2014). O que muitas vezes alegra o meu dia são as muitas cartas de ex-funcionários que me contam que a oportunidade de trabalhar na Koch mudou suas vidas para melhor. Muitos me dizem que foi aqui que aprenderam o que é preciso para ter não apenas um trabalho gratificante, mas também uma vida com propósito.

Uma das cartas mais comoventes que recebi foi de Bud Snodgrass, de Wichita, que trabalhou na Koch de 1980 a 1998, sobretudo na área de vendas e marketing da Koch Refining. Dezessete anos depois, ele escreveu para dizer: "Obrigado por compartilhar sua filosofia de mercado e de cliente, que foi muito importante para moldar meus pontos de vista de negócios (...) moldou minha perspectiva de vida como um todo".

Ele encerrou a carta revelando algo que me imputa uma grande responsabilidade: "Você teve uma influência tão positiva sobre mim no início da minha carreira na Koch que eu e Sue demos o seu nome ao nosso primeiro filho. Nunca disse isso a você ou a qualquer outra pessoa na Koch".[2]

Para alguém como eu, cujo nome foi uma homenagem a uma pessoa que havia dado uma grande oportunidade ao meu pai, e que trabalha duro para poder contribuir de verdade a fim de levar uma vida com sentido, isso foi profundamente comovente.

E para aqueles que continuam se preocupando com o bom lucro que ganhamos com o Empreendedorismo com Princípios, direi apenas uma coisa: estou certo de que toda empresa deve lucrar apenas criando valor real para os outros, e não tentando de modo algum retardar "o vendaval perene da destruição criativa".

A principal razão pela qual nos esforçamos para aumentar nosso capital e nossos negócios é nos permitir contribuir mais com nossos clientes, comunidades, funcionários e a sociedade como um todo. Pensando assim, qualquer empresa conseguirá criar bom lucro.

O maior presente que podemos receber ou passar adiante é a oportunidade de encontrar e viver nossa paixão e, assim, fazer a diferença, ajudando outras pessoas a melhorar de vida. Ser verdadeiramente rico é viver uma vida com propósito. Isso me marcou desde cedo e é um legado que tento compartilhar. Minha esperança é que todos tenham a oportunidade de experimentar o glorioso sentimento da realização.

APÊNDICE A

PRINCIPAIS GRUPOS EMPRESARIAIS DA KOCH

Flint Hills Resources
Refino de petróleo, produtos químicos, polímeros, lubrificantes, asfalto, gás natural liquefeito, processamento de grãos, etanol e biocombustíveis.

Koch Minerals
Comércio e distribuição de *commodities* sólidas a granel, serviços de exploração e produção de petróleo e carvão limpo.

Koch Supply & Trading
Serviços de comercialização de *commodities* e gerenciamento de risco.

Koch Pipeline
Transporte dutoviário de petróleo bruto, produtos refinados, etanol, líquidos de gás natural e produtos químicos.

Koch Ag and Energy Solutions
Fabricação, distribuição e comercialização de fertilizantes nitrogenados, outros nutrientes para plantas e produtos de eficiência aprimorada. Gás natural e serviços de energia.

Koch Chemical Technology Group
Equipamentos de transferência de massa, queimadores e *flares*, equipamentos de controle de poluição, permutadores de calor, sistemas de separação por membrana e serviços de engenharia/construção.

INVISTA
Fibra de nylon, polímero e intermediários, plásticos de engenharia, fibras de *airbag*, *lycra*, produtos químicos e materiais especiais, e licenciamento de tecnologias de processo.

Georgia-Pacific
Bens de consumo, TNT, embalagens, papelão, papelão branqueado, celulose tipo *fluff*, celulose de mercado e solúvel, painéis estruturais, produtos de madeira, produtos de gesso, produtos químicos e reciclagem.

Molex
Sistemas eletrônicos de interconexão, sistemas elétricos e de fibra óptica.

APÊNDICE B

NEGÓCIOS QUE A KOCH ABANDONOU

Ácido sulfúrico
Asfalto
Aviões comerciais
Capital de risco
Carbono ativado
Comercialização de grãos
Comercialização de platina
Comércio de banda larga
Compensados de madeira
Consultoria de qualidade do ar
Cromatografia
Dióxido de carbono
Diversos instrumentos financeiros
Dutos canadenses
Dutos de amônia
Equipamentos médicos
Escória de cimento
Extração de gás líquido
Extração de petróleo bruto
Fabricação de dragas
Gasodutos
Locação comercial
Massa de pizza
Mineração de carvão
Moagem de grãos
Plataformas de perfuração
Poliéster, commodity
Postos de gasolina
Processamento de carne
Processamento de gás
Produtos reforçados com fibra de vidro
Projetos de unidades de processamento de enxofre
Químicos microeletrônicos
Ração animal
Revestimentos de quadras de tênis
Sistemas criogênicos
Sistemas de confinamento animal
Tanques
Tecidos europeus
Telecomunicações
Torres de resfriamento
Transmissão de imagens
Transporte rodoviário
Venda de propano no varejo

APÊNDICE C

PRODUTOS QUE A KOCH COMERCIALIZA

Agricultura

Açúcar

Algodão

Cacau

Gado

Milho

Soja

Suínos

Trigo

Energia

Créditos de emissão

Energia elétrica

Gás natural

GNL

Fertilizantes

Amônia anidra

Fertilizantes de eficiência aprimorada

Fosfato

Potassa

Soluções de ureia e nitrato de amônio

Ureia

Financeiros

Ações

Câmbio

Imóveis

Obrigações societárias

Taxas de juros

Títulos municipais

Líquidos de gás natural

Butano

Etano

Gasolina natural

Propano

Matérias-primas intermediárias

Aço

Alumínio

Chumbo

Cobre

Etanol

Gasóleo

Latão

Liga de alumínio

Metais
Minério de ferro
Nafta
Níquel
Ouro
Prata
Zinco

Minerais
Carvão
Cimento
Coque de petróleo
Enxofre
Escória
Propriedades de exploração e produção
Transporte

Petróleo
Condensado
Petróleo bruto

Produtos florestais
Cavacos de madeira
Fibra reciclada
Madeira compensada
Papel e celulose
Papel reciclado
Toras

Produtos petrolíferos
Guar
Produtos químicos
Propantes

Produtos petroquímicos
Benzeno
Cumeno
Etileno
Metanol
Metaxileno
Ortoxileno
Paraxileno
Propileno
Pseudocumeno
Resíduos de fibra e polímeros
Tolueno
Produtos refinados
Combustível diesel
Gasolina
Óleo combustível
Querosene de aviação
Resíduos

NOTAS

Introdução

1. F. A. Hayek, *Law, Legislation and Liberty* (Abingdon: Routledge, 1998), p. 136.

2. http://www.freetheworld.com/2014/EFW2014-POST.pdf.

3. Adam Smith, *The Theory of Moral Sentiments* (1759), 1.1.

4. Adam Smith, *An Inquiry into the Nature and Causes of the Wealth of Nations*, 5th ed. (London: Methuen & Co., 1904), 4.2.

Capítulo 1: O GLORIOSO SENTIMENTO DA REALIZAÇÃO

1. Carta de Fred Koch para seus filhos, 22 de janeiro de 1936.

2. Cartas de Charles de Ganahl para seu filho Carl, de 26 de abril de 1930, e publicadas em The Life and Letters of Charles Francis de Ganahl (Richard R. Smith: New York, 1949), p. 380, e ao Sr. Wilson Cross, de 17 de março de 1933, presente no Vol. II, p. 667.

3. Carta de Fred Koch para o Dr. Walter F. Rittman, 30 de janeiro de 1948.

4. *Ibid.*

5. Carta de Fred Koch para o Sr. C.A. Middleton, 5 de março de 1948.

6. Carta de Fred Koch para "Meus queridos meninos", 22 de janeiro de 1936.

7. Citado em "Sam Walton: Bargain Basement Billionaire", 8 de outubro de 2008, disponível em Entrepeneur: http://www.entrepreneur.com/article/197560.

Capítulo 2: A KOCH DEPOIS DE FRED

1. F. A. Harper, *Why Wages Rise* (New York: The Foundation for Economic Education, 1957), p. 36.

Capítulo 3: RAINHAS, OPERÁRIAS E SCHUMPETER

1. Joseph A. Schumpeter, *Capitalism, Socialism, and Democracy* (New York: Harper Perennial, 2008), p. 67.
2. Citado em "Joseph Schumpeter: In Praise of Entrepreneurs," Books and Arts section, The Economist, 28 de abril de 2007, p. 94.
3. Schumpeter, *Capitalism, Socialism, and Democracy,* p. 84.
4. *Ibid.*, p. 83.
5. Carta de Fred Koch para o Dr. Walter F. Rittman.
6. http://www.freetheworld.com/2014/EFW2014-POST.pdf.
7. Com base nos dados disponíveis até o ano de 2012. De autoria de James Gwartney, Robert Lawson e Joshua Hall e publicado pelo Fraser Institute (www.freetheworld.com).
8. Thomas Hobbes, *Leviathan* (Boston: Adamant Media Corp., 2005), p. 84.
9. Adam Smith, *An Inquiry into the Nature and Causes of the Wealth of Nations* (Indianapolis: Liberty Fund Inc., 1981), vol. 1, 2.2.
10. Alexis de Tocqueville, *Democracy in America* (New York: Harper and Row Publishers, 1969), p. 526.
11. Richard Epstein, *The Limits of Liberty*, Reason, março de 2004, vol. 35, no. 10, pp. 40-50.
12. Vernon Smith, *Constructionist and Ecological Rationality in Economics,"* Palestra do Prêmio Nobel, Estocolmo, Suécia, 8 de dezembro de 2002.
13. Franz Oppenheimer, *The State* (San Francisco: Fox and Wilkes, 1997), pp. 14-15.
14. Smith, *An Inquiry into the Nature and Causes of the Wealth of Nations*, p. 456.
15. F. A. Hayek, *The Fatal Conceit* (Chicago: University of Chicago Press, 1989), p. 77.
16. Thomas Sowell, *Knowledge and Decisions* (New York: Basic Books, 1980), p. 215.
17. Michael Polanyi, *The Republic of Science: Its Political and Economic Theory*, Minerva 1 (1962): 54-74.

18. Ludwig von Mises, *Human Action* (Chicago: Henry Regnery Co., 1963), p. 32.

19. Thray Sithu U Ba Kin, *What Buddhism Is* (Rangoon: Vipassana Research Association, Office of the Accountant General, 1951), p. 4.

20. Schumpeter, *Capitalism, Socialism, and Democracy*, p. 84.

Capítulo 4: SUPERANDO A BUROCRACIA E A ESTAGNAÇÃO

1. Citado por W. A. M. Alwis, *Spoon-Feeding in "Do" Disciplines*, CDTL Brief 3, no. 2 (maio de 2000), p. 5.

2. *The Deming Videotapes: Quality, Productivity and Competitive Position* (parte da série de vídeos do MIT do MIT Center for Advanced Engineering Study), direitos reservados 1983 MIT.

3. http://www.forbes.com/quotes/author/mary-beard.

4. Ralph Waldo Emerson, *Essays: First and Second Series*, Self-Reliance" (Digireads, 2007), p. 21.

5. W. E. Deming, *The Essential Deming: Leadership Principies from the Father of Quality*, ed. J. Orsini and D. D. Cahill (New York: McGraw-Hill, 2013), p. 105.

6. Michael Polanyi, *Personal Knowledge: Towards a Post-Critical Philosophy* (Chicago: University of Chicago Press, 1974), p. 159.

Capítulo 5: APRENDENDO COM A ADVERSIDADE

1. Francis Bacon, *Of Adversity, Essays, Civil and Moral*, The Harvard Classics (New York: P. F. Collier & Son, 1909-14), vol. 3, pt. 2.

2. http://www.fhr.com/ehs/performance_data.aspx (consulte Criteria Air Emissions).

3. http ://www2.epa.gov/toxics-release-inventory-tri-program/2013tri -national-analysis-waste-management-parent-company.

4. http://newsok.com/blm-finds-no-proof-koch-stole-indian-royalties/article /2311264.

Capítulo 6: VISÃO

1. Do *Yale Book of Quotations* (2006), ed. Fred R. Shapiro, p. 315. Atribuído pela primeira vez a Goethe em The Scottish Himalayan Expedition (1951), de William Hutchinson Murray.
2. Schumpeter, *Capitalism, Socialism, and Democracy*, p. 84.
3. Thomas Sowell, Profits Without Honor, em *Ever Wonder Why? And Other Controversial Essays* (Stanford, Calif.: Hoover Institution Press, 2006), p. 82.
4. Smith, *Wealth of Nations*, vol. 4.8.49.
5. F. A. Hayek, *Individualism and Economic Order* (Chicago: University of Chicago Press, 1948), p. 101.
6. Ludwig von Mises, *Human Action: The Scholar's Edition*, Google 3-book (Auburn, Ala.: Ludwig von Mises Institute, 2008), p. 871.
7. Citado por Scott Thorpe, *How to Think Like Einstein: Simple Ways to Break the Rules and Discover Your Hidden Genius* (Naperville, Ill.: Sourcebooks, 2000), p. 149.

Capítulo 7: VIRTUDE E TALENTOS

1. http://sports.espn.go.com/ncb/news/story?id=5249709.
2. Frédéric Bastiat, *Selected Essays on Political Economy*, ed. George B. de Huszar, trad. de Seymour Cain (Irvington-on-Hudson, NY: Foundation for Economic Education, 1964), p. 56.
3. Polanyi, *Republic of Science*, p. 55.
4. Carta de John Adams aos Oficiais da Primeira Brigada da Terceira Divisão da Milícia de Massachusetts, 11 de outubro de 1798, http://founders.archives.gov/documents/Adams/99-02-02-3102.
5. W. Somerset Maugham, *Of Human Bondage* (New York: Grosset & Dunlap, 1915), p. 254.
6. "O bom senso é muito raro", conforme traduzido por Theodore Besterman em Dictionnaire Philosophique de Voltaire (London: Penguin, 2004), p. 377.
7. Carta de Jack Clark ao autor, 7 de agosto de 2013.

8. Howard Gardner, *Changing Minds: The Art and Science of Changing Our Own and Other People's Minds* (Boston: Harvard Business School Publishing, 2006), pp. 27-42.
9. Carta de Jack Clark ao autor, 17 de fevereiro de 2015.

Capítulo 8: PROCESSOS DE CONHECIMENTO

1. Richard Whately, *Essays on Some of the Difficulties in the Writings of St. Paul, and in Other Parts of the New Testament* (London: B. Fellowes, 1830), p. 33.
2. E-mail de Susan Hockfield para o autor, 7 de março de 2011.
3. Polanyi, *Republic of Science.*
4. Citado por Thorpe, *How to Think Like Einstein*, p. 3.
5. Michael Porter, *Competitive Strategy: Techniques for Analyzing Industries and Competitors* (New York: The Free Press, 1998), p. xiv.
6. Peter Drucker, What Executives Should Remember, *Harvard Business Review* 84, n. 2 (fevereiro de 2006).
7. Thorpe, *How to Think Like Einstein*, p. 35

Capítulo 9: DIREITOS DE DECISÃO

1. *Aristotle's Politics*, 1261b.
2. Garrett Hardin, The Tragedy of the Commons, *Science* 162, n. 3859 (dezembro 1968), pp. 1243-48.
3. http://blog.chron.com/newswatchenergy/2010/04/bp-ceo-on-gulf-rig-disaster-how-the-hell-could-this-happen. (A data das observações do CEO é 28 de abril de 2010.)
4. Ludwig von Mises, *Human Action* (Chicago: Regnery Co., 1963), p. 311.

Capítulo 10: INCENTIVOS

1. Viktor Frankl, *The Unheard Cry for Meaning: Psychotherapy and Humanism* (New York: Simon and Schuster, 1978), p. 21.
2. Frank Dikötter, *The Tragedy of Liberation: A History of the Chinese Revolution* 1945-1957 (New York: Bloomsbury, 2013), p. 270.
3. Abraham H. Maslow, *Eupsychian Management: A Journal* (Homewood, 1ll.: R. D. Irwin, 1965), p. 28.
4. Abraham H. Maslow, *Maslow on Management* (New York: Wiley, 1998), p. 40.
5. Citado em Jonathan Hughes, *The Vital Few: The Entrepreneur and American Economic Progress* (New York: Oxford University Press, 1973), p. 149.
6. Citado em "Failure Is the Seed of Growth and Success", de Zach Cutler, Entrepreneur.com.

Capítulo 11: ORDEM ESPONTÂNEA EM AÇÃO

1. Frederich Hayek, *New Studies in Philosophy, Politics, Economics and the History of Ideas* (London: Routledge & Kegan Paul, 1978), pp. 63-64.
2. Daniel Patrick Moynihan, *Daniel Patrick Moynihan: A Portrait in Letters of an American Visionary*, ed. Steven R. Weisman (New York: PublicAffairs, 2010), p. 2.
3. Paul Arthur Schilpp, ed., *Albert Einstein: Philosopher-Scientist*, 3. ed., Library of Living Philosophers, vol. 7 (Peru, Ill.: Open Court Publishing, 1970), pp. 659-60.

Capítulo 12: CONCLUSÃO

1. http://www.washingtonpost.com/opinions/walter-isaacson-the-america-ben-franklin-saw/2012/11/21/8094bfca-3411-11e2-bfd5-e202b6d7b501_story.html.
2. Carta de Bud Snodgrass ao autor, 8 de janeiro de 2015.

AGRADECIMENTOS

Gostaria de agradecer aos nossos funcionários, que, ao longo dos últimos 75 anos, transformaram as Indústrias Koch no que somos hoje. Sobretudo, agradeço àqueles que, durante os últimos cinquenta anos, ajudaram a transformar o Gerenciamento Baseado no Mercado na estrutura eficaz responsável pelo sucesso da Koch. Devo também agradecer ao meu irmão David e à família Marshall, cujas contribuições, lealdade e apoio foram essenciais para que tudo isso acontecesse.

Além disso, agradeço a contribuição inestimável de dezenas de pessoas dentro e fora de Koch que tornaram este livro possível. De extrema importância foi a ajuda editorial de Bernadette Serton e Rod Learned, que tanto fizeram para tornar este livro legível e digerível. Quaisquer erros ou omissões, no entanto, são de minha exclusiva responsabilidade.